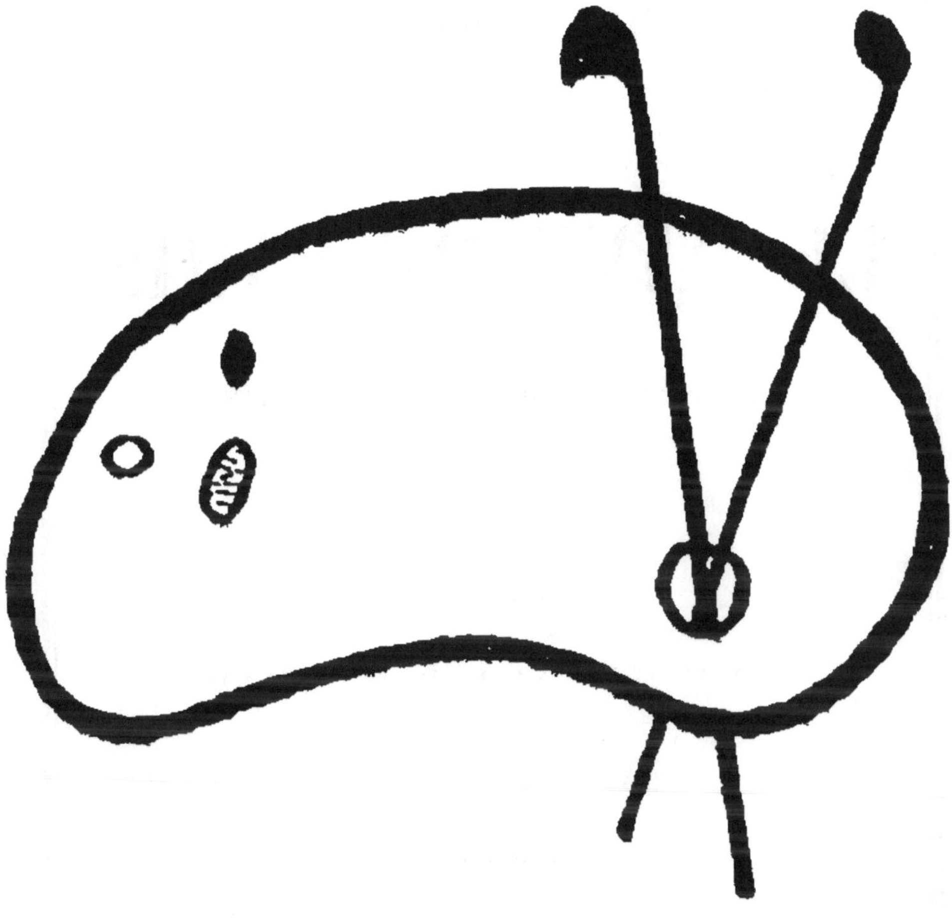

COUVERTURE SUPERIEURE ET INFERIEURE
EN COULEUR

NOTICE HISTORIQUE

LE PAVÉ DE PARIS

Depuis Philippe-Auguste jusqu'à nos jours

PAR

S. DUPAIN

ANCIEN CHEF DE SECTION A LA PRÉFECTURE DE LA SEINE

PARIS
CHARLES DE MOURGUES FRÈRES, IMPRIMEURS
RUE JEAN-JACQUES ROUSSEAU, 8

1881

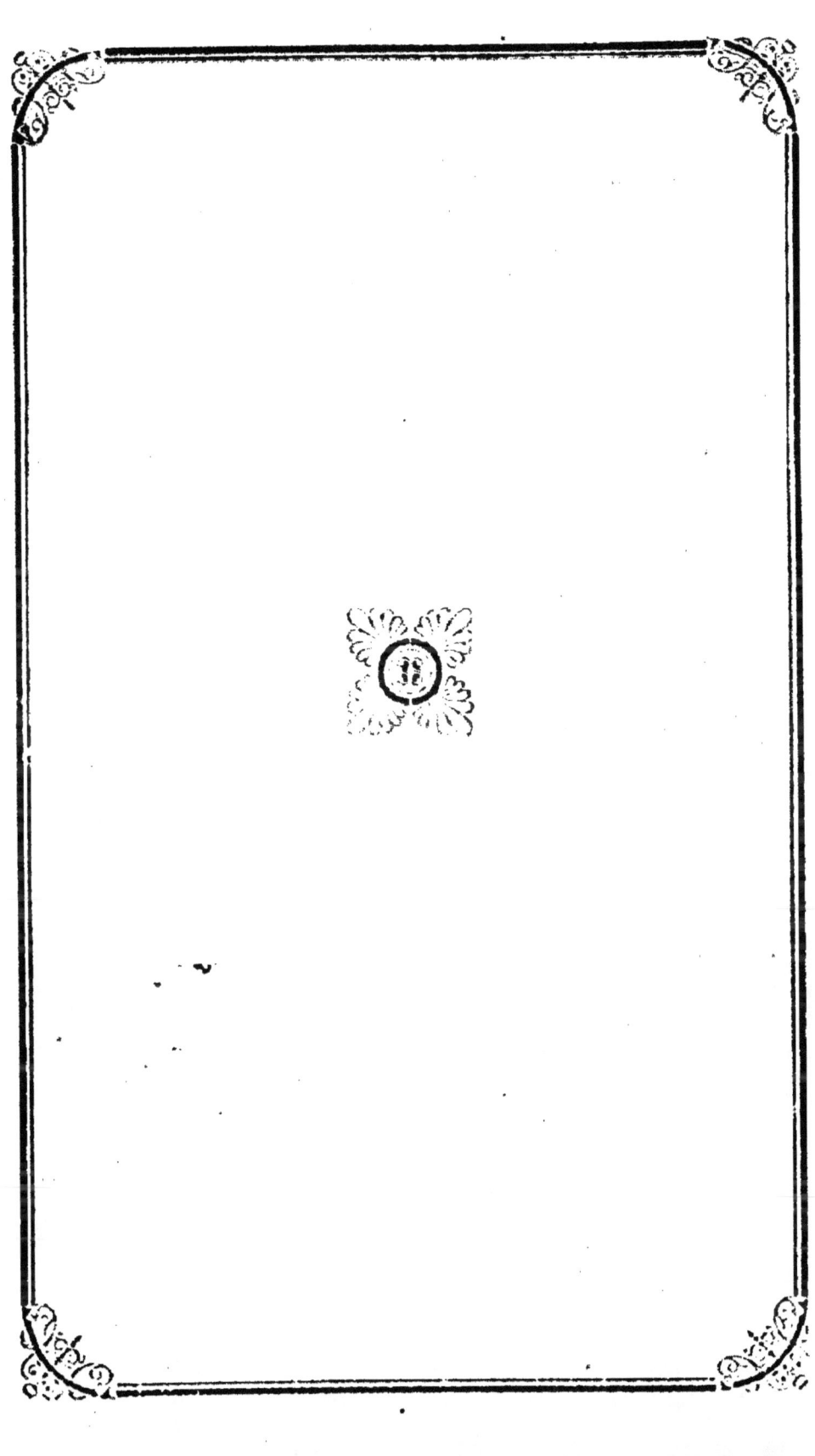

NOTICE HISTORIQUE

SUR

LE PAVÉ DE PARIS

NOTICE HISTORIQUE

SUR

LE PAVÉ DE PARIS

Depuis Philippe-Auguste jusqu'à nos jours

PAR

S. DUPAIN

ANCIEN CHEF DE SECTION A LA PRÉFECTURE DE LA SEINE

PARIS
CHARLES DE MOURGUES FRÈRES, IMPRIMEURS
RUE JEAN-JACQUES-ROUSSEAU, 33

1881

AVANT-PROPOS

Bien que le Pavé de Paris ait toujours occupé une des premières places dans l'Administration des Ponts et Chaussées, son histoire n'a jamais été écrite avec les développements qu'elle paraît comporter.

Le savant Delamare se proposait de lui réserver un long chapitre dans son *Traité de la Police*, et avait réuni, à cet effet, une foule de matériaux, tant imprimés que manuscrits; mais la mort est venue le surprendre avant qu'il eût mis la dernière main à son grand ouvrage, et, sur les huit volumes in-folio dont il devait se composer, il n'a pu en faire paraître que trois. Le Cler du Brillet, son continuateur, qui a donné le quatrième volume, comprenant tout ce qui a trait à *la Voirie*, n'a consacré qu'une trentaine de pages au Pavé de Paris et n'a pas été au delà de l'année 1730. Néanmoins, le peu qu'il a laissé contient des renseignements assez intéressants; malheureusement quelques erreurs s'y sont glissées; il y a d'ailleurs des lacunes regrettables provenant de ce que l'auteur, comme il l'a dit lui-même, n'a pu pénétrer dans tous les dépôts publics. C'est afin de suppléer à ce qui manque dans son opuscule et de le rendre plus parfait que nous avons entrepris cette notice. On trouvera peut-être que nous sommes entré dans des détails d'un bien mince intérêt ; il ne faut cependant pas oublier que nous avons voulu écrire une monographie et que, dès lors, nous ne devions omettre rien de ce qui avait quelque rapport avec notre sujet. Nous n'expliquons pas en quoi consiste un bon pavage, nous en laissons le soin à d'autres plus versés que nous sur une matière qui exige des études spéciales (1). Simple narrateur dans l'espèce, nous nous contentons d'exposer le régime administratif et financier de cette branche importante du service municipal.

Nous avions commencé à recueillir nos documents pendant que nous étions attaché à ce service, en qualité de conducteur des Ponts et Chaussées ; mais, en entrant dans les bureaux de la Préfecture de la Seine, d'autres occupations nous ont détourné de ce travail. Mis à la retraite, nous avons eu l'idée de le reprendre et de le compléter, afin d'utiliser nos loisirs, en nous aidant des archives de la Ville, surtout pour les faits qui ont suivi la Révolution. Malheureusement l'incendie qui, en 1871, les a entièrement détruites, nous a privé de ce secours ; il nous a donc fallu nous adresser ailleurs, ce qui nous a demandé beaucoup de labeur et de temps.

Nous débutons en disant quelques mots des ouvrages des Romains et de ceux des premiers temps de la monarchie française ; nous arrivons ensuite au Prince à qui l'on doit l'institution du pavé de la Capitale. Nous faisons connaître les voies publiques par où l'on commença, les matériaux dont on fit usage, les moyens par lesquels on pourvut aux frais de l'opération et le magistrat qui reçut mission de la diriger (§ 1er).

(1) On trouvera dans le *Recueil des machines et inventions approuvées par l'Académie des sciences* un mémoire de M. Lesage, intéressant à ce sujet. Les *Annales des Ponts et Chaussées* en contiennent plusieurs autres.

Nous remarquons que, pendant longtemps, une partie des rues fut entretenue par le Roi, une autre par la Ville et le plus grand nombre par les riverains.

Nous apprenons comment le Roi et la Ville subvenaient à la dépense qui leur incombait et avec quelle négligence les particuliers s'acquittaient de leurs obligations (§§ 2 et 3).

Venant aux carrières où s'approvisionnait Paris, nous indiquons leurs qualités respectives, les prescriptions relatives à leur exploitation et à la police des ouvriers; la manière dont se fabriquait le pavé; les dimensions qu'il devait avoir et la consommation qui s'en faisait (§ 4).

Nous rappelons quels étaient les devoirs des paveurs, les abus résultant des privilèges attachés à leur corporation, les plaintes que les maîtres et les compagnons suscitaient, leur mépris de l'autorité et les peines rigoureuses dont il fallut les menacer pour leur faire changer de conduite (§ 5).

Nous montrons les inconvénients inhérents au partage de l'entretien et comment on y remédia. Nous analysons les baux qui se sont succédé jusqu'à la Révolution. Nous rendons compte des incidents survenus sous chacun d'eux. Nous donnons les noms des entrepreneurs, les prix moyennant lesquels ils ont traité, les conditions qui leur étaient imposées et les mesures prises pour en assurer l'exécution. Enfin, nous citons les règlements que provoqua la conservation des ouvrages (§§ 6 et 7).

Immédiatement après, nous nous occupons des travaux extraordinaires d'amélioration, puis du principe qui présidait au premier établissement du pavé. Nous signalons les règles en usage et les exceptions qui y étaient apportées, dans certains cas. Nous disons quelques mots des trottoirs (§§ 8 et 9).

Nous passons ensuite aux fonctionnaires et agents à qui la direction et la surveillance des travaux étaient confiées. Nous mentionnons les attributions dévolues à chacun d'eux, les rémunérations dont ils jouissaient, le peu de secours que l'on tirait de ceux dont les charges étaient vénales (§ 10).

Nous terminons par quelques aperçus sur les Boulevards, avant leur réunion au Pavé de Paris (§ 11).

Tel est, en abrégé, ce que contient notre livre.

Nous le faisons suivre d'un Appendice résumant les faits qui se sont produits de 1791 à 1810, époque où nous avons quitté le Service municipal ; d'autres pourront exposer le système mis en pratique aujourd'hui pour l'entretien de la voie publique, et qui, s'il est beaucoup plus dispendieux qu'autrefois, donne, il faut le reconnaître, des résultats bien plus satisfaisants.

NOTICE HISTORIQUE
SUR LE PAVÉ DE PARIS

§ 1er.

On prétend que le procédé qui consiste à paver les voies publiques, afin qu'elles puissent mieux remplir leur destination, remonte à une époque très reculée, et, suivant Isidore de Séville, les Carthaginois passent pour y avoir eu recours les premiers. *Primum Pœni dicuntur lapidibus vias stravisse.* On a supposé que, comme ils habitaient un pays humide, étant presque partout entouré d'eau, ils ont dû sentir promptement la nécessité d'affermir le sol de leurs routes et que c'est là ce qui leur a valu le mérite de cette invention. Ils se livraient aussi beaucoup au commerce et cette cause a peut-être contribué, plus que l'autre, à leur faire chercher les moyens de transporter commodément leurs marchandises et d'entretenir avec leurs voisins de fréquentes relations. Après Carthage, Rome, ajoute le même auteur, fut la seconde ville qui ait eu des chaussées pavées.

Cette voie appienne, qu'on ne se lassait pas d'y admirer, était revêtue de larges pierres très dures, amenées de fort loin et qui, avant d'être mises en œuvre, avaient été équarries et polies avec soin. D'autres voies furent successivement traitées, à peu près, de la même manière. Plus tard, les Romains, devenus riches et puissants, établirent de grands chemins pavés partout où s'exerçait leur domination, autant pour procurer du travail au peuple que pour faciliter la marche de leurs armées et assurer la possession de leurs conquêtes. Les vestiges qui restent encore de ces ouvrages imposants, dont l'étendue et la solidité ont étonné l'univers, attestent qu'ils n'y épargnaient ni leurs peines ni leur argent.

On ne voit pas que, dans les commencements de la monarchie française, on se soit beaucoup occupé d'ajouter aux voies de communication existantes ou de les perfectionner. Pour avoir fait réparer quelques anciens chemins, une Reine passa longtemps pour les avoir fait construire et ils portent toujours son nom (Les chaussées de Brunehaut). Charlemagne, sentant combien il lui importait que les habitants de son vaste empire pussent communiquer facilement entre eux, releva les principaux chemins dont les Romains avaient doté les Gaules, en construisit plusieurs autres, et fut le premier de nos souverains qui réglementa leur usage et fit contribuer le public à leur dépense. Mais ses successeurs négligèrent cet objet intéressant de la police ; leur vigilance se borna à faire réparer le sol naturel des plus grandes voies, lorsqu'il était en trop mauvais état, et à réprimer les empiétements pour lesquels les riverains ont toujours eu une certaine tendance. Paris même, vers la fin du XIIe siècle, bien que depuis longtemps la capitale du royaume, le séjour ordinaire de la cour et déjà le centre des lettres ainsi que le rendez-vous des étrangers, n'offrait, de tous côtés, que des cloaques fangeux dont on ne se tirait qu'avec peine et qui étaient la cause de nombreuses maladies. Aussi, quelques auteurs prétendent-ils que son ancien nom de *Lutèce* venait de la boue qu'on y voyait, *Lutetia à luto*. Quoi qu'il en soit, un pareil désordre, que l'on songeait depuis longtemps à faire disparaître, ne cessa que sous Philippe-Auguste, à qui, outre diverses autres opérations utiles, cette ville est redevable de son premier pavé (1). Le moine Rigord, médecin de ce prince et qui a écrit sa vie en latin, place le fait en l'année 1184, après la conclusion de la paix avec le duc de Bourgogne. Voici la traduction de ce curieux passage du chroniqueur :

« Philippe, toujours auguste, retenu alors quelque temps à Paris par les affaires de l'État, s'approcha d'une des fenêtres de son

(1) Godefroy, chanoine de Saint-Victor, qui écrivait vers le milieu du XIIe siècle, disait, en parlant du Petit-Pont, qu'il était déjà pavé. *Patimentis desuper opus est politum*, etc.

palais (1), où il se mettait ordinairement pour se distraire par la vue du cours de la Seine. Des chariots qui traversaient, en ce moment, la Cité, ayant remué la boue, il s'en exhala une telle puanteur que le Roi ne put y tenir. Dès lors, il forma le projet d'un travail bien ardu, mais nécessaire, et qu'aucun de ses prédécesseurs n'avait osé entreprendre, à cause des grands frais et des difficultés que présentait son exécution ; il convoqua les Bourgeois et le Prévôt de Paris, et, en vertu de son autorité royale, il leur ordonna de faire paver toutes les rues et places de la ville, avec de fortes et dures pierres. »

Ainsi, il fallut que le monarque fût poursuivi lui-même jusque dans sa demeure, par les émanations pestilentielles dont les Parisiens souffraient depuis longtemps, pour se résoudre, coûte que coûte, à prendre les mesures destinées à faire cesser une si déplorable situation.

Cette heureuse innovation qui, d'après Guillaume, dit le Breton, chapelain de Philippe-Auguste, s'étendit à plusieurs localités du royaume, sert à fixer l'époque où l'usage du pavé fut introduit en France ; tous les auteurs sont d'accord sur ce point, mais ils ne le sont pas sur plusieurs autres.

La première question qui les divise est celle de savoir si la conduite de l'entreprise dont il s'agit fut remise au Prévôt de Paris ou au Prévôt des Marchands. On sait d'ailleurs que les fonctions de l'un différaient essentiellement de celles de l'autre. Le Prévôt de Paris, qui avait succédé aux anciens Comtes, était ce qu'on appelait autrefois un Magistrat d'épée. Il commandait sur une grande étendue de territoire et présidait au Châtelet, où il représentait la personne du Roi au fait de la justice. En cette qualité, il était le premier juge civil et politique de Paris. Il exerçait, en outre, un certain contrôle

---

(1) Il était bâti sur l'emplacement du Palais de Justice actuel.

sur l'administration de la Ville et avait notamment la direction de sa police. Le Prévôt des Marchands représentait, au contraire, la communauté des habitants ; il défendait leurs intérêts ; administrait, avec le concours des Échevins, ses assesseurs, les finances de la Ville, gérait son patrimoine et veillait à la conservation des ouvrages qui lui appartenaient.

Suivant Rigord, c'est au Prévôt de Paris, *Præposito ipsius Civitatis*, que le Roi s'adressa. Delamare et son continuateur ne l'ont pas entendu autrement. Mais Robert Gaguin, l'auteur d'une histoire de France, publiée sous le titre de *Annales rerum Gallicarum*, dit positivement que ce fut au Prévôt des Marchands, *Mercatorum Præposito*. Ce qui a été répété par Bergier, dans son *Histoire des grands chemins de l'empire Romain* ; par Sauval, dans ses *Antiquités de la Ville de Paris*, et par bien d'autres encore. Il ne devrait cependant pas rester d'incertitude à ce sujet si, comme il résulte de la savante dissertation sur l'origine de l'Hôtel de Ville, mise en tête de l'*Histoire de Paris* de Dom. Félibien, la création de la Prévôté des Marchands est postérieure au règne de Philippe-Auguste. Il paraît, en effet, que les notables qui, sous ce prince, remplissaient les fonctions municipales, portaient alors le nom de Bourgeois, qu'ils échangèrent, plus tard, en celui d'Échevins, mais qu'ils n'avaient pas encore à leur tête de Président qui s'appelât Prévôt des Marchands. On s'étonne donc de ce que Le Roux de Lincy ait avancé, dans son *Histoire de l'Hôtel de Ville*, que le Prévôt des Marchands et les Échevins ont, sans nul doute, été désignés, de concert avec le Prévôt de Paris, pour concourir à ce grand ouvrage (1).

La seconde question controversée est celle de savoir quels furent les matériaux qu'on y employa.

(1) Un honorable député avait aussi dit à la Chambre, en 1825, et un autre l'a répété, en 1865, que l'opération fut exécutée sous la juridiction et conduite du Prévôt des Marchands. L'auteur de *Paris, ses organes, ses fonctions et sa vie* a commis la même erreur.

L'auteur des *Chroniques de Saint-Denis*, qui écrivait en 1274, dit qu'on fit usage de *grez gros et fort*; mais le Continuateur du *Traité de la Police* prétend qu'on se servit de fortes et dures pierres, nommées par les Latins *silices*, qu'on remplaça, plus tard, par du grès, comme étant beaucoup plus facile à tailler et à mettre en œuvre.

L'abbé Lebeuf, dans sa *Dissertation sur l'histoire de Paris*, assure avoir vu, en 1739, un reste de ce premier pavage à 7 ou 8 pieds sous terre, quand on construisait une maison au bas de la rue Saint-Jacques. Il dit qu'il se composait de blocs de grès, longs de 3 à 4 pieds et presque aussi larges, sur l'épaisseur de plus d'un demi-pied

Bonamy, en parlant de l'*Inondation de 1740*, rapporte également qu'on a trouvé, cette année-là, de semblables vestiges, à environ 6 pieds de profondeur, lorsqu'on posait des conduites d'eau, dans la rue du Petit-Pont, et qu'ils offraient de grandes pierres inégales ayant 8 à 10 pouces d'épaisseur, sur la longeur de 3, 4 ou 5 pieds.

On a encore découvert, et nous avons vu nous-même, d'autres traces de cet ancien pavé, en 1832, rue Saint-Denis, à 1^{m}30 au-dessous du sol, dans le fond de la tranchée d'un égout en construction. C'était toujours un composé de larges blocs de pierre, et quelquefois de grès, portant les mêmes dimensions que ceux qu'avait remarqués l'abbé Lebeuf.

Enfin, en faisant, en 1842, rue du Petit-Pont, les fouilles nécessaires à l'établissement d'un autre égout, on a mis à nu, à 1^{m}20 de profondeur, une partie de ce même pavé. Elle était formée de quartiers de grès, plus ou moins volumineux, et dont les plus gros mesuraient 1^{m}50 en carré sur 0^{m}35 à 0^{m}40 d'épaisseur. Un échantillon en a été déposé au musée de Cluny.

Ce serait donc avec de larges et épais carreaux de pierre dure, entremêlés de grès, que Paris, à l'imitation de ce qui s'était pratiqué en Italie, aurait été originairement pavé. Bergier avance, au contraire, que ce fut avec de gros cailloux et que, de son temps, en 1621, on en voyait plusieurs vestiges dans quelques issues de la place de Grève, aux abords du pont Notre-Dame, dans la rue de la Juiverie, etc. Mais Sauval a combattu cette assertion dans les termes suivants:

« Bergier, dit-il, ne prend pas garde qu'il confond le pavé de
« Philippe-Auguste avec celui qui fut fait durant la Ligue et qui en
« porte encore le nom, et qu'on mit pour essai, en ces endroits,
« comme étant les plus fréquentés de Paris. Au reste, ce sont tous
« cailloux longs, étroits, pointus, d'ailleurs fort incommodes aux
« gens de pied et qui amassent quantité de boues, à cause de leur
« petitesse et de leur forme. La proposition en fut faite durant les
« troubles et on les employa, à cause de leur dureté, comme étant
« le vrai moyen d'éviter les grands frais qu'il faut faire pour entre-
« tenir le pavé de Paris (1). »

La description de ce prétendu pavé de Philippe-Auguste s'éloigne beaucoup, en effet, de celle que nous en ont donnée Rigord et Guillaume le Breton, qui l'avaient vu construire. L'un dit qu'il était formé, comme l'a répété le Continuateur du *Traité de la Police*, de fortes et dures pierres, *duris et fortibus lapidibus*; l'autre, que ces mêmes pierres étaient carrées, *quadratis lapidibus*. Bergier s'est donc trompé en prenant, pour les restes d'un ancien pavage, un cailloutis qui n'avait que quelques années d'existence.

Il y a également une divergence d'opinions, quant aux premières rues qui furent pavées. Rigord dit bien que le Roi ordonna qu'elles le seraient toutes sans exception : *Omnes vici et viæ totius civitatis*. En sorte que, d'après le Continuateur du *Traité de la Police*, il ne dut rester aucun lieu qui ne fût pavé. Peu d'auteurs pensent qu'il

---

(1) Les inconvénients de ce mode de pavage avaient été reconnus depuis longtemps, et une ordonnance du Bureau des finances du 21 juillet 1603, qui ne reçut sa complète exécution que plusieurs années après, en avait prescrit le remplacement par un pavage ordinaire.

en ait été autrement. Mais, il y a tout lieu de croire que l'on commença par le plus pressé et que, dès lors, les voies sur lesquelles s'opérait tout le mouvement commercial et que, pour cette raison, nous appellerions volontiers aujourd'hui des *traverses*, furent celles qui fixèrent d'abord l'attention. Lorsqu'on eut ainsi satisfait aux besoins les plus urgents de la circulation et de la salubrité, il est également probable qu'on abandonna aux riverains le soin de faire le reste. Si l'on considère, en effet, qu'en employant des matériaux d'une résistance pareille à celle que présentaient ceux dont on fit usage, on eut surtout pour but la facilité du charroi et que, par conséquent, on dut laisser de côté les rues dans lesquelles les lourds véhicules, dont on se servait alors, n'entraient jamais ou du moins bien rarement, à cause du peu de largeur qu'elles offraient ; si l'on considère, en outre, qu'une mesure générale eut occasionné une dépense énorme et qu'enfin, jusqu'à présent, on n'a trouvé dans aucune de ces petites rues nulle trace d'un ancien pavé, on sera porté à conclure, avec Dulaure, que les officiers municipaux ne l'appliquèrent qu'aux rues qui formaient ce qu'on nommait *la Croisée de Paris*; deux voies magistrales plus larges que les autres se *croisant* près du Grand-Châtelet, centre de la ville, dont l'une allait de la porte Saint-Honoré à la porte Baudoyer ou Saint-Antoine, et l'autre de la porte Saint-Denis à la porte Saint-Jacques, en traversant la cité et passant sur le grand et le petit ponts.

Enfin, plusieurs auteurs donnent à entendre que Philippe-Auguste subvint aux frais de l'opération avec les fonds de son trésor. Dans ce cas aurait-il eu besoin, pour y faire procéder, d'user, suivant Rigord, de son autorité royale, *regiâ auctoritate ?* Aussi, Mézeray dit-il que les Bourgeois eussent exécuté ses ordres avec bien plus de joie, *si ce n'eût pas été à leurs dépens*. Mais, il est vraisemblable, ainsi que le pensait Corroset, qu'en laissant la dépense à leur charge, il les mit à même d'y pourvoir, en leur abandonnant le produit de quelque impôt créé spécialement à cet effet, comme il le fit, six ans plus tard, quand il leur commanda d'entourer la ville d'une nouvelle enceinte. L'établissement du *Droit de chaussées*, dont nous parlons plus loin, n'a probablement pas eu d'autre origine.

Après avoir raconté ce qu'il savait du premier pavé construit dans Paris, Rigord passe à d'autres faits qui lui sont totalement étrangers, tels que la fondation de la monarchie française, un tremblement de terre, une éclipse de lune ; puis il ajoute qu'un nommé Girard ou Gérard, Prévôt de Poissy, fit don au Roi, dans ce temps-là, de onze mille marcs d'argent et se démit ensuite de ses fonctions. En rapportant, à son tour, ce trait de générosité, Mézeray l'accompagne de réflexions peu flatteuses à l'égard des financiers, mais il ne donne aucun renseignement sur l'emploi de cette somme, qui, pour l'époque, était considérable. Félibien est, croyons-nous, le premier historien dans lequel on lise qu'elle servit à payer la dépense du pavé, et, ce qu'il y a de remarquable, c'est qu'il s'appuie de l'autorité de Mézeray, qui, encore une fois, n'en avait pas dit un mot, non plus que Rigord. Néanmoins, il n'y a peut-être pas un seul écrit publié depuis lors et faisant mention du pavé de Paris, dans lequel on ne trouve répété ce que Félibien a si légèrement avancé (1).

L'auteur de *Documents statistiques sur les Routes et Ponts*, imprimés par l'administration des Ponts et Chaussées, en 1873, n'évalue, sans dire comment il y est parvenu, ces onze mille marcs d'argent qu'à près de 600,000 francs (2). Néanmoins, selon lui, cette somme représenterait, à elle seule, le coût total des ouvrages. Il pense, en conséquence, qu'il serait plus naturel de supposer que ce

---

(1) Suivant M. Delaborde, *Paris municipe*, on attribue à Gérard de Poissy la fondation du premier hôpital de Paris.

(2) Il s'en est peut-être rapporté à Saint-Foix qui, dans ses *Essais sur Paris*, parus en 1742, écrivait que le marc d'argent était alors de 11,932 deniers. A ce compte, onze mille marcs donnaient 547,890 livres.

Mais, en 1769, l'auteur du *Géographe parisien* a fait une évaluation différente et qui paraît plus exacte, parce qu'elle repose sur la comparaison du

Gérard aurait été simplement chargé, soit de l'entreprise, soit de la perception des deniers qui y auraient été destinés, soit, à la fois, de cette double opération ; mais son hypothèse est entièrement gratuite et rien, à nos yeux, ne paraît la justifier.

Si nous n'avons aucune donnée sur la dépense du premier pavage de Paris, nous savons ce qu'il en coûtait pour ouvrir et paver une rue, au commencement du quinzième siècle. Un égout portant le nom de *Pont Perrin* suivait autrefois la rue Saint-Antoine et débouchait dans les fossés de la Bastille ; comme il n'avait pas assez de pente, il infectait tout le voisinage, notamment les hôtels Saint-Paul et de Guyenne habités, l'un par Charles VI, l'autre par son fils aîné. Une commission chargée d'aviser aux moyens de remédier à cet inconvénient proposa de conduire les eaux à l'égout de la Courtille-Barbette, en les faisant passer par une rue qui serait percée, dans ce but. Cette rue, qui n'est autre que celle de Turenne, devait avoir 110 toises de longueur sur 16 pieds de largeur. La toise superficielle du terrain à occuper était estimée 4 deniers parisis ; celle du pavage, 16 sous ; la toise cube des déblais à effectuer, 4 sous ; la valeur de deux petites maisons à démolir, 233 livres. Le tout montait à 1,180 liv. 18 s. 8 d., somme qui représente 88,000 fr. environ de notre monnaie actuelle. Par des lettres du 19 décembre 1412, le Roi approuva le projet et décida que les travaux seraient immédiatement exécutés aux frais de la Ville, à qui incombait le soin de pourvoir à l'écoulement des eaux de la voie publique.

prix des denrées. Il a dit que sous Philippe-Auguste, le marc d'argent valait environ 60 sols, et que, comme le setier de blé s'y vendait 6 sols 8 deniers, on pourrait en avoir 99,000 avec onze mille marcs. Le setier de blé, ajoutait-il, revient maintenant à environ 19 livres, ce qui porte le don fait par Gérard à 1,881,000 livres de notre monnaie.

Dupré de Saint-Maur estime que la capacité du setier de Paris n'a, pour ainsi dire, pas varié. Or, on sait qu'elle répond à un peu plus d'un hectolitre et demi (1h561). Le blé se payant, en moyenne, depuis quelques années, 22 fr. l'hectolitre, ce même don équivaudrait aujourd'hui à plus de trois millions.

§ 2.

Lorsqu'on eut effectué le pavage des rues qui composaient *la Croisée*, il fallut nécessairement pourvoir à son entretien. Comment la dépense en était-elle payée ? Fut-elle mise à la charge des riverains, suivant un ancien usage introduit dans les Gaules par la loi romaine : *Construat autem vias publicas unusquisque secundum propriam domum*, ou bien la Ville en demeura-t-elle chargée ? La première question semblerait devoir être résolue affirmativement, aux termes d'un règlement que fit le Prévôt de Paris, en 1348, le samedi d'après la Chandeleur (1), concernant le nettoiement de cette ville, règlement le plus vieux sur la matière qui soit parvenu jusqu'à nous, et dont le dernier article était ainsi conçu : *Item, que chacun, en droit soy, face refaire les chaucées, tantost et sans delay, en la manière et selon ce que il est accoustumé à faire d'ancienneté.*

Il est vrai que l'injonction est donnée de telle sorte qu'on n'y trouve d'exception pour aucune voie publique ; mais, il répugne à la justice d'admettre que des travaux qui intéressaient la pluralité des habitants fussent exécutés aux frais de quelques-uns seulement, c'eut été contraire à cette autre loi romaine : *Quod in commune omnibus profuturum, communi labore curetur.* Il résulte d'un arrêt du Parlement, rendu sous Philippe le Bel, en février 1285, arrêt sur lequel nous aurons occasion de revenir, que la Ville entretenait, à cette époque, les chaussées des quatre chemins qui, hors de l'enceinte, faisaient suite aux rues de *la Croisée* : les chemins de Saint-Antoine, Saint-Jacques, Saint-Honoré et Saint-Denis ; à plus forte raison, devait-elle entretenir le pavé de ces mêmes rues. Des lettres patentes de Charles VI, du 1er mars 1388, ne laissent aucun doute à ce sujet ; elles ordonnent que le pavé soit

---

(1) Cette date répondait au 7 février, attendu que l'année commençait alors à Pâques et que cette fête avait été célébrée le 20 avril.

refait par les riverains, chacun en droit soi, *hormis dans la Croisée, où son entretien, y est-il dit, regarde celui établi de par nous au gouvernement de la Prévosté des Marchands*. Trente-huit ans auparavant, le roi Jean avait aussi déclaré que la Ville était tenue *d'ancienneté* de réparer certaines rues.

Suivant l'arrêt de 1285, un droit, *redditus*, lui avait été concédé pour cet entretien, de même qu'il en existait déjà un semblable à Saint-Denis. Il rapportait, en ce temps-là, 60 livres par an. C'était bien peu, aussi ne suffisait-il plus au payement des frais qui avaient motivé sa création. Dix ans plus tard, il avait été affermé, pour une somme presque double, à un nommé Robert le Cordouannier. L'adjudication s'en faisait alors chaque année, et partait du 15 août. Elle eut lieu, en 1299, en faveur d'un sieur Ymbert le Fornier, moyennant 340 livres.

Ce droit avait pris le nom de *Chaussées*. Comme la dépense croissait encore plus vite que la recette, le corps municipal, en 1296, afin de ne pas endetter la Ville, avait décidé, le jour de la fête de Sainte-Madeleine, et, par conséquent, le 22 juillet, qu'on ne ferait de travaux que jusqu'à concurrence du prix auquel la ferme serait adjugée, *fors tant seulement comme les chauciées seront vendues*. Toutefois, ajoutait naïvement la délibération, si quelque riche personnage demande que l'on pave sa cour, sa cuisine ou une ruelle qui ne soit pas à la charge de la Ville, on obtempérera à son désir. Cet acte de servilité paraîtra moins étrange, si l'on considère que la féodalité était encore puissante, à cette époque, et qu'on avait besoin d'user avec elle de quelques ménagements.

Lorsqu'en 1382, la Prévôté des Marchands eut été supprimée, par suite de la sédition dite des *Maillotins*, plusieurs ouvrages publics, notamment les *pavemens et chaussées*, furent trouvés en très mauvais état. Une ordonnance royale, du 4 avril de l'année suivante, consacra à leur réparation le produit de la levée, pendant 18 mois, d'une augmentation des droits qui se percevaient sur les vins et les cervoises.

Il paraît que le Prévôt de Paris, à qui la gestion des affaires de la Ville avait été provisoirement confiée, eut de la peine à suffire à l'exercice de sa double charge et n'apporta pas à l'entretien de *la Croisée* toute la vigilance désirable. En effet, les fonds affectés à cet entretien étaient, en partie, détournés de leur destination ; les travaux s'exécutaient dans de mauvaises conditions ; on employait les carreaux à plat au lieu de les mettre de champ, souvent même on les fendait en deux. L'agent préposé à la surveillance des ouvriers et qu'on appelait alors le *Visiteur des pavemens*, oubliant entièrement son devoir, fermait les yeux sur ces abus, et, comme il était, en même temps, le fermier du droit et le seul détenteur des deniers, il effectuait les payements de son autorité privée et sans autre contrôle que le sien (1). Pour remédier à un pareil désordre, Charles V, par des lettres du 28 mai 1400, ordonna que tous les fonds seraient, à l'avenir, remis au Receveur du domaine qui en ferait lui-même la distribution ; que le Visiteur des pavemens ne pourrait jamais en avoir le maniement ; que celui-ci s'acquitterait de ses fonctions avec plus de soin que par le passé et ne procéderait désormais à la réception des ouvrages qu'en présence des gens du Roi.

Le nouveau Prévôt de Paris chargé de l'exécution de ces mesures, se fit remettre un état de *la Croisée*, afin de mieux veiller à son entretien, et le fit transcrire sur l'un des registres du Châtelet ; c'est ainsi que ce document est parvenu jusqu'à nous.

Par une autre déclaration du 21 avril 1407, le même prince voulant subvenir à la modicité du *droit de chaussées* qui, disait-il,

---

(1) Nous croyons que cet agent était le nommé Thomas le Réale qui avait été élu en 1390 et qui figure, sur le rôle d'une contribution levée en 1421, avec le titre de *Maître des Chaussées de Paris*.

étoit petit et de petite revenue, en effet, il ne rapportait encore que 800 livres, y ajouta le produit d'un aide qu'il établit, pour trois ans, sur plusieurs denrées et marchandises passant tant aux portes de Paris qu'à la Chapelle et au Bourget.

En 1411, après que la Prévôté des Marchands eut été rétablie, les fonds provenant du droit de chaussées furent versés non plus entre les mains du Receveur du domaine, mais bien entre celles du Trésorier de la Ville, et les officiers municipaux reprirent la direction et le contrôle des travaux.

Plus tard, d'autres secours furent appliqués à ces mêmes travaux. On lit dans les registres du Parlement : « A été arresté que demain « (1ᵉʳ août 1596) le Prévost des Marchands seroit mandé et ouy « sur l'employ de quinze mille escus accordés par le Roy à la Ville « pour la réfection des fontaines et *pacé* d'icelle. »

Les premières voies publiques qui, dans Paris, composaient *la Croisée* existaient encore, il y a quelques années ; mais plusieurs avaient changé la dénomination qu'elles portaient auparavant. C'était, dans la direction Nord, la rue Saint-Denis, jusqu'à l'impasse des Peintres ; dans la direction Sud, le pont au Change, les rues de la Barillerie, de la Calandre, du Marché-Palu, le Petit-Pont, la rue de ce nom et la rue Saint-Jacques, jusqu'à celle de l'Estrapade ; dans la direction Est, les rues Saint-Jacques-la-Boucherie, de la Vannerie, de la Coutellerie, de la Tisseranderie, la place Baudoyer et la rue Saint-Antoine jusqu'à l'église Saint-Paul ; et enfin, dans la direction Ouest, les rues de la Féronnerie et Saint-Honoré, jusqu'à l'Oratoire.

Par ses lettres de 1388, Charles VI avait déjà rappelé que quelques rues et places, qui n'appartenaient pas précisément à *la Croisée*, en faisaient néanmoins partie. On voit, en effet, par l'état transcrit au Châtelet, en 1400, que plusieurs voies avaient été ajoutées à celles qui la composaient originairement.

Toutes, on ne sait pourquoi, n'étaient pas traitées de la même manière; ici, la Ville subvenait à tous les frais de l'opération; là, elle ne fournissait que les pavés et les habitants se chargeaient de la façon. En 1545, on lui demanda d'admettre la rue de la Tabletterie dans l'une ou l'autre de ces classes. Votre rue, répondit-elle aux riverains qui avaient présenté la requête, ne fait point partie de *la Croisée;* c'est donc à vous de la faire paver à vos dépens, chacun devant sa maison, suivant la coutume et l'ordonnance.

Quelques années après, elle repoussa aussi une demande semblable faite par les propriétaires de la rue Saint-André-des-Arts. Mais, comme ceux-ci justifiaient qu'il y passait continuellement des voitures chargées de matériaux pour la construction de plusieurs édifices et notamment du pont Neuf, le Parlement déclara, le 16 août 1578, que, par provision et sans tirer à conséquence, la Ville fournirait le pavé nécessaire à l'entretien de ladite rue, jusqu'au bout du pont Saint-Michel.

Déjà, en 1551, sur la demande des habitants de la rue Saint-Antoine, tendant à ce qu'elle se chargeât de toute la dépense qu'exigeait la réparation de cette rue, elle avait consenti, par une délibération du 4 janvier, à fournir seulement le pavé, *à quoi elle étoit obligée d'ancienneté,* mais non la façon.

Quant aux chemins de la banlieue qui dépendaient de *la Croisée,* les habitants des localités intéressées à leur entretien faisaient le transport du sable et du pavé. Il résulte de lettres patentes du 6 février 1598, adressées aux Trésoriers de France, que le rôle des corvéables était arrêté par le Bureau des finances, sur la proposition du Prévôt des Marchands.

Les mêmes raisons qui portaient à faire entrer dans *la Croisée* les rues qui acquéraient une certaine importance, déterminaient à en faire sortir celles qui, par l'effet de quelque circonstance, avaient perdu de leur utilité.

On altéra donc, peu à peu, sa forme primitive, mais elle n'en conserva pas moins son nom. Nous ne nous engagerons pas dans le détail de tous les changements qu'elle a pu subir jusqu'en 1605, époque où le Roi prit à sa charge toute la dépense du pavé de Paris. Nous dirons seulement que le nouvel état qui en fut alors dressé contradictoirement par Pierre Guillaume, maître des œuvres de la Ville, et Jean Fontaine, maître des œuvres de maçonnerie du Roi, différait lui-même essentiellement de celui de 1400. Cependant les deux modes d'entretien dont nous avons parlé y subsistaient encore. Le premier était en usage dans la rue Saint-Antoine, à partir de l'église Saint-Paul, la place de Grève, les quais de la rive droite de la Seine, le pont Notre-Dame et le dessous du Petit-Châtelet, ainsi que dans les faubourgs, sur la chaussée de Notre-Dame-des-Champs (plus tard, rue d'Enfer) et au delà des portes Saint-Denis, du Temple, Saint-Antoine et Saint-Michel. On employait le second, rue Saint-Antoine jusqu'à l'église Saint-Paul, rues de la Tisseranderie, de la Coutellerie et partie en retour aboutissant au pont Notre-Dame, rues Saint-Jacques-la-Boucherie, Saint-Denis, Saint-Honoré et Saint-Jacques, à partir du Petit-Châtelet.

A côté de *la Croisée* existait une autre catégorie de voies publiques, ayant aussi un intérêt collectif et dont, en conséquence, il importait d'assurer la conservation. Nous voulons parler des chemins qui menaient de la Capitale aux lieux d'alentour. L'arrêt de février 1285 apprend, comme nous l'avons vu, que la Ville entretenait ceux, au nombre de quatre, qui se rattachaient directement à *la Croisée*. Quant aux autres, elle prétendait qu'ils étaient réparés, soit par les seigneurs qui y possédaient des terres, soit par les particuliers qui y avaient leurs demeures, soit avec le secours de subsides spéciaux auxquels on donnait le nom de *fausses coutumes*, *de falsis coustumis ad hoc concessis*. Elle ajoutait que les voies ouvertes au delà de la porte Saint-Martin avaient été parées aux frais des religieux de Saint-Magloire ou de Saint-Martin-des-Champs, sauf un petit chemin dont s'étaient chargés les habitants de La Villette-Saint-Ladre, aidés par ceux des localités voisines. Il n'y avait donc aucune règle précise à ce sujet. Aussi, Charles VI, après avoir ordonné au Prévôt de Paris, par ses lettres du 1er mars 1388, mentionnées page 10, de tenir soigneusement la main à ce que les rues de l'intérieur de la ville fussent nettoyées et réparées aux frais des riverains, lui enjoignait-il de veiller, en outre, à ce que les ponts, passages et chemins de l'extérieur fussent aussi mis en bon état par ceux auxquels il appartenait d'y pourvoir, même avec le produit des droits levés à cet effet, droits qu'il désigne sous les noms de *barrages et chaucées*, et que, si ce produit était insuffisant, les habitants des villes voisines intéressés et les seigneurs hauts justiciers qui y étaient tenus, seraient appelés à contribuer à la dépense.

On connaissait bien quelquefois un péage sur certains ponts, à la charge par le bénéficiaire, soit de relever l'édifice, soit de l'entretenir ; mais, si l'on en excepte le duc de Montmorency et l'abbé de Saint-Denis, aucun seigneur haut justicier ne paraît avoir eu à sa disposition, dans un certain rayon, autour de Paris, une taxe applicable à la réparation des chemins (1). Ce qu'il y a de certain, c'est qu'on y levait un impôt pour subvenir, concurremment avec le droit dont jouissait la Ville, aux dépenses de la nature dont il s'agit. Cet impôt, ainsi que l'apprend l'arrêt de 1285, s'appela d'abord *Fausse coutume*, nom sous lequel on désignait, au moyen âge, une redevance dont la perception n'était pas, comme la *coutume* proprement dite, consacrée par un usage immémorial et n'avait qu'une durée limitée. Mais, plus tard, à raison de son ancienneté et de sa stabilité, il finit par acquérir ce dernier nom.

(1) Le droit dont jouissait l'abbé ne se levait, dans l'origine, que pendant sept semaines, de la Saint-Denis à la Saint-André. Louis le Gros consentit, en 1118, à ce que la perception s'en fît toute l'année. Le revenu en était appliqué à l'entretien des chemins de la banlieue de Saint-Denis. Quant à l'intérieur de la ville, l'abbé, comme on le fit plus tard pour plusieurs rues de Paris, fournissait seulement le pavé et les habitants payaient la façon.

Étienne Boileau, Prévôt de Paris sous saint Louis et qui, vers le milieu du XIII° siècle, réglementa les divers métiers de la Capitale, a fait mention, dans son livre, de plusieurs prestations alors dues au Roi et au premier rang desquelles il a mis la *coutume des chaussées*. Voici comment il s'exprimait, en son vieux langage :

« Chaucie est une coustume asise et establie anciennement seur
« chars, seur charretes, seur somiers chargiés, as quex li chaucier
« prendrent leur chaucies, a l'un plus, a l'autre mains. Les queles
« chaucies sunt prises et demandées, si comme il est contenu ci-
« desouz, par la reson de fere apareillier les chaucies, les chemins,
« les pons et les passages, dedens la banlieue de Paris. »

Ensuite venait la nomenclature des objets tarifés.

Il paraît que les péagers, sous le prétexte que leur bail les autorisait à lever ce droit *à la manière accoutumée*, se permirent de l'augmenter, peu à peu, et finirent par le porter à plus du double. Charles VI, tout en confirmant son établissement par des lettres du 23 mai 1400, défendit expressément de s'écarter, à l'avenir, de l'ancienne taxe, sous peine de punition exemplaire.

Personne n'était dispensé d'acquitter le droit de chaussée, sa destination ayant un but d'utilité publique. Cependant, les nobles et les gens d'église ne payaient rien pour les denrées qu'ils faisaient venir de leurs terres, si elles étaient destinées à leur propre usage. Une jeune mariée, qui quittait Paris, ne devait rien non plus pour le trousseau qu'elle emportait. Plus tard, les cordiers furent affranchis de la règle commune, en vertu de leurs statuts, attendu qu'ils fournissaient gratuitement les cordes nécessaires à l'exécution de la justice.

Le Roi et la Ville faisaient donc percevoir, chacun de leur côté, pour l'entretien des parties de la voie publique dont ils étaient respectivement chargés, un droit qui portait le même titre, celui de *chaussées*. Le premier, comme nous l'avons vu, s'appelait aussi *le barrage*, parce qu'il y avait sur les chemins des barrières que l'on n'ouvrait qu'après qu'il avait été acquitté. Ce dernier nom a prévalu pour distinguer ce même droit de celui qui appartenait à la Ville.

Le produit du barrage ayant fini par n'être plus assez élevé, on y ajoutait temporairement celui d'une taxe spéciale sur le sel (1).

Le droit de chaussées s'appliquait, ainsi que le droit de barrage, sur certaines marchandises et denrées transportées par terre. Le premier se levait aux portes mêmes de Paris, ainsi qu'à La Chapelle et au Bourget; le second était perçu presque entièrement sur les routes voisines, au Roule, au Bourg-la-Reine, à Saint-Laurent, Saint-Cloud, Villejuif, Saint-Maur, Charenton et Saint-Marcel. Peu à peu, on étendit le rayon de la recette et on alla jusqu'à Chatou, Villeneuve-Saint-Georges, Louvres, Corbeil, Beaumont-sur-Oise, etc. L'un était adjugé au profit de la Ville, par les officiers municipaux, l'autre au profit du Roi, par les agents du Domaine et plus tard par les Trésoriers de France (2). Nous avons dit à quoi étaient employés

(1) Elle était primitivement de 6 deniers par minot de sel vendu dans plusieurs généralités. Henri IV la porta à 12 deniers, en 1597 (Lett. pat. du 27 août).

(2) L'ancien droit de barrage s'affermait, tous les deux ans, et séparément pour chaque barrière. L'adjudication s'éleva en 1614 à 2051 liv.; en 1623, à 4343 liv.; En 1636, avant la réunion du droit de chaussée, elle atteignait 5435 liv.; savoir: barrière du Roule 1300 liv.; de Saint-Laurent 1050 liv.; de Bourg-la-Reine 720 liv.; de Longjumeau 360 liv.; de Beaumont 312 liv.; de Saint-Cloud 309 liv.; de Linas et Montlhéry 303 liv.; de Chenevannes 206 liv.; de Chartres 182 liv.; du Tillois 165 liv.; de Saint-Marcel 150 liv.; de Saint-Maur 116 liv.; de Charenton 115 liv.; de Corbeil 73 liv.; de Villejuif 67 liv.; de Juvisy 52 liv.; de Villeneuve-Saint-Georges 40 liv.; de Louvres et Vaudrelan 25 liv.; de Verberie 10 liv. Le fermier remettait le prix de son adjudication à un receveur chargé d'en faire la distribution.

La Chambre des Comptes se montra bien sévère envers l'un de ces receveurs, nommé Nicolas Levacher, convaincu de nombreux détournements de fonds. Par un arrêt du 17 janvier 1583, elle le condamna à être pendu et ordonna que tous ses biens seraient confisqués, après le prélèvement d'une somme de 3000 écus destinée à la réparation des pavés, ponts, passages et chaussées des avenues de Paris.

les fonds provenant du droit de chaussées. Ceux que produisait le barrage ne servaient pas uniquement à tenir en bon état un certain nombre des avenues de Paris ; on voit, par un arrêt du Parlement du 23 décembre 1637, qu'une partie en était, en outre, affectée, dès la fin du XVIe siècle, à l'entretien de plusieurs voies situées *intrà muros*, qui desservaient des édifices publics domaniaux ou sur lesquelles des emplacements étaient affermés pour le compte du Trésor, telles que le pourtour et les abords du Louvre et des Tuileries, la rue de la Monnaie et la place des Trois-Maries, le pont Neuf, la place des halles et ses issues, l'intérieur de la halle au blé et son pourtour, le cimetière Saint-Jean, la place Maubert, le pourtour de la Bastille et de l'Arsenal, la grande cour du Palais, celle de la Conciergerie, le pourtour du Grand-Châtelet, la place de la Boucherie et la Vallée de Misère (1).

Le maître paveur chargé de l'entretien des voies publiques dont la dépense incombait au Roi, ou, en d'autres termes, était imputée sur le produit du barrage, jouissait d'un certain privilège, pour se procurer les matériaux nécessaires à son entreprise. Ainsi, le nommé Pierre Lesage, qui exerça longtemps cet emploi, et à qui l'on reprochait de procéder avec lenteur à des travaux urgents, commencés près de la porte Saint-Antoine, ayant donné pour excuse que toutes les carrières avaient été accaparées par un confrère qui s'était engagé à faire venir le pavé dont la Ville et les particuliers pourraient avoir besoin, les Trésoriers de France l'autorisèrent à s'emparer, moyennant un prix suffisamment rémunérateur, de celui qu'il trouverait à sa convenance. Mais les officiers municipaux étant intervenus, donnèrent mainlevée à leur entrepreneur de la saisie opérée sur lui. L'affaire ayant été déférée au Conseil d'État, celui-ci, par un arrêt du 8 novembre 1601, permit à Lesage d'enlever, tant *au pays d'amont l'eau*, près de Fontainebleau, qu'ailleurs, le pavé de bonne qualité qui

---

(1) Nom que portait autrefois le quai de la Mégisserie, avant d'avoir été remblayé et soutenu par un mur.

existerait sur les carrières, en indemnisant raisonnablement ceux qui l'auraient préparé. Il l'autorisa également à en faire faire dans tous les endroits où se trouveraient des roches faciles à fendre, en payant seulement aux propriétaires des terrains les dégâts qu'il causerait; enfin, il lui donna le droit de mettre en réquisition les ouvriers et voituriers qu'il lui faudrait pour la fabrication et le transport de ses pavés, et, dans le cas où ils refuseraient de travailler pour lui, de les faire emprisonner.

Nous venons de citer un arrêt du Conseil d'État; comme nous nous appuierons, dans le cours de cette notice, d'un nombre considérable de ces actes, nous devons en dire quelques mots.

Les arrêts que nous rapportons émanaient presque tous du Conseil royal des finances; les décisions qu'ils renfermaient étaient libellées dans ce Conseil et rendues au nom du Roi. Aussi, les arrêts portaient-ils la formule: *Le Roy en son Conseil*. Lorsque le monarque présidait l'assemblée, ce qui arrivait rarement, sa présence était indiquée par cette autre formule: *Le Roy étant en son Conseil*. Ces arrêts, dont les plus anciens de ceux qu'on a conservés, ne remontent pas au delà du règne de Henri IV, étaient explicatifs ou simplement confirmatifs d'une disposition législative résultant d'un édit, d'une déclaration ou de lettres patentes; eux-mêmes portaient souvent règlement d'administration publique ou concession de quelques droits ou privilèges; plusieurs constituaient des actes de tutelle à l'égard de communautés d'habitants ou de corporations religieuses. Tous avaient force de loi. Cependant, pour leur donner une certaine autorité, ils devaient être enregistrés au greffe de quelque cour souveraine; ils étaient alors revêtus de lettres patentes signées du Roi et qu'on appelait des *Commissions*.

Parmi les arrêts dont nous faisons mention, quelques-uns sont sortis du *Conseil privé* du Roi. Ce Conseil, auquel on déférait les contestations qui, entre particuliers, étaient la conséquence de quelque acte de l'administration supérieure, mais où celle-ci n'était pas en cause, répondait assez au Conseil d'État actuel, statuant au contentieux : ses jugements recevaient d'ailleurs les mêmes formules que les arrêts du Conseil royal des finances.

Ceux du Conseil privé, ou des parties, n'étaient jamais motivés ; on y chercherait donc en vain les principes de droit ou de jurisprudence sur lesquels reposaient ses décisions. Les autres étaient, sous ce rapport, aussi peu explicites, mais leur préambule indiquait ordinairement le but qu'ils avaient pour objet.

§ 3.

Il ne suffisait pas que les communications que tout le monde pratiquait fussent en état de bien remplir leur destination, il était encore nécessaire que celles où la circulation n'était pas aussi active ne fussent pas néanmoins pleines d'ornières et de boues. Aussi, voyons-nous que, d'après un usage qui dut s'introduire peu après le règne de Philippe-Auguste et qui, par son ancienneté, acquit, plus tard, force de loi, ces dernières étaient pavées et entretenues par les riverains. Il y avait donc une troisième catégorie de voies publiques, moins importantes que les premières et dont, pour cette raison, les particuliers prenaient exclusivement soin (1). La conservation en était considérée comme inséparable du nettoiement qui, de temps immémorial, était aussi une obligation inhérente à l'habitation. Les Parisiens sentant combien il était utile que ces deux objets, qui tendent à un but commun, ne fussent pas négligés, puisque le facile accès de leurs demeures en dépendait, s'en acquittèrent, dans les commencements, sans y être incités par leurs magistrats. Mais, comme le faisait remarquer le judicieux Continuateur du *Traité de la Police*, *le public devient indifférent pour les meilleures choses, dès qu'elles sont à charge et pour peu qu'elles lui coûtent*. Il ne faut donc

---

(1) Cet usage découlait incontestablement de la loi romaine, *Construat*, etc., que nous avons déjà rappelée page 10.

pas s'étonner si leur zèle se ralentit, à la longue, et s'il fallut souvent les rappeler à leurs devoirs.

Nous ne mentionnerons des règlements faits à ce sujet, et dans lesquels l'enlèvement des boues tient la plus grande place, que ce qui concernait le pavé.

Le premier que nous connaissions est celui du 7 février 1348, dont nous avons donné un extrait, page 10. On y voit que les dispositions qu'il renfermait, bien que publiées chaque année, avaient été mal observées, en dernier lieu, par suite de l'indulgence des agents, les quatre sergents du Châtelet, préposés à leur exécution. Le Prévôt de Paris leur commandait, sous peine de punition exemplaire, d'être plus sévères à l'avenir.

La peste noire régnait alors dans cette ville. C'est elle qui vraisemblablement avait éveillé la sollicitude du magistrat chargé de la Police. C'est elle encore qui inspira, en partie, au roi Jean sa grande ordonnance du 30 janvier 1350, qui, bien que rendue pour tout le royaume, avait principalement la Capitale en vue et dans laquelle l'article 251 enjoignait aux particuliers de procéder, à l'égard de leur pavé, ainsi que la Ville le faisait pour celui qui la concernait. *Chacun en droit soy facent refaire les chaussées quand elles ne seront suffisantes, tantost et sans délay, en la manière et selon ce qu'il est accoustumé à faire d'ancienneté des rues dont le Prévost des Marchands est tenu de faire* (1).

Ces prescriptions, auxquelles on obéit d'abord, furent oubliées, plus tard, par suite des guerres et des soulèvements qui troublèrent l'État. Dans les lettres patentes du 1ᵉʳ mars 1388, que nous avons déjà citées, Charles VI invita le Prévôt de Paris à prendre les mesures nécessaires pour que la ville fût mieux tenue, en contraignant,

(1) Ce qui suit le mot *ancienneté* n'a pas de sens complet, mais il est évident qu'il s'agit de *la Croisée de Paris*.

à cet effet, *chacun en droit soy à faire admender et refaire les paremens des chaucées*, excepté dans les rues et places qui composaient la Croisée ou y étaient adhérentes.

L'exécution de cette ordonnance rencontra de vives oppositions de la part de plusieurs gens d'église et d'établissements religieux, qui se retranchaient derrière leurs privilèges (1). En attendant que le Parlement, qui en était saisi, se fût prononcé, le pavé des particuliers, dont l'entretien était tout à fait abandonné, devenait de plus en plus mauvais. C'est alors que le même prince commanda de nouveau au Prévôt de Paris, le 5 avril 1399, de faire ponctuellement exécuter ce qu'il avait résolu, sans admettre la moindre exception en faveur de qui que ce fût, même de son cousin et de sa tante, le roi et la reine de Sicile, religieux de l'hôpital du Temple; le tout cependant par provision.

Les contestations durèrent assez longtemps, puisqu'il renouvela ses ordres, le 20 janvier 1402.

On ne trouve plus de règlement sur la matière jusqu'au 28 juillet 1500, où le Parlement, qui, depuis quelque temps, avait pris en main, sous le rapport administratif, les questions de voirie et de salubrité, et qui probablement avait décidé judiciairement, contre les particuliers, celles qui lui avaient été soumises un siècle auparavant, ordonne au Prévôt de Paris et à ses subordonnés de faire en toute diligence nettoyer les rues, ainsi que *redrecer et mectre en point les paces d'icelles*.

L'arrêt les charge, en outre, de *contraindre tous les manans et*

---

(1) Ils se fondaient sur la loi romaine contenue au Code, de *Sacro Sanctis Ecclesiis*, qui avait exempté les ecclésiastiques des charges réelles et personnelles; mais on leur objectait une autre loi du même Code portant: *Ad instructiones itinerum pontiumque etiam divinas domos et venerabiles Ecclesias, tam laudabili titulo, libenter adscribimus, quia non est inter sordida munera numeratum.*

habitans de la dite ville, de quelque estat et condicion qu'ils soient, privilegez et non privilegez, à payer réaulement et de faict les deniers esquels ils seront assis et imposez pour ce faire.

On pourrait croire, d'après cette disposition finale, que déjà il n'était plus loisible aux particuliers de faire réparer eux-mêmes le pavé dont ils avaient l'entretien et que l'autorité prenait ce soin en levant certaines taxes sur eux; mais nous verrons plus loin qu'il n'en était pas encore ainsi: la mesure dont il s'agit ne s'appliquait, en effet, qu'au nettoiement des rues.

Le Parlement réitéra plusieurs fois ses injonctions, notamment en 1503, 1515 et 1522, ce qui fait supposer que les habitants ne tenaient pas longtemps compte des invitations qui en étaient la suite.

Comme il arrive ordinairement en pareil cas, les commissaires de quartiers, chaque fois que leur zèle était stimulé de nouveau par quelque ordonnance ou arrêt, dressaient de nombreux procès-verbaux de contraventions et traduisaient les délinquants devant le Tribunal de police, où ils étaient condamnés à l'amende. Les registres de l'auditoire du Châtelet sont remplis de ces sortes de jugements. On y voit que l'invitation de réparer était faite même aux riverains des rues de *la Croisée, sauf leur recours contre la Ville.* L'un d'eux, ayant un jour déclaré à l'audience qu'il n'en ferait rien, fut immédiatement envoyé en prison pour avoir méprisé les ordres de la justice.

Ce fut également pour arrêter les progrès de la peste, qui désolait de nouveau la Capitale, que plusieurs mesures sanitaires firent l'objet d'une ordonnance du Prévôt de Paris, en date du 19 avril 1526, après Pâques. On y lit: *Item. Sera commandé et enjoint à toutes personnes de quelque état qu'elles soient, qu'elles aient à paver ou faire paver devant leurs huys, en ensuivant l'arrest de la Cour, et nettoyer et oster les boues et autres immondices des rues, étant devant leurs maisons... sur peine d'amende arbitraire.*

C'est toujours dans le même but qu'une autre ordonnance

du même magistrat, datée du 26 août 1531, portait : *L'on commande et enjoinct très-expressement à toutes personnes quelconques, de quelque estat qu'ils soient, que doresnavant et pour l'advenir ils facent paver et refaire le pavé corrompu et enfondré et tiennent le dict pavé en bon estat et les rues nectes, chascun en droict soy, et jectent eaue, en tout temps, soir et matin, devant leurs huys, sur le dict pavé, mesmement dans le ruysseau*... (1).

Ce cruel fléau continuant à faire de nombreuses victimes, une des chambres du Parlement, convoquée extraordinairement, en temps de vacations, le 13 septembre 1533, afin de prendre des mesures propres à le conjurer, renouvela, presque dans les mêmes termes, les prescriptions du Prévôt de Paris, notamment celles qui étaient contenues dans la dernière ordonnance que nous venons de rapporter.

S'il n'y a pas d'exagération dans le tableau que présente le préambule de l'édit de François Ier, du mois de novembre 1539, concernant la salubrité de la Capitale, cette ville n'était pas alors dans une meilleure situation, quant au pavage et au nettoiement, que deux siècles auparavant. Ce prince ordonne également, par l'article premier de cet édit, *que toutes personnes quelconques, de quelque estat qu'ils soient, facent paver à pente raisonnable et entretenir le pavé en bon estat et les rues nettes, chacun en droict soy*.

La nécessité de revenir sur cet objet s'étant présentée, Henri II jugea n'avoir rien de mieux à faire que de remettre en vigueur toutes les dispositions précédentes. Dès lors, il prescrivit au Prévôt de Paris, le 9 septembre 1550, de les publier très souvent et de tenir rigoureusement la main à leur exécution. Il paraît que ses ordres furent très mal suivis, car, dans d'autres lettres patentes du 16 mai

(1) Le Continuateur du *Traité de la Police* n'a pas cité ces deux ordonnances qui cependant avaient de l'importance.

1554, il se plaint d'avoir reconnu par lui-même qu'il ne se trouvait aucune rue ou place où il n'y eût, en toute saison, une grande quantité de fange, fumiers et ordures à porter aux champs ; il ajoute : *aussi sont ils parez d'icelles rues rompus en divers endroits et les aucuns plus haut elevez que les autres et non estant de la pente et niveau que ils doivent estre.* En conséquence, il renouvelle au Prévôt de Paris les recommandations qu'il lui avait déjà faites.

Afin que les particuliers ne pussent prétexter de la difficulté de se procurer des pavés, pour différer les réparations qui leur étaient prescrites, la Ville, comme nous l'apprend un avis donné aux juges de police, le 21 novembre 1555, leur permit, moyennant finance, d'en prendre dans ses dépôts.

Charles IX, à son tour, commande aux commissaires du Châtelet, le 22 novembre 1563, de faire chaque jour une visite exacte de leurs quartiers respectifs et *de contraindre chacun des habitans, à faire accoustrer le pavé de devant leurs maisons sitost qu'il sera tant soit peu rompu ou endommagé, afin qu'il ne s'y arreste aucune ordure.* Il ajoute que *les quais seront, à la diligence des Prévost des Marchands et Echevins, tenus nets et le pavé par eux fourni és lieux et endroits deus et accoustumés, sur peine de privation de leurs privilèges.*

Mais ensuite, au milieu des discordes civiles qui déchirèrent la France et dont la Capitale fut le principal théâtre, il ne fut guère possible de s'occuper de la police de cette ville. Aussi, le pavage et le nettoiement y furent-ils très négligés.

L'ordre une fois rétabli, le Prévôt de Paris s'empressa de faire revivre les principaux règlements de voirie qui avaient été mis en oubli. L'ordonnance qu'il rendit à ce sujet, le 22 septembre 1600, portait, article 20 : *Le Voyer pourvoira au pavement des rues, et où il se trouvera quelques pavés cassés et rompus ou enlevés en la rue, l'ouverture soit promptement rétablie aux dépens des détempteurs des maisons, et prendra garde à ce que le pavé fait de neuf soit bien fait et ne se trouve plus haut elevé que celui de son voisin.*

Tout ce qui précède montre combien on éprouvait de difficultés pour obtenir des habitants qu'ils entretinssent convenablement la partie du pavé qui les concernait exclusivement; car les nombreux règlements que nous avons cités, bien que s'exprimant, dans les derniers temps, d'une manière générale, n'avaient probablement trait qu'à cette partie, attendu que nous aimons à croire que la Ville ne laissait pas en souffrance les réparations dont elle était tenue et que le Roi n'avait pas besoin d'enjoindre à sa propre personne de faire celles qui le regardaient.

Cependant, nous trouvons un arrêt du Conseil, du 19 octobre, 1602, duquel il résulterait que les rues de *la Croisée*, ainsi que les chemins qui en dépendaient, étaient, à cette époque, en très mauvais état (1). La Ville serait excusable d'avoir négligé leur entretien, si, comme il est exposé dans un autre arrêt du 21 mars précédent, les fonds mis à sa disposition, pour les nombreuses dépenses qu'elle avait à supporter, étaient diminués des deux tiers, par suite des derniers troubles.

Quoi qu'il en soit, les prescriptions ci-dessus ne furent plus susceptibles d'application le jour où l'entretien de tout le pavé de Paris devint l'objet d'une entreprise unique surveillée par les agents de l'administration. Et si, peu après, l'édit du mois de décembre 1607 reproduisit presque textuellement, dans son article 12, les dispositions de celui de la dernière ordonnance du Prévôt de Paris, c'est que cet édit s'adressait à toutes les localités du royaume, et que la Capitale était peut-être la seule ville où la mesure dont il s'agit eût encore

---

(1) Ce n'était pas seulement à Paris qu'il en était ainsi. On lit, en effet, dans un autre arrêt du Conseil du 23 décembre 1601 : « Sur la plainte et remon-
« trance faites au Roy, en son Conseil, par les Maires et Eschevins d'aucunes
« villes de ce royaume, de l'incommodité que les habitans d'icelles reçoivent,
« en ce que les grands chemins, chaussées, caiz, ponts et autres places publi-
« ques de leurs villes, faulxbourgs et banlieues sont si mal pavez que leurs den-
« rées et marchandises ne se peuvent transporter n'y charrier, encore bien qu'il
« se lève des deniers suffisans pour les réparations d'iceux........».
Avant d'aviser aux mesures à prendre, il fut ordonné qu'il serait rendu compte au Grand Voyer de la situation des fonds destinés à ces ouvrages.

été prise. Mais d'autres règlements qui lui étaient également particuliers sont intervenus, depuis lors, à l'effet soit de réprimer les abus pouvant nuire à la conservation du pavé, soit d'obtenir l'exécution des conditions des baux relatifs à sa réparation et de faciliter aux entrepreneurs les moyens d'y satisfaire. Nous en parlerons en leur lieu : en attendant, nous allons revenir sur nos pas, afin d'examiner quelques faits généraux qui se rattachent au sujet que nous traitons.

§ 4.

Nous avons vu que ce fut avec de larges et épaisses dalles de pierre ou de grès, irrégulièrement appareillées, que l'on construisit les premières chaussées de Paris. Il est probable que la difficulté de trouver à proximité des blocs aussi gros et d'une égale densité conduisit à réduire leurs dimensions, quand on entreprit de refaire ces chaussées ou de paver des rues moins importantes que celles de *la Croisée*. Leur poids excessif devait d'ailleurs en rendre l'emploi très incommode. Aussi, lorsqu'on exhaussait le sol des quartiers voisins de la rivière, afin d'en protéger l'accès contre les inondations, aimait-on mieux enfouir les anciennes chaussées que de les démolir pour en utiliser les matériaux, ce qui fait supposer qu'on avait renoncé aux grandes dalles pour leur substituer un autre type moins volumineux. Avant d'en venir aux pavés cubiques, dont l'usage a été longtemps si répandu, M. l'ingénieur Hachette, dans une *note sur les chaussées pavées*, prétend que l'on fit, pendant quelques années, l'essai de petites dalles équarries, d'un échantillon régulier, ayant 5 ou 6 décimètres carrés en tête, et une hauteur de 16 à 19 centimètres. Il ajoute qu'il y a lieu de penser que les gros pavés qui servent encore de bordures aux anciennes chaussées proviennent, en partie, de cette seconde période de l'histoire générale du pavage. Cette opinion paraît corroborée par la délibération du Conseil municipal du 22 juillet 1296, dont nous avons déjà parlé, page 11, et qui nous apprend que l'on employait alors, dans *la Croisée* de Paris, une espèce de pavés dits *Rabots* (1). Or, d'après le *Dictionnaire d'architecture* de d'Avilar, on donnait autrefois ce nom aux pavés dont on se sert pour faire les bordures des chaussées de grès.

Ces petites dalles, quand on les mettait en œuvre à plat, s'appelaient des *carreaux*. De là, les vieilles locutions : *Les carreaux du Roi, le carreau des halles, jeter des meubles sur le carreau, demeurer sur le carreau*, etc. (2).

Nous voyons, par un acte du 9 avril 1396, que, lorsqu'il entrait en fonctions, *le Visiteur des pavemens* jurait de tenir la main à ce que les carreaux mis en vente ou employés par les paveurs ne présentassent pas un seul côté ayant moins de sept pouces de largeur. S'ils étaient plus petits, on en faisait le triage, et le marchand en donnait deux pour un ou trois pour deux, selon leur grosseur. On a quelque raison de croire qu'ils affectaient encore la forme d'un parallélépipède à pans inégaux, puisque, d'après la déclaration du Roi, du 23 mai 1400, voir page 12, ils devaient, *pour plus longuement durer*, être posés de champ et non à plat, et qu'il était défendu de les fendre en deux. Ce qu'il y a de certain c'est que, peu de temps après, on avait remplacé les dalles par des pavés cubiques, que l'on continuait néanmoins à appeler des carreaux. L'article 429 du grand règlement homologué par Charles VI, le 17 février 1415, sur la juridiction de l'Hôtel-de-Ville de Paris, ne laisse aucun doute à ce sujet. *Doresna-*

---

(1) L'auteur de la Dissertation qui précède l'*Histoire de Paris* par Dom Félibien, a lu *Ratos* au lieu de *Rabos*.

D'après un compte du payeur des œuvres de la Ville, de l'année 1366, les *Rabos* étaient formés de pierre dure des carrières de Gentilly et de Notre-Dame-des-Champs.

(2) On lit encore dans le compte de 1366 : *Payé à....... pour avoir deffouy de terre grans quarreaulx de grez devant l'abbaye Saint Germain des prés, de iceux avoir chargé ii charettes menans les dis quarreaulx à la porte d'enfer en greynier, pour prendre à paver ladicte ville de Paris, au lieu où mestier sera.*

rant, y est-il dit, *les quarreaux qui seront amenés pour vendre auront de 6 à 7 poulces de hault, de lé et en tous sens.* S'ils étaient plus longs, le règlement ajoutait qu'ils seraient tenus pour bons et que, comme ils avaient été diminués de plus du tiers du volume qu'ils avaient autrefois, il ne serait plus fait de triage; ceux d'un plus petit échantillon devaient être rebutés et ne pouvaient être vendus sans une autorisation spéciale.

De même, l'article 11 des statuts donnés le 10 mars 1501, à la communauté des paveurs de Paris, exigeait que, pour être reçus par les jurés, les carreaux fussent trouvés loyaux et marchands, *c'est assavoir de 6 à 7 poulces en quatre paremens*. Mais une ordonnance rendue par Charles IX, le 4 février 1567, sur la police générale du royaume, et particulièrement de la ville de Paris, ordonnance que Henri III renouvela, sans presque y rien changer, le 21 novembre 1577, portait, à l'article 11 du chapitre XVIII, que le pavé destiné au pavage des rues serait réduit (1) à l'ancien échantillon de 7 à 8 pouces, avec défense d'en employer de plus petit, sous peine de confiscation et d'amende arbitraire.

En outre, Charles IX avait mandé au Prévôt de Paris, le 5 décembre 1568, de permettre à toutes personnes d'y amener et vendre du pavé, sous la seule condition de le faire recevoir par un des jurés-paveurs, en présence d'un commissaire du Châtelet et d'un bourgeois intendant de la police. Son intention était, dès lors, que le commerce en fût libre.

En conséquence des prescriptions contenues dans les deux dernières ordonnances que nous venons de citer, les premiers baux

(1) Ce mot est employé là pour *remis, ramené*, du latin *reductus*. L'ordonnance, dite de Blois, du mois de mai 1579, s'en est servie dans le même sens, en disant: *Tous grands chemins seront réduits à leur ancienne largeur, nonobstant toutes usurpations.....* Perrot, qui probablement ne connaissait pas bien la valeur du vieux mot *réduits*, a mis, à la place, *rendus*, dans son *Diction. de Voirie*.

passés pour l'entretien du pavé de Paris rappelaient que les pavés neufs devaient avoir 7 à 8 pouces de largeur en tous sens. En 1720, et jusque dans ces derniers temps, on a tenu à ce qu'ils eussent 8 à 9 pouces, ou 23 centimètres, sans qu'ils cessassent néanmoins de présenter la figure d'un cube. Ce n'est que depuis quelques années qu'on en demande aux entrepreneurs d'un plus petit échantillon, et que l'on substitue, parfois, aux parements inférieur et supérieur, la forme d'un rectangle à la forme d'un carré.

On vient de voir que, dans les commencements, l'administration n'indiquait pas les lieux d'où les pavés devaient provenir et qu'elle s'attachait seulement à leurs dimensions. De ce qu'il y avait alors peu de roulage, le grès d'un grain tendre faisait, en quelque sorte, autant d'usage que celui d'un grain dur; l'ouvrier qui les fabriquait devait seul préférer l'un à l'autre comme plus facile à tailler. Ce n'est que beaucoup plus tard, après que le nombre des voitures se fut multiplié, qu'on établit entre ces natures de grès une différence que justifiait la durée du premier comparée à celle du second. Il fallut, en conséquence, suppléer, dans les marchés conclus avec les entrepreneurs, au silence qu'on avait cru devoir garder. Le premier bail qui s'explique à cet égard est celui de 1659 (1). Il a été rendu ensuite quelques règlements généraux sur lesquels nous reviendrons plus loin.

Les pavés se vendaient autrefois *au grand compte*, c'est-à-dire qu'on en livrait 1122 pour un millier. Cet usage a cessé à la Révolution.

Nous nous écarterions trop de notre sujet si nous rapportions ici les observations qu'on a faites sur la composition du grès, sur les

---

(1) Vingt-trois ans auparavant, Anne de Beaulieu, qui venait d'être nommé *Visiteur de l'entretenement du pavé de Paris*, proposait déjà d'exiger que le pavé fût loyal et marchand, ainsi que bien *étoffé*, et qu'il fût, en outre, le plus ferme que l'on pût trouver, comme celui des *Pressoirs du Roy*, près de Fontainebleau.

divers usages auxquels il est propre et sur les particularités que présente sa formation. Nous renvoyons aux auteurs qui ont traité cette matière avec plus d'autorité que nous le ferions nous-même. Mais, nous donnerons quelques renseignements sur les carrières qui autrefois ont été spécialement affectées à la consommation de la ville de Paris et sur la manière dont s'y façonnait le pavé.

Il est probable que les premières roches mises en exploitation furent celles que l'on trouvait, en grand nombre, près de *Fontainebleau* et qui étaient presque toutes à découvert. Les pavés qu'elles produisaient étaient amenés à Paris, sans beaucoup de frais, en descendant le cours de la Seine. Cependant, le règlement de 1415 nous apprend qu'il en venait d'autres que l'on faisait arriver également par eau, en remontant cette rivière; ils devaient provenir des environs de *Pontoise*. D'après le même règlement, il en venait aussi par terre, que l'on mettait en dépôt à la barrière Saint-Jacques (1). Ces derniers étaient, sans doute, fabriqués près de *Palaiseau*, dans la vallée de la petite rivière de l'Yvette. Les carrières de grès situées vers ces trois différents points ont effectivement servi à approvisionner la Capitale pendant des siècles.

Celles de Fontainebleau étaient situées dans la forêt même ou dans des lieux circonvoisins, tels que *Samoreau, les Pressoirs du Roy, Montméliand*, etc. Les pavés que l'on tirait des premières n'offraient pas, en général, assez de dureté pour que l'on continuât à les employer dans Paris, après que ses rues furent devenues plus passantes. Aussi, voyons-nous que, dès l'année 1639, ils avaient été proscrits d'une manière absolue (2). Cependant un arrêt du Conseil du 5 dé-

---

(1) On voit aussi, dans la formule du serment que prêta *le Visiteur des pavemens*, en 1395, que le pavé arrivait alors à Paris tant par eau que par terre.

(2) Le Bureau des finances en avait même déjà interdit l'usage dans les travaux d'entretien, en 1611.

cembre 1667 fit une exception en faveur des carrières de la forêt dites de la Croix d'Augas, de la Croix du Calvaire et de la Belle-Croix, dont le grès présentait une certaine dureté. Il en avait déjà été de même du rocher de Samoreau. Quant aux carrières de pierre tendre situées, soit dans la forêt, soit dans le voisinage, telles que celles de Montméliand, de Montigny et autres des environs de Samoreau, l'exclusion fut rigoureusement maintenue.

Afin d'enlever tout prétexte à la fraude, un autre arrêt du Conseil, du 1er octobre 1687, dont les dispositions furent souvent renouvelées, prescrivait, sous des peines très sévères, de ne faire fabriquer sur toutes les carrières de pierre tendre que du pavé de petit échantillon, c'est-à-dire de 4 à 5 pouces, au plus, pour les travaux des particuliers. Les carrières de pierre dure, reconnues telles par les agents de l'administration, étaient exclusivement réservées pour la fabrication du pavé de grand échantillon destiné aux ouvrages publics.

Néanmoins, le Lieutenant de police avait pris sur lui, le 10 décembre 1700, d'autoriser les maîtres paveurs et les marchands de pavés à en faire fabriquer de grand échantillon sur tous les rochers dont le grès leur paraîtrait dur, notamment dans la forêt de Fontainebleau. Le Conseil d'État, considérant que cette permission allait contre les mesures prescrites, treize ans auparavant, cassa, le 15 février 1701, la sentence du Lieutenant de police. Toutefois, un autre arrêt, du 15 octobre suivant, modifia ce que celui de 1687 avait de trop exclusif, et permit, tant aux entrepreneurs des ouvrages publics qu'aux maîtres paveurs, de faire faire du pavé de grand échantillon dans deux autres rochers de pierre dure situés aux environs de Fontainebleau, appelés l'un, *le Marion des roches* et l'autre, *les Pressoirs du Roy*. Ce dernier fut ajouté, par le bail de 1711, à ceux où les entrepreneurs pouvaient prendre du pavé, ainsi que le rocher de Montméliand, auquel on avait fini par reconnaître une certaine dureté. Lorsque ces carrières commencèrent à s'épuiser, celle de la montagne de *Train*, près de Morel, fut choisie pour les remplacer.

Elle figure, pour la première fois, dans le bail de 1738. Comme les besoins allaient toujours en croissant et qu'une nouvelle visite avait encore fait découvrir dans la forêt quelques autres rochers de bonne qualité, tels que ceux de *Saint-Germain* et du *Curier-Chatillon*, des arrêts du Conseil, en date des 23 mai 1747 et 18 mai 1767, en autorisèrent l'exploitation pour le Pavé de Paris. Le premier de ces rochers est indiqué à l'entrepreneur dans les baux de 1756 et de 1786, et l'autre dans ceux de 1768 et de 1777.

Le domaine de la Couronne exigeait, tant pour les frais de surveillance qu'on était obligé d'exercer sur les carriers que pour la valeur locative du terrain défriché dans l'intérêt de leurs exploitations, une indemnité appelée *Droit de fortage* : elle était de 20 sols par grand millier de pavé fabriqué. Dans les derniers temps, le service du Pavé de Paris payait, à ce sujet, à titre d'abonnement, une redevance de 300 liv. par an (1).

Le grès de Fontainebleau, même le plus estimé, ne valait pas celui des coteaux de l'Oise ou de l'Yvette, mais il se taillait beaucoup plus facilement, en sorte que les pavés avaient leur échantillon moins inégal et que les faces en étaient mieux dressées; leur emploi permettait de bien serrer les joints et de faire des ouvrages d'un assez bel appareil. On pouvait d'ailleurs les refendre très aisément en deux et même en trois morceaux ; aussi, les employait-on exclusivement au pavage des parties de la voie publique réservées aux piétons. Les uns s'embarquaient aux ports de Valvin et de la Cave, sur la Seine même; les autres au port de l'Écuelle, sur le canal du Loing, près de son embouchure dans la Seine.

Comme les pavés de Fontainebleau ont, dans tous les temps, coûté moins cher que ceux des autres provenances, les particuliers leur donnaient la préférence pour les travaux à leur charge. C'est ainsi

---

(1) Ce droit, qui avait été supprimé à la Révolution, a été rétabli depuis lors. *Voir* à l'appendice.

qu'il s'en est toujours introduit une grande quantité dans les rues de Paris.

Voici comment se composait, en 1756, le prix du grand millier de ces pavés :

Fabrication.	50 liv.	00 s.
Transport du rocher à la rivière	38	10
Voiture par eau	49	00
Débardage à Paris.	9	00
Frais de commis.	4	09
Entretien du chemin du rocher à la rivière.	1	10
Droit de fortage.	1	00
Droits d'entrée.	18	17
Total.	163 liv.	06 s.

Ce qui revient à 145 liv. 11 s. pour mille pavés, non compris le bénéfice de l'entrepreneur.

Pendant longtemps les carrières des environs de Pontoise ont aussi fourni des pavés à Paris. On les faisait descendre sur l'Oise, puis remonter par la Seine. On commença par les rochers les plus rapprochés des lieux d'embarquement, tels que ceux de l'*Ile-Adam*, que l'on trouve déjà désignés dans les baux de 1659, 1660 et 1667. Ensuite on attaqua les bancs de *Méry* et de *Sergy*, qui sont indiqués concurremment avec ceux de l'Ile-Adam sur plusieurs des baux subséquents. Les carrières de *Pontoise* même figurèrent pour la première fois dans le bail de 1717; on en tirait encore des pavés, au moment de la Révolution. Il en était également ainsi de la carrière de *Belloy* ; on y puisait dès l'année 1770. Cette dernière se trouvant éloignée de toute voie de communication par eau, le transport des pavés s'effectuait par terre. Il y avait encore au-dessous de Paris d'autres carrières où l'on trouvait de même de bons pavés et que, pour cette raison, les anciens baux avaient permis d'exploiter ; nous voulons parler de celles de *Louveciennes, Vaucresson, Herblay*, etc (1). On trouve un arrêt du Conseil, du 3 juillet 1673, permettant aux entrepreneurs du Pavé de Paris et des grands chemins de faire fabriquer du pavé dans les bois de Louveciennes, et fixant à 7 livres par grand millier l'indemnité qu'ils auraient à payer pour droit de fortage.

Le grès de ces diverses localités était supérieur, sous le rapport de la dureté, à celui des environs de Fontainebleau ; mais, comme le disaient les carriers, il était *aigre* ; la fente en était difficile et les éclats s'en enlevaient en surfaces courbes et anguleuses. Il en résultait que les pavés étaient mal équarris et avaient leurs parements raboteux. On ne pouvait donc les approcher assez les uns des autres pour éviter les grands joints.

Enfin, il existait dans la vallée de l'Yvette plusieurs bancs de grès durs d'où les entrepreneurs tiraient autrefois une grande partie de leurs approvisionnements. Le bail de 1720 leur indiquait particulièrement ceux de *Palaiseau, Saulx-les-Chartreux* et *Orsay*. Ils s'établirent en 1756 sur celui de *Lozert* et y étaient encore en 1790.

Les grès de cette vallée ont toujours été considérés comme étant d'une excellente qualité; mais les bancs variaient de hauteur et se trouvaient souvent couverts d'une épaisse couche de terre ou de pierre meulière qui en rendait l'exploitation dispendieuse. Les pavés qu'ils fournissaient se taillaient mieux que ceux des environs de Pontoise ; cependant il leur arrivait quelquefois d'avoir, ainsi que ces derniers, leurs parements un peu gauches. A cet inconvénient près, ils faisaient un bon usage. Les arrivages s'en opéraient, comme pour les pavés de Belloy, par les cultivateurs du pays, quand les travaux des champs ne donnaient pas. Une charrette attelée de trois chevaux n'en portait guère plus de 120 et faisait rarement deux voyages

---

(1) Nous verrons que celles de Vaucresson alimentaient déjà le service du Pavé de Paris, en 1614.

par jour; aussi, fallait-il beaucoup de temps pour en réunir une certaine provision (1).

Des expériences faites, il y a plusieurs années, sur les pavés en usage à Paris, ont démontré que leur dureté est en raison directe de leur pesanteur spécifique; les plus résistants pesaient à sec 2,511 kilogrammes, le mètre cube, et les plus friables 2,390. Le poids de l'eau qu'ils absorbent est, au contraire, en raison inverse de leur dureté; pendant une immersion de 24 heures, il était presque nul pour les pavés durs d'Orsay, tandis qu'il s'élevait jusqu'à 58 kilogrammes par mètre cube, pour les grès tendres des environs de Fontainebleau.

Lassone, que son service, comme médecin du roi Louis XVI, appelait fréquemment dans cette résidence, a observé, avec soin, la fabrication du pavé et en a donné une description détaillée qui a été insérée parmi les mémoires de l'Académie des Sciences. Il paraît que les procédés qu'on employait alors ne sont pas modifiés et qu'on les suit, à peu près entièrement, partout. Nous allons, en conséquence, les indiquer sommairement.

L'habitude, plutôt que des signes particuliers, détermine le choix des blocs propres à être exploités; néanmoins, les carriers ont souvent recours à une épreuve qui les trompe rarement; ils frappent avec un lourd marteau sur le bloc qu'ils veulent sonder : s'il rend un son aigu, net et distinct, il est jugé de bonne qualité; si, au contraire, la percussion ne produit qu'un bruit sourd, il est jugé trop tendre. Quelquefois, cependant, après avoir entamé un bloc, on est obligé de l'abandonner, parce que l'intérieur est d'inégale densité

(1) C'est ce qui, en 1835, avait suggéré à M. l'ingénieur Minard l'idée d'effectuer ces transports au moyen d'un canal alimenté, en grande partie, par l'Yvette, et qui, comme le canal de l'Ourcq, aurait servi à deux fins. Il évaluait à 90 millions le nombre de pavés que la vallée pourrait encore produire, ce qui suffirait, pensait-il, pour les besoins de Paris pendant 100 ans. Ce projet, qui avait été repris, depuis lors, paraît maintenant abandonné.

et qu'on y trouve des cavités remplies d'un sable fin et sans liaison; mais, quand on a bien rencontré, voici comment on s'y prend. Un ouvrier assis sur le bloc commence par le fendre dans une direction verticale, afin d'en séparer les dalles qui doivent être divisées en pavés. Pour y parvenir, il creuse, avec un instrument qui a la forme de deux coins réunis par la base, une gouttière de 16 centimètres de longueur où il introduit deux planchettes en fer et un coin au milieu, puis il trace de part et d'autre de la gouttière et dans son prolongement, une ligne droite peu profonde qu'il continue sur toute la surface supérieure du bloc et, s'il est possible, sur les côtés. Cette empreinte marque la direction suivant laquelle doit se faire la cassure. On opère celle-ci en déchargeant de très haut, sur le coin engagé entre les planchettes, de grands coups d'une masse de fer dont le manche est long et flexible. Chaque coup imprime et transmet dans toutes les molécules de l'épaisseur du banc, qui correspondent à l'impulsion donnée, une secousse profonde et un ébranlement violent, et, comme l'effort du coin est à la fois vertical et latéral, le bloc finit par se fendre et la dalle s'en sépare. On pourrait obtenir le même résultat avec de la poudre à canon; mais ce moyen, dont on se sert en quelques endroits, a l'inconvénient d'être plus dispendieux et de diviser les pièces inégalement, ce qui occasionne beaucoup de déchet.

Lorsque la grande dalle est détachée, on l'équarrit le mieux qu'on peut, on la partage ensuite en plusieurs parallélépipèdes dont on forme, en dernier lieu, des cubes sensiblement égaux : ce sont les pavés. On y parvient en traçant doucement, sur deux des faces du parallélépipède, avec la partie tranchante de la double cognée, l'emplacement de la fente que l'on veut opérer; on frappe ensuite de plus grands coups avec le même tranchant et le morceau se disjoint immédiatement.

Le métier de carrier est, tout à la fois, ingrat, pénible et dangereux. Quelque précaution qu'il prenne, et il en prend ordinairement fort peu, l'ouvrier avale nécessairement, avec l'air qu'il respire, une portion de la poussière de grès que soulève son travail. De là plusieurs maladies qui abrègent ses jours, telles que pulmonie, crachement de sang et toux sèche, appelée vulgairement *rhume de Saint-Roch*. Il est rare qu'il vive au delà de 40 ou 50 ans.

Indépendamment de ces maladies, les carriers sont souvent exposés à recevoir des blessures graves et quelquefois mortelles. Lorsque de pareils accidents arrivaient, l'administration était dans l'usage d'indemniser le blessé pour le temps qu'il avait été empêché de travailler et, quand il était marié et qu'il succombait, elle faisait remettre un secours à sa veuve.

Chaumont de la Millière, Intendant des Ponts et Chaussées, pensait que l'on devait revenir sur cet usage. Il écrivait à l'Inspecteur général du Pavé de Paris, le 12 septembre 1788:

« Je ne dois pas vous dissimuler que je ne vois pas, sans quelque
« peine, qu'on fasse supporter par le Roi des dépenses de ce genre,
« qui sembleraient devoir être à la charge des entrepreneurs, qui
« ont seuls intérêt à se conserver les bons ouvriers et à les encou-
« rager par les secours qu'ils accorderaient, soit à ces mêmes
« ouvriers qui seraient blessés, soit à leurs veuves, en cas de mort.
« Je vous prie de fixer votre attention sur cet objet et de me le
« remettre sous les yeux lors du renouvellement des baux, attendu
« que je me propose d'en faire une condition particulière, dans les
« charges dont sont tenus les entrepreneurs. »

Néanmoins, l'administration a continué à allouer elle-même les secours de cette nature jusqu'en 1824, où une décision du Directeur général des Ponts et Chaussées, du 28 avril, les a définitivement mis au compte des entrepreneurs. On sait d'ailleurs qu'un arrêté du Ministre des Travaux publics, du 15 décembre 1848, modifié par l'un de ses successeurs, le 22 octobre 1851, a prescrit un ensemble de mesures, afin que ceux-ci n'en pussent pas éluder le payement.

A toutes les époques, on a eu beaucoup de peine à introduire une bonne discipline parmi les carriers, et surtout parmi ceux de Fontainebleau. La cause en est attribuée à ce que l'on trouve peu de gens qui veuillent prendre ce triste métier et que ceux qui s'y décident, sachant qu'il serait difficile de les remplacer, sont disposés à faire la loi et entrent facilement dans toute espèce de coalition. Il résulte d'une ordonnance du Bureau des finances, du 19 août 1773, que l'on fut obligé, cette année-là, d'en emprisonner plusieurs qui, s'étant attroupés, avaient insulté le représentant des entrepreneurs et proféré contre lui de violentes menaces.

Leur insubordination donna lieu à plusieurs autres ordonnances du même Bureau. Celle du 2 août 1774, la dernière rendue à ce sujet, leur défendait sous peine d'amende et même de punition corporelle, suivant l'exigence des cas, de désemparer les ateliers pour passer au service de particuliers ou de quelques entrepreneurs autres que ceux du Pavé de Paris, sans un congé par écrit de ces derniers; de laisser là, hors des heures de repos, les ouvrages commencés, sous prétexte de mécontentement; d'exciter aucuns troubles dans les ateliers, ni d'ameuter leurs compagnons pour les en faire sortir; d'injurier enfin de paroles, menaces, voies de fait ou autrement, les entrepreneurs, leurs commis ou autres préposés à la conduite des exploitations.

Depuis très longtemps, les entrepreneurs de travaux publics sont autorisés, sous certaines conditions, à faire, dans les propriétés privées, les fouilles nécessaires à l'extraction des matériaux propres à l'exécution de leurs baux. Le premier acte du pouvoir souverain dans lequel ce privilège se trouve consacré est, paraît-il, l'ordonnance rendue par Henri II, le 15 février 1556 (1), pour la continuation de la chaussée du grand chemin d'Orléans, depuis le bourg

---

(1) Dans un rapport déposé à l'Assemblée nationale, le 27 juillet 1871, on a dit, par erreur, que cette ordonnance concernait le pavage de Paris.

d'Arthenay jusqu'à Thoury. On trouve aussi des lettres patentes de Henri IV, datées du 15 mars 1595, conférant un pareil privilège aux entrepreneurs chargés de la construction de ses bâtiments.

Dans les premières années du XVIIe siècle, les Trésoriers de France de la Généralité de Paris, s'inspirant de ces deux précédents, rendirent un grand nombre d'ordonnances contenant de semblables permissions ; mais, plus tard, il parut convenable que des mesures qui portaient une certaine atteinte au droit de propriété, émanassent, comme auparavant, de l'autorité royale. En conséquence, lorsque les entrepreneurs du Pavé de Paris et autres rencontraient quelque obstacle à l'exercice du privilège dont il s'agit, ils se le faisaient confirmer par des arrêts du Conseil : nous citerons notamment ceux intervenus les 9 mai 1660, 3 octobre 1667, 3 décembre 1672 et 22 juin 1706.

La faveur dont jouissaient une partie des entrepreneurs des Ponts et Chaussées a été rendue commune à tous, par un arrêt du Conseil du 7 septembre 1755. Toutefois, les lieux fermés de murs ou autre clôture équivalente, ont été soustraits à la servitude d'extraction. Des contestations s'étant élevées sur le point de savoir ce que l'on devait entendre par les mots de clôture équivalente, un autre arrêt du Conseil, du 20 mars 1780, a déclaré, sans s'expliquer catégoriquement à ce sujet, que l'exception comprenait seulement les cours, jardins et vergers entourés de murs.

Depuis quelque temps, il est question d'obliger les entrepreneurs à payer, en outre des dégâts causés par leurs fouilles, la valeur des matériaux enlevés. Nous y reviendrons dans l'appendice. En attendant, disons que le droit qui leur est attribué a, dans son application, donné lieu parfois à de singulières conséquences. En voici un exemple. L'abbaye Saint-Germain, qui possédait le terrain contenant le rocher de Samoreau, avait affermé ce rocher à un nommé Leblanc; comme on trouvait que ce dernier l'exploitait mal et mettait un prix déraisonnable aux pavés qu'il y faisait fabriquer, un arrêt du Conseil, du 17 juin 1731, prononça son éviction et subrogea à sa place les entrepreneurs du Pavé de Paris, à la seule condition d'acquitter les charges du bail qui lui avait été fait.

On allait même encore plus loin dans la voie de l'arbitraire, toujours sous le prétexte de l'intérêt public; ainsi, l'entrepreneur d'un chemin ayant découvert une sablière dont le produit paraissait propre à ses travaux, par une ordonnance du 8 janvier 1760, le Bureau des finances défendit à tous particuliers, *y compris même le propriétaire*, d'y faire aucune extraction, sous peine de 300 liv. d'amende, confiscation des chevaux, voitures et outils et telle autre peine qu'il appartiendrait.

D'anciens règlements affranchissaient de toute espèce d'impôts les matériaux destinés aux ouvrages publics; l'arrêt du Conseil du 7 septembre 1755 était on ne peut plus explicite à cet égard. Cependant, le service du Pavé de Paris payait, par abonnement, aux fermiers généraux, à titre de *droits rétablis*, une somme qui, dans les dernières années qui ont précédé la Révolution, montait à près de 12.000 liv. (1). Nous ne connaissons pas la décision qui a dû intervenir à ce sujet, mais nous pensons qu'il s'agissait des pavés destinés aux ouvrages à exécuter aux frais des particuliers et non de l'administration. Dans l'impossibilité d'en faire la distinction, lors

(1) Afin de subvenir aux frais des guerres continuelles qu'il avait à soutenir, Louis XIV avait créé plusieurs offices pour la rétribution desquels des droits étaient levés sur certaines marchandises et denrées destinées à la consommation de Paris. En 1715, au retour de la paix, les uns avaient été supprimés et les autres réduits; la nécessité de fournir de nouveau aux dépenses de la guerre obligea Louis XV à les remettre sur leur ancien pied, par un édit du mois de décembre 1743; c'est pourquoi on les appelait les droits rétablis. La taxe, pour un millier de pavés, était originairement de 13^l 6^s 8^d; mais, par suite d'augmentations successives, elle atteignait 22 livres.

des arrivages, le montant des droits dus pour ces pavés aura été fixé par approximation et porté parmi les charges du bail, par le même motif qui y avait fait admettre le droit de fortage.

C'est en 1738 seulement qu'on a indiqué, pour la première fois, la quantité minima et la provenance des pavés à fournir, en moyenne, chaque année, pour les ouvrages prévus par les baux d'entretien; le tout comme il suit :

DÉSIGNATION des CARRIÈRES	BAUX DE					
	1738	1747	1756	1768	1777	1786
	Grands milliers	Grands milliers	Grands milliers	Grands milliers	Grands milliers	Grands milliers
Pulaise et environs...	322	250	275	330	340	330
Lizart, Palaiseau, etc..	89	150	220	316	300	390
Fontainebleau et environs	402	311	329	226	340	540
Belloy................	»	»	»	»	180	280
TOTAUX.......	813	711	824	872	960	1,500
	Nombre	Nombre	Nombre	Nombre	Nombre	Nombre
Ces quantités, en comptant chaque grand millier pour 1122 pavés, donnent	912,186	797,742	924,528	978,334	1,077,120	1,683,000

La surface à entretenir allant toujours en augmentant, la quantité de pavés neufs à y introduire doit suivre la même loi. Si elle paraît s'en être écartée dans le bail de 1747, c'est que, eu égard au mauvais état où se trouvait la voie publique neuf ans auparavant, le bail de 1738 avait prescrit d'employer au commencement une quantité de pavés neufs supérieure à celle à fournir vers la fin (942 grands milliers au lieu de 630). En comparant, comme on doit le faire, ce dernier chiffre avec celui de 711, l'anomalie, qui n'était qu'apparente, disparaît entièrement.

On peut se rendre facilement compte du nombre de pavés neufs employés, en dehors des travaux d'entretien, au pavage tant des nouvelles rues que des terrains retranchés, des revers des chaussées, etc. En effet, de 1605 à 1786, c'est-à-dire dans un intervalle de 181 ans, la surface des pavages en pavés de grès s'est accrue de 543,617 toises, soit en moyenne de 3,000 toises par an. Comme il entrait 64 pavés neufs dans une toise superficielle, cette progression successive a exigé annuellement une fourniture de 192,000 pavés.

D'après les détails estimatifs joints aux trois derniers baux d'entretien, les pavés d'échantillon coûtaient, rendus à Paris, y compris le bénéfice de l'entrepreneur, qui était d'un vingtième, savoir :

DÉSIGNATION des CARRIÈRES	LE GRAND MILLIER BAUX DE			LES MILLE PAVÉS BAUX DE		
	1766	1777	1786	1766	1777	1786
	liv. sols	liv. sols	liv. sols	liv. sols	liv. sols	liv. sols
Pantin et environs...	187 19	208 19	218 19	167 10	185 04	195 03
Leuet, Palaiseau, etc...	190 10	214 03	231 10	177 14	217 12	224 03
Fontainebleau et environs.	173 05	190 01	202 03	151 03	160 08	180 03
Belloy.............	» »	205 07	214 04	» »	183 00	190 18

Pour que l'on puisse juger des progrès que ces prix ont éprouvés après la Révolution, nous donnerons, dans l'appendice, ceux qui sont résultés de plusieurs marchés subséquents.

Afin de mieux assurer l'exécution des prescriptions relatives à la fabrication du pavé, les Trésoriers de France confiaient le soin d'y veiller à un commis intelligent qui résidait ordinairement sur les lieux. Il tenait notamment la main à ce que les ouvriers n'exploitassent que de bonnes roches et à ce que les blocs qu'ils en tiraient eussent les dimensions voulues. Dans ce but, il suivait attentivement leurs opérations, s'attachait à ce qu'ils remplissent les conditions des marchés passés avec eux, constatait le produit de leur travail et en diligentait l'expédition pour Paris. Le traitement de ces sortes de facteurs variait de 600 à 800 liv. par an : le payement en était à la charge des entrepreneurs. Plus tard, ceux-ci choisirent eux-mêmes les commis entretenus sur les carrières et qui, en définitive, étaient leurs représentants ; mais on les obligeait à les faire agréer par le Bureau des finances. Tout ce qui précède résulte de plusieurs ordonnances de ce Bureau que nous croyons inutile de citer.

Nous n'avons que très peu de choses à dire du sable qu'on employait dans les travaux de pavage. Celui que l'on trouvait aux environs de Paris paraissait très propre à cet usage. Cependant, on exigeait qu'il fût pur, sec et graveleux. Les premiers baux ne précisaient pas d'où il devait être tiré ; ils portaient seulement que les entrepreneurs ne pourraient se servir que de celui qui proviendrait des carrières agréées par l'administration. Ce n'est que dans le bail de 1748 que l'on commença à indiquer les lieux d'extraction, tels que la plaine des Sablons, Clichy, l'Hôpital général, Vaugirard et les Invalides. Il était d'ailleurs facultatif aux entrepreneurs d'en prendre dans la Seine. Ce dernier sable entrait ordinairement pour un quart dans la fourniture totale.

Un industriel assurait connaître le moyen de rendre le sable imperméable aux eaux et de remédier ainsi à l'insalubrité des rues de Paris. Voici comment il s'exprimait dans un mémoire présenté, en 1760, à l'Intendant des Ponts et Chaussées :

« Le prétendu sable dont on se sert à Paris n'est qu'un gravier,
« lequel étant trop homogène ne peut jamais être suffisamment con-
« densé pour qu'il n'y reste pas assez d'interstices à travers lesquels
« les eaux filtrent, s'arrêtent et se corrompent. Pour prévenir cet
« inconvénient, il n'est question que de mettre un septième de terre
« glaise ou argile réduite en poudre dans le sable ordinaire, en fai-
« sant la forme du pavé, après avoir exactement enlevé toute la
« vieille forme. Avant de poser le pavé sur cette nouvelle forme, qui
« aura au moins un pied en profondeur, je voudrais qu'on l'arrosât
« légèrement avec un arrosoir et qu'on posât le pavé le plus ferme
« qu'il est possible, en le frappant du marteau en bout et en rive,
« pour condenser le sable des joints, qui doit aussi être criblé plus fin
« qu'on n'a coutume de le faire à Paris. Il faut encore épancher sur
« toute la surface du pavé environ un demi-pouce de sable pa-
« reil à celui de la forme. J'ai reconnu que le sable de Dijon
« contenait un septième d'argile rouge très fine et que c'était cette
« argile qui le rendait imperméable aux eaux. Nous l'avons trouvé
« aussi frais et aussi beau que si l'on venait de le poser, dans les
« endroits où il y avait plus de 40 ans qu'on n'avait relevé le pavé. »

Il ne paraît pas qu'on ait jamais usé de ce procédé à Paris.

§ 5.

Dans l'origine, les ouvriers qui s'occupaient de pavage se recrutaient parmi les maçons. Le nombre de ceux qui s'adonnaient à ce
genre de travail s'accrut, à mesure que la besogne devint plus
considérable, et ils finirent par former une corporation. Vers le
milieu du XIVe siècle on choisissait le plus expert d'entre eux pour
veiller à ce que les matériaux dont on faisait usage fussent de bonne
qualité et à ce que les travaux fussent bien exécutés. On lui conférait
le titre de *Visiteur des pavemens*. Lorsque les charges publiques furent devenues vénales, il changea ce titre en celui de *Maître des*

œuvres du Pavé. Bien qu'étant l'homme de l'administration, il n'avait aucune autorité sur les autres paveurs; ceux-ci étaient absolument libres et indépendants. Ce n'est que le 10 mars 1501 que le Prévôt de Paris homologua, à leur sollicitation, les premiers statuts qu'ils avaient rédigés, et auxquels ils prirent l'engagement de se soumettre. D'après ces statuts, quatre jurés ou syndics, élus au Châtelet et renouvelables par moitié, chaque année, remplissaient les fonctions qui avaient été dévolues au Visiteur des pavements et défendaient les intérêts de la communauté. Tout compagnon, pour être admis à la maîtrise, devait justifier de trois ans, au moins, d'apprentissage et prouver qu'il savait son métier. On exigeait 40 sols pour sa réception, s'il l'avait appris à Paris, et 60 sols s'il venait du dehors. Un fils de maître ne payait que 10 sols et n'était tenu à aucune justification. Comme dans la plupart des corporations, chaque maître ne devait avoir qu'un seul apprenti, en outre de ses enfants. Un compagnon étranger ne pouvait exercer plus d'un mois, dans Paris, qu'en donnant 5 sols aux jurés.

Lorsque les paveurs travaillaient sur la voie publique, les parties qui les avaient appelés mettaient ordinairement à leur disposition tout le pavé nécessaire, en sorte qu'il n'avaient plus qu'à le poser. Ils ne pouvaient prendre alors, pour leur peine, le sable compris, que 4 sols de la toise carrée. S'ils se chargeaient de toute la fourniture, il leur était interdit de fendre en deux le pavé neuf ou vieux et de remplacer le sable par des gravois; ils ne pouvaient, non plus, faire aucun changement aux pentes des rues sans avoir consulté le Voyer du Roi et les jurés en exercice. Ils devaient d'ailleurs, afin que les roues des voitures trouvassent le plus de résistance possible, placer les meilleurs pavés de chaque côté du fond du ruisseau, sur une largeur de 4 pieds, et n'employer ceux d'une moindre qualité qu'au delà de cette largeur. Enfin, il leur était défendu d'arrondir les revers et de leur donner plus de 6 pouces de pente par toise. Telles étaient, en résumé, les principales conditions qu'on les obligeait d'observer, jusqu'à ce que l'expérience et les perfectionnements apportés dans la main-d'œuvre eussent fait reconnaître la nécessité de leur en substituer d'autres qui furent insérés successivement dans les baux.

De même que les carriers, les paveurs étaient assez mal disciplinés, et leurs façons d'agir donnaient souvent lieu à des plaintes. Ils se permettaient, en effet, d'entreprendre des réparations sans nécessité et de changer, mal à propos, les pentes des rues. Pour obvier à ces abus, un arrêt du Parlement, du 16 février 1523, leur avait défendu, sous peine de prison et d'amende arbitraire, de faire aucun travail sur la voie publique sans appeler, au préalable, le Commissaire du quartier. Ils n'en continuaient pas moins à indisposer les habitants contre eux. Entre autres griefs, on leur reprochait de ne pas travailler, aussitôt qu'ils en étaient requis, aux menues dégradations qui se manifestaient et d'attendre qu'elles fussent devenues considérables, afin d'avoir plus d'ouvrage à faire et de gain à réaliser, manœuvre que proscrivit, plus tard, l'ordonnance du 4 février 1567, en même temps qu'elle leur défendit d'arracher, autour de la baie, plus de pavés qu'il n'était nécessaire, à peine de perdre leur salaire et de payer une amende au propriétaire de la maison.

Ils objectaient que les retards dont on les accusait provenaient de ce que leur corporation n'était pas assez nombreuse, et cependant les jurés s'opposaient à ce que d'autres que les maîtres fussent employés par les particuliers. Le Parlement n'admit pas leurs prétentions et, par un second arrêt du 10 mai 1538, il décida qu'il serait loisible à ces derniers de s'adresser à tels paveurs qu'ils voudraient choisir, maîtres ou compagnons, sans que les jurés pussent les en empêcher, sous peine de prison, de punition corporelle et d'amende arbitraire : *Ausquels compagnons et autres paveurs*, ajoutait l'arrêt, *qui seront appelés par iceux habitans et propriétaires, la Court enjoint et commande y aller et besongner à refaire les dits pavez à prix raisonnable, sans changer ou muer, hausser ou baisser l'ancien allignement du pavé, sur les peines ci-dessus.* Les travaux ne devaient d'ailleurs être exécutés qu'après une visite faite en présence (indépendamment du Commissaire du quartier) de la partie intéressée, d'un Conseiller de la Cour et de deux notables bourgeois.

Néanmoins, bien que toutes ces dispositions eussent été confirmées par une ordonnance royale du 28 janvier 1539, les particuliers se plaignaient toujours du sans-gêne et de l'arbitraire dont les maîtres et les compagnons usaient à leur égard. C'est alors que, poussé à bout, le Parlement enjoignit aux uns et aux autres, le 8 juillet 1547, de se conformer strictement à ce qui leur avait été prescrit, sous peine, cette fois, d'être *pendus et étranglés* (1).

Des mesures si rigoureuses n'étaient probablement que comminatoires, et rien n'indique qu'on les ait appliquées. L'arrêt déclarait d'ailleurs qu'elles étaient prises par provision, et en attendant que la Cour en eût autrement ordonné.

Quelques années après, la ville s'étant agrandie et les travaux s'y étant multipliés, le nombre des maîtres fut effectivement reconnu trop petit. Charles IX, par la lettre au Prévôt de Paris que nous avons déjà mentionnée, page 30, crut alors devoir inviter ce magistrat à recevoir, parmi eux, tous les compagnons d'une capacité suffisante qui se présenteraient. *Pour ce que,* disait-il, *nous ne voulons, comme il est raisonnable, que les personnes soient frustrées du labeur et*

---

(1) Dans un réquisitoire prononcé devant la Cour de cassation, le 16 mars 1838, lors d'une affaire dont nous reparlerons au paragraphe 1ᵉʳ de l'appendice, le Procureur général, M. Dupin, a dit, pour justifier une pareille rigueur, qu'elle tenait à ce que, malgré les défenses de l'autorité, les paveurs employaient des matériaux qui n'avaient pas été soumis à sa réception; que ce fait était considéré comme un vol et qu'en ce temps-là on pendait pour vol. La première de ces assertions n'est pas exacte; il est certain, au contraire, que c'est pour le cas où les paveurs se mettraient à l'œuvre avant d'avoir fait officiellement constater ce qu'il y avait à faire que la Cour se montrait si sévère.

travail qu'ils ont employé dans leur jeunesse; mais qu'ils se ressentent et aydent d'iceluy pour le cours de leur vie.

C'était déjà un acheminement à la suppression, édictée plus tard, des maîtrises et jurandes qui furent si longtemps un obstacle au développement de l'industrie.

Les maîtres paveurs ne se tinrent pas pour battus : à l'avènement de Henri III, ils prétendirent que leurs statuts avaient été approuvés par ses prédécesseurs, mais qu'en passant par les mains de leurs syndics successifs, les lettres délivrées, à cet effet, avaient été perdues, et ils en sollicitèrent d'autres, ce qui leur fut octroyé au mois d'avril 1579. Ils en firent autant à l'avènement de Henri IV, et obtinrent de ce prince de nouvelles lettres de confirmation, au mois de juin 1604. De cette manière, ces mêmes statuts, qui, malgré leurs assertions, n'avaient jamais été homologués que par le Prévôt de Paris, se trouvant sanctionnés par la puissance royale, ils rentrèrent en possession des privilèges qu'on avait voulu abolir. Il est vrai que tous ne jouirent pas longtemps du droit de travailler seuls sur la voie publique, attendu que son entretien ayant fait, bientôt après, l'objet d'une entreprise générale, le maître paveur à qui celle-ci fut concédée acquit le droit dont il s'agit, à l'exclusion de ses collègues.

Le Pavé de Paris étant devenu ainsi à la charge du Roi, la règle était que, comme tous les autres ouvrages de cette nature, il échappât à la juridiction de n'importe quelle communauté des arts et métiers. Néanmoins, de temps en temps, les jurés-paveurs, s'autorisant de leur titre, se donnaient la licence non seulement de s'immiscer dans le contrôle des travaux, mais encore de déférer à la justice du Châtelet ce qu'ils considéraient comme des infractions aux us et coutumes de leur métier; et ce Tribunal, au lieu de se déclarer incompétent, retenait toujours l'affaire.

Cependant, les maîtres paveurs ayant reconnu que, par suite de leur ancienneté, leurs premiers statuts étaient susceptibles de nombreuses modifications, en arrêtèrent d'autres mieux ordonnés et les soumirent à l'approbation royale. Louis XV les ratifia par des lettres-patentes du mois d'avril 1719. Les Trésoriers de France, que le Parlement avait cru devoir consulter avant de procéder à l'enregistrement de ces lettres, y trouvèrent beaucoup à reprendre et obtinrent qu'ils fussent renvoyés à leurs auteurs pour être amendés. Ceux-ci furent si mécontents de la décision qu'ils abandonnèrent leur projet. Il fut repris, au bout de 20 ans, par leurs successeurs, et de secondes lettres d'homologation intervinrent au mois d'avril 1741. Quelques articles de la nouvelle rédaction donnèrent encore lieu aux critiques du Bureau des finances, notamment celui qui permettait aux impétrants de faire fabriquer du pavé d'échantillon sur certaines roches de pierre dure; mais, ces derniers ayant déclaré qu'ils n'entendaient s'établir sur aucune des carrières spécialement affectées au service des Ponts et Chaussées et qu'ils se soumettaient à ne porter aucune atteinte aux baux des entrepreneurs, le Parlement passa outre à l'enregistrement.

Les statuts de 1741 réglant les rapports que les maîtres paveurs devaient observer entre eux et avec leurs ouvriers, nous n'avons pas à nous en occuper. Nous dirons seulement que l'article 19 défendait aux entrepreneurs du Pavé de Paris de faire aucuns ouvrages dans les maisons, les enclos et autres lieux des particuliers, à peine de 500 liv. d'amende.

Le nombre des maîtres paveurs a toujours été assez restreint. Ils n'étaient que 60 en 1748. C'est probablement pour ce motif que, par un édit du 11 août 1776, ils avaient été réunis aux couvreurs, plombiers et carreleurs, pour ne composer qu'une seule communauté. Les droits de réception étaient alors fixés à 500 livres.

Les paveurs faisaient dire une messe, tous les dimanches et le jour de la fête de saint Roch, leur patron, à l'église de Saint-Denis-de-la-Chartre. Chaque maître et veuve de maître fournissait, à cet effet,

une cotisation de 2 liv. par an. Leur bureau se tenait anciennement dans une salle dépendant de la même église et dont le loyer
leur coûtait 120 liv. C'est là qu'ils se réunissaient pour déli-
bérer sur les affaires qui intéressaient la communauté (1). Aussi,
quand il paraissait quelque règlement qu'il leur importait de connaître, l'autorité le faisait-elle afficher à la porte de Saint-Denis-de-
la-Chartre, de préférence à tous autres lieux.

A leur tour, les entrepreneurs du Pavé de Paris eurent souvent
à souffrir de l'insubordination des ouvriers paveurs. L'ordonnance
du Bureau des finances, du 2 août 1774, que nous avons citée, en
parlant des ouvriers carriers, était commune à ces autres ouvriers.

Sous le premier empire, les maîtres paveurs cherchèrent à ressaisir une partie des privilèges dont ils avaient joui autrefois. A
la suite d'une délibération prise par un grand nombre d'entre eux,
une ordonnance de police, revêtue de l'approbation du Ministre de
l'Intérieur et portant la date du 14 janvier 1812, contenait, au milieu
de plusieurs articles, les cinq suivants :

« Les entrepreneurs patentés ont seuls le droit de faire le pavage
« dans l'intérieur des maisons et au dehors, pour les travaux qui ne
« concernent point l'entrepreneur du Pavé de Paris.

« Il est défendu à tous compagnons paveurs, manœuvres et autres
« de s'immiscer en ladite profession.

« Tout entrepreneur de pavé, chargé de continuer des travaux
« commencés par un autre entrepreneur, doit faire visiter et cons-
« tater préalablement les travaux déjà faits.

« Les entrepreneurs sont tenus de se conformer aux règles pres-
« crites pour le pavage.

(1) Ils s'assemblèrent dans le cloître de Saint-Julien-le-Pauvre, après qu'elle
eut été réunie à celle des couvreurs.

« Il leur est enjoint de ne se servir que d'ouvriers porteurs de
« livrets. »

Nous doutons que ces dispositions puissent être invoquées aujourd'hui avec quelque succès.

Nous en dirons autant d'un arrêté pris par le Préfet de la Seine, le 11 octobre 1811, au sujet d'un acte irrévérencieux commis par l'entrepreneur du canal Saint-Maur, envers l'Ingénieur chargé de la direction des travaux, arrêté dont l'article 1er était ainsi conçu :

« Les Ingénieurs en chef et les Ingénieurs ordinaires du Corps
« impérial des Ponts et Chaussées, étant dans l'exercice de leurs
« fonctions, envers qui des entrepreneurs ou ouvriers, de quelque
« classe qu'ils soient, se permettraient des injures et des menaces,
« ou des actes de résistance aux ordres qui leur seraient donnés
« pour le service, sont autorisés à requérir, par l'intermédiaire du
« maire de la commune dans l'arrondissement de laquelle s'exécutent les travaux, l'assistance de la gendarmerie, pour faire arrêter
« et conduire en prison les auteurs de l'insubordination, et ce,
« à la charge d'en faire, sur-le-champ, leur rapport, à la vue duquel
« il sera statué ce qu'il appartiendra. »

§ 6.

Après avoir traité des matériaux servant au pavage et des ouvriers chargés de les employer, nous parlerons de la confection des travaux.

Le Cler du Brillet a eu raison de dire que le pavé des rues intéresse non seulement la santé des habitants, par son étroite union avec le nettoiement, mais encore facilite le commerce intérieur des cités et rend commode la communication des temples, des palais et des places publiques. Il aurait pu ajouter que, pour remplir ces conditions, il est nécessaire qu'il soit toujours bien entretenu (1). Si, à

(1) Dans son *Traité de la Voirie*, Meslier attribuait aux inégalités de

Paris, les efforts des magistrats tendant à ce but sont souvent restés infructueux, il faut en attribuer la cause au défaut d'unité et de spontanéité dans les moyens d'exécution. Jusqu'à la fin du xvi° siècle les Trésoriers de France ne faisaient restaurer une rue ou un chemin dépendant du domaine royal, qu'après qu'il leur était apparu de son mauvais état. Ils demandaient alors un devis au Maître des œuvres du Pavé et mettaient les travaux en adjudication. La Ville n'agissait pas autrement pour les rues de *la Croisée*. Quant aux particuliers, ce n'était qu'à la dernière extrémité qu'ils se décidaient à faire réparer celles qui les regardaient.

Il est évident que cette manière de procéder avait de graves inconvénients. Henri IV en avait été frappé. *Depuis notre adénement à ceste couronne*, avait-il dit, *nous avons tousiours singulièrement désiré de décorer et accommoder notre bonne ville de Paris, comme capitalle de ce royaume; et voiant estre très nécessaire de pourvoir à la réfection et entretenement du pavé de lad. ville, des faulsbourgs et chaussées estant dans la banlieue d'icelle, qui est presque tout usé et rompu, nous avons résolu d'y remédier.* En conséquence, sur l'avis de Sully, qui venait d'être créé Grand Voyer de France, il jugea convenable de centraliser la direction de tous les travaux et d'en faire désormais l'objet d'une entreprise unique. Sa première pensée avait été de ne rien changer au partage de la dépense, mais il renonça presque aussitôt à ce projet et la prit entièrement à sa charge. Nous allons parcourir la série des baux qui furent successivement passés, dans un espace de 180 ans, mais auparavant, nous nous livrerons à quelques observations communes à presque tous.

---

pavé d'Orléans, la claudication dont la plupart des habitants étaient affectés de son temps. Un Anglais, Neil Arnolt, auteur d'une *mécanique des solides*, prétend que les Parisiennes ayant pris l'habitude de marcher presque toujours sur la pointe des pieds, avant la construction des trottoirs, la grande action des muscles avait considérablement développé chez elles le haut de la jambe, il n'osait pas dire le mollet, pour lequel elles pouvaient défier l'univers entier.

Ces baux ne concernaient pas seulement *l'entretien* du pavé, ils comprenaient, en outre, son *rétablissement*, attendu que, malgré la surveillance exercée sur les entrepreneurs, ceux-ci satisfaisaient rarement à la condition qui leur était ordinairement imposée de laisser, en sortant, les ouvrages en bon état ; en sorte qu'au moment de renouveler un marché, on reconnaissait qu'il y aurait beaucoup à faire avant de n'avoir plus simplement qu'à les entretenir. Aussi, stipulait-on souvent que les travaux des premières années seraient plus considérables que ceux des dernières.

Tantôt les baux étaient passés avec concurrence et publicité, tantôt l'administration traitait à l'amiable avec un entrepreneur déjà éprouvé.

Les trois premiers commencèrent avec l'année ; les suivants furent mis à exécution à des dates plus ou moins éloignées. On les fit constamment partir, comme autrefois, du 1er janvier depuis 1667 ; ce fut aussi, depuis lors, qu'ils atteignirent la fin de la période assignée à chacun d'eux. Jusque-là ce résultat avait été rarement obtenu.

On essaya, les unes après les autres, plusieurs manières de traiter avec les entrepreneurs avant d'adopter celle à laquelle on s'arrêta définitivement. C'est ainsi que les baux furent d'abord consentis moyennant un prix fixe pour chaque toise carrée : il fallait alors constater les augmentations successives que subissait la surface à entretenir, par suite des nouveaux pavages. Plus tard, afin de n'avoir pas à se livrer à de si fréquentes vérifications, on alloua annuellement à l'entrepreneur une somme en bloc, à forfait. A ce mode de procéder succéda celui d'accepter, comme on l'avait déjà fait, un prix fixe par toise, mais de ne l'appliquer qu'aux rues où passaient les ateliers.

On retourna ensuite au forfait, mais d'absolu qu'il était originairement, il devint conditionnel. C'est-à-dire que pour avoir droit au prix du marché, l'entrepreneur était obligé d'exécuter une quantité déterminée d'ouvrages ; s'il en faisait moins, il subissait une retenue proportionnelle. Peu après, et jusqu'en 1790, on cessa de préciser la quantité de repiquages qu'il effectuerait, pourvu que tout ce qui ne serait pas relevé à bout fût maintenu en bon état.

D'ailleurs, on indiquait toujours le nombre *minimum* d'ouvriers que l'entrepreneur serait tenu d'occuper.

Indépendamment des frais qu'il avait à supporter pour la publication, le timbre et l'enregistrement de son bail, on lui imposait, dans les derniers temps, à titre d'*aumône*, une taxe qui montait ordinairement à 300 livres.

Tous les baux comprenaient, outre l'entretien du pavé de la ville et des faubourgs, celui de la banlieue. Celle-ci, qu'il ne faut pas confondre avec la banlieue ecclésiastique ni avec la banlieue civile, se composait du premier tronçon des grandes routes partant de la Capitale, ainsi que des rues des villages voisins, pavées en pavés d'échantillon, et, en dernier lieu, de quelques chemins en empierrement. Elle devenait plus étendue d'année en année. Au moment de la Révolution elle avait pour limites: sur la rive droite de la Seine, les trois ponts de Sèvres, Saint-Cloud et Neuilly, exclusivement; le bord du fleuve jusqu'à Saint-Ouen; la demi-lune de Picardie, à la sortie de Saint-Denis; l'entrée du Bourget et l'église de Pantin. Elle s'arrêtait, sur la rive gauche, à la porte de Nogent, à celle de Saint-Maur, au pont de Charenton, au prieuré de la Saussaie près de Villejuif, à l'entrée de Bourg-la-Reine et à la sortie de Châtillon. Au delà de ces limites, la suite des routes et chemins était entretenue par la Généralité de Paris.

Le plus grand rayon de la banlieue, mesuré à l'aide des bornes milliaires, était sur la route de Bretagne par Dreux (5,369 toises 3 pieds), et son plus petit, sur la route de Champagne par Nangis (3,601 toises).

Disons, à propos des bornes milliaires, qu'on ne retrouve pas la décision qui en a prescrit l'établissement. On sait seulement qu'on a commencé à y procéder vers l'année 1768, et que la dépense en a été imputée sur les fonds affectés à l'entretien des routes le long desquelles on les posait. Dès lors, le service du Pavé de Paris a payé celles de la banlieue. L'opinion générale est que la distance du premier mille a été comptée du pied de l'une des tours de Notre-Dame, mais c'est une erreur : on a pris pour point de départ l'intersection de deux lignes droites, l'une passant dans l'axe de l'église métropolitaine et l'autre allant du pont Notre-Dame au Petit-Pont ; ce point étant alors considéré comme le centre de Paris (1). On se proposait d'y ériger la première borne milliaire ; elle devait être formée d'une colonne de marbre, surmontée d'un globe terrestre et chargée d'inscriptions. Le carrefour qui l'aurait reçue aurait été converti en une place circulaire de 25 toises de diamètre, dont les constructions riveraines devaient être uniformes. En attendant l'exécution de ce projet, le chapitre de Notre-Dame, comme l'annonçait la *Gazette de France*, le 22 avril 1768, avait fait placer au pied de la tour septentrionale de l'église, une pierre triangulaire du milieu de laquelle sortait un poteau où ses armes étaient attachées. C'est ce qui a donné lieu à l'erreur dont nous venons de parler.

Pendant trente-deux ans on pourvut aux dépenses de l'entretien du pavé de Paris avec une partie du produit de certains droits auxquels le vin était soumis aux portes de cette ville, soit pour la réfection des fontaines, soit pour les machines hydrauliques du pont Neuf. On les imputa ensuite, jusqu'en 1790, sur l'impôt appelé le barrage dont il a été question au § 2.

---

(1) En 1817, le Conseil général des Ponts et Chaussées avait proposé de transporter ce point sur le terre-plein du pont Neuf. Les distances de là aux différentes barrières auraient été mesurées à vol d'oiseau ; une pierre incrustée dans le mur de chaque barrière devait indiquer la longueur du rayon, et la première borne de la route aurait formé le complément kilométrique de la cote gravée sur cette pierre. Bien qu'approuvé par le Directeur général des Ponts et Chaussées, ce projet a été abandonné presque aussitôt que conçu.

Les baux étant des contrats qui lient l'administration avec les entrepreneurs et dont les particuliers n'ont pas à connaître, nous sommes surpris de ce qu'on y insérait des articles qui intéressaient ces derniers, tels que ceux qui défendaient aux propriétaires qui avaient des concessions d'eau d'ouvrir des tranchées de fontaines sans permission ; aux charpentiers, de faire rétablir par d'autres que les adjudicataires les trous faits pour la pose de leurs étais ; aux maçons et petits paveurs, d'opérer eux-mêmes les raccordements de bornes, marches, seuils, etc. ; aux gravatiers, de disposer, à leur gré, des décombres qu'ils enlevaient, lorsque le service du Pavé en avait besoin pour des remblais.

Enfin, on sera peut-être étonné, comme nous l'avons été nous-même, de voir que, pendant plus d'un siècle, l'administration ne put venir à bout d'obtenir des entrepreneurs qu'ils se conformassent exactement aux prescriptions contenues dans leurs marchés et qu'il lui fallut constamment user de moyens coercitifs pour les y amener.

§ 7.

Bail de 1645. L'adjudication du premier bail fut conclue par des lettres patentes du 4 décembre 1601, sur l'estimation de deux sols par toise superficielle, en faveur d'un sieur Claude Voisin, qui se contenta de quinze deniers. La durée en fut fixée à 30 ans, à partir du 1ᵉʳ janvier de l'année suivante.

Quant à l'imputation de la dépense, rien n'était innové relativement à ce qui se pratiquait de temps immémorial. Afin que les parties intéressées connussent le montant de leurs contributions respectives, il était ordonné que l'on procéderait à un toisé général où l'on spécifierait ce qui serait à réparer aux frais tant du Roi que de la Ville et des particuliers. La dépense incombant à ces derniers devait être répartie raisonnablement sur chaque maison, sous la direction du Prévôt de Paris, par les commissaires de quartiers, le préposé du

Grand Voyer et le maître des œuvres de la Ville. Le recouvrement des rôles était laissé à la diligence de l'entrepreneur.

Les autres conditions du bail étaient d'ailleurs fort simples : celui-ci devait rétablir le pavé, là où il était en mauvais état, en commençant par les endroits les plus urgents, et le rendre parfait en deux années. Dans ce but, il était tenu d'occuper le nombre d'ouvriers nécessaire, d'en faire inscrire les noms sur les registres de la police, et de les distribuer sur les points qui lui seraient indiqués. Le Grand Voyer, le Prévôt des Marchands et les commissaires de quartier étaient autorisés, chacun de leur côté, mais le premier privativement, à faire faire d'office, à ses frais, les réparations qu'il laisserait en souffrance. Il devait élire domicile à Paris et fournir un cautionnement de 5,000 liv. Les lettres patentes ajoutaient : *Promettons en bonne foy et parole de Roy, avoir pour agréable et tenir ferme et stable le présent bail.*

Sully, qui avait pris la direction de tout le service, ne dédaigna pas d'en aborder les moindres détails. Il créa une inspection des travaux et la confia à un nommé Jean Lichany. Les instructions qu'il donna à cet agent sont consignées dans un règlement qu'il fit, en 1606, sur les différentes parties de l'administration dont il était chargé. On y lisait : « Le sieur Lichany se souviendra, tous les
« mercredis et tous les samedis, à midi, de venir rendre compte à
« Mgr le duc de Sully, pour les pavez de Paris, et, à mesure que
« les hasteliers changeront, dressera un autre estat pour la distribu-
« tion des dits hasteliers, lequel il présentera à Mgr le Grand Voyer
« pour estre signé, portant contrainte, et le fera exécuter avec toute
« rigueur et sévérité. Et, au cas que l'entrepreneur fasse travailler
« trop négligement aux endroits ordonnez par le dit estat, à l'ins-
« tant y sera employé des paveurs de Paris, autres que ses asso-
« ciez, lesquels seront remboursez du fonds dudit entrepreneur,
« sans aucun retardement; et, pour cet effect, pourra, le dit Lichany,
« donner aux dits paveurs de Paris des extraicts dudit estat, afin

« qu'ils s'employent, eux-mêmes à visiter les dits endroits et à
« reconnoitre si le dit entrepreneur y fait travailler comme il est
« tenu. »

Claude Voisin, qui ne s'était pas senti assez fort pour venir seul à bout de l'engagement qu'il venait de contracter, avait effectivement pris plusieurs associés, notamment un nommé Tondereau avec lequel il eut, dès les premiers jours, des difficultés que le Bureau des finances fut chargé de résoudre. Bientôt aussi, il reconnut qu'il n'avait pas fait un bon marché. Il croyait, disait-il, que la surface qu'il aurait à entretenir dépasserait 400,000 toises, tandis que le mesurage opéré immédiatement après l'adjudication, par Jean Fontaine, maître des œuvres de maçonnerie, n'en accusa que 178,728, savoir : 33,260 au Roi, 32,860 à la Ville et 112,608 aux particuliers. La somme à recevoir annuellement n'était donc que de 11,170 liv. 10 sols; elle lui paraissait insuffisante pour l'indemniser convenablement, attendu la situation déplorable où, suivant lui, se trouvait le pavé, lorsque la remise lui en avait été faite. Sur sa réclamation, le prix de la toise fut augmenté d'un cinquième et porté à 18 deniers.

Afin de lui donner les moyens de rendre ce pavé en bon état, dans le délai convenu, il devait toucher immédiatement le prix de deux années de son bail. Le Roi et la Ville s'acquittèrent ponctuellement de cette condition, en ce qui les concernait; il n'en fut pas de même des particuliers: dix-huit mois s'étaient déjà écoulés que les rôles des sommes qu'ils avaient à payer n'étaient pas encore dressés. En attendant, un arrêt du Conseil, du 21 mars 1606, ordonna que le montant de leur contingent serait avancé sur le produit d'une imposition de 15 sols que le vin payait, par muid, à son entrée dans Paris (1).

(1) Le Continuateur du *Traité de la Police* a dit que cette imposition fut établie uniquement en vue de la dépense du pavé. C'est une erreur : elle existait depuis longtemps, et le produit en avait été concédé à la Ville, dès le 27 octobre 1601, pour l'achèvement du pont Neuf et le rétablissement des fontaines.

Le Roi, qui, sans doute, avait perdu cette décision de vue, demanda à Sully dans quelles circonstances elle avait été prise. « Mon
« amy, lui écrivait-il de Fontainebleau, le 18 mai 1606, ayant
« commandé au Prévost des Marchands de ma bonne ville de Paris
« de me mander quand les portes de Sainct-Bernard et du Temple,
« et les fontaines du devant le Palais et la croix du Tiroüer seroient
« parachevées, et si ce ne seroit pas dans la Sainct-Jean prochaine
« comme il m'avoit asseuré, il m'a escrit qu'à cause d'un arrest qui
« a esté donné en mon Conseil par lequel il a esté ordonné
« que les deniers des dites fontaines seroient employez au
« payement du pavé de la dite ville, contre le bail cy-devant fait
« en mon dit conseil, parlequel il est dit que les dits de niers
« s'eleveront par l'adjudicataire, sur les habitans, selon le toisé
« du pavé qu'ils auront devant leurs maisons, cela ne pourroit
« estre si-tost. Et pour ce que je désire que les dites portes et fon-
« taines se parachèvent au plustost, je vous fais ce mot et vous
« dépesche ce laquais exprès pour vous dire que je seray très aise
« de savoir pourquoy les deniers destinez aus dits ouvrages ont
« esté divertis et détournez, et que vous teniez la main à ce que
« cela ne soit, me mandant les occasions pour lesquelles on l'a
« ainsi ordonné. »

Cependant, un autre arrêt, du 4 juillet suivant, alla plus loin que le premier. Il décida que, par suite des difficultés qu'éprouvait le recouvrement de leurs taxes, les bourgeois seraient définitivement exonérés, à partir du 1er janvier 1607, de l'obligation de fournir aux frais de l'entretien d'aucune partie de la voie publique.

Il n'avait d'abord été question de recourir à l'imposition des 15 sols que pour remplacer leur contribution, attendu que les ressources spéciales sur lesquelles on effectuait le payement des contingents du Roi et de la Ville pouvaient aisément y suffire (1). Plus

---

(1) Le premier de ces contingents montait à 2,494 liv. 10 sols; le second à 2,494 liv. 10 sols et celui des particuliers à 8,445 liv. 12 sols.

tard, il parut commode d'y imputer toute la dépense. Sur la somme de 87,300 liv., à laquelle le produit en était évalué pour 1609, un arrêt du Conseil, du 9 avril de cette année, en attribua 24,300 au Pavé de Paris : le reste fut réservé pour les abonis du pont Neuf, la construction du quai de Chaillot et les portes et fontaines de la ville (1).

Mais, *comme il arrive ordinairement que toutes levées par cotisation et capitation, spécialement ez grandes villes comme Paris, quelques raisonnables qu'elles soient, ne sont bien reçues,* Sully, voyant, en effet, que les taxes destinées à l'enlèvement des boues n'étaient pas mieux acquittées que les autres, fit également agréer la proposition d'y suppléer avec le produit de la même imposition, lequel laissait une marge suffisante, attendu que les ouvrages auxquels il avait été originairement affecté se trouvaient en partie terminés.

En conséquence, il intervint, le 31 décembre 1609, un autre arrêt du Conseil portant que *le Roy, désirant oster aux habitans de sa bonne ville de Paris tout sujet de plainte et les soulager autant qu'il lui est possible,* les dispensoit, pour l'avenir, du payement des sommes qui leur étaient réclamées tant pour l'entretien du pavé que pour le nettoiement des rues. Nous venons de voir que l'exonération existait depuis trois ans pour l'une de ces dépenses ; l'arrêt du 31 décembre 1609 ne fit donc qu'étendre au nettoiement une mesure déjà adoptée pour le pavé : c'est à quoi n'a pas pris garde le Continuateur du *Traité de la Police*, qui, nous le supposons, ne connaissait pas la première décision.

Malgré l'augmentation qui lui avait été accordée, Claude Voisin

---

(1) Néanmoins, le barrage et le droit de chaussées ne furent pas supprimés. Leur produit servit à la réfection des chemins situés au delà de la banlieue et à d'autres ouvrages d'utilité publique. L'impôt sur le sel continuait aussi, comme le témoignent des lettres patentes des 29 juin 1609, 23 janvier 1611, 23 juin 1616, etc.

demanda et obtint que son bail prît fin au 31 décembre 1608. Bien que passé pour trente ans, il n'en dura donc que quatre. Nous avons rappelé les principaux évènements dont il fut marqué. Nous ajouterons que le Bureau des finances, considérant que les cailloux avec lesquels on avait pavé les avenues du pont Notre-Dame et autres endroits de la ville occasionnaient de graves accidents, ordonna, le 21 juillet 1608, de leur substituer des pavés de grès, sauf à les utiliser dans ceux des faubourgs par lesquels entraient les pierres venant des carrières des environs. Il s'agissait, comme nous l'avons vu, page 6, du pavage que Bergier croyait être celui de Philippe-Auguste, tandis qu'il remontait seulement au temps de la Ligue. Quant à son remplacement, l'ordonnance n'eut pas immédiatement son effet, il s'écoula même plusieurs années avant qu'il fût exécuté.

Les 18 deniers alloués par toise superficielle représenteraient aujourd'hui 0 fr. 219, en admettant, comme le portent les tableaux publiés par M. l'Ingénieur Vignon dans ses *Études sur l'administration des voies publiques en France*, que la livre tournois valût 2 fr. 92, en 1605. Le mètre carré d'entretien était donc payé, à cette époque, un peu moins de six centimes (0 fr. 05765), soit pour le tout 39,141 fr. 43, de notre monnaie actuelle. Il y a bien loin de cette modique somme à celle de près de neuf millions que coûte maintenant ledit entretien.

63. Le nouveau bail eut encore lieu au Conseil d'État, le 18 décembre 1608, et, cette fois, sans concurrence ni publicité. Il fut donné à l'association des maîtres paveurs qui avait souscrit le précédent, association composée de Claude Voisin, Pierre Lebrun et Michel Richer, qui exerçait, depuis longtemps, l'office de Maître des œuvres du Pavé des bâtiments du Roi. Il commençait le premier janvier 1609 et avait une durée de 20 années. Il stipulait, de même que l'autre, une sorte de forfait dont les conditions étaient un peu plus explicites; elles consistaient en résumé :

1° A employer journellement 80 ouvriers, du 1er avril au 30 septembre, et 40 seulement pendant les autres mois, moitié paveurs, moitié manœuvres ;

2° A subir, pour chaque homme manquant, une retenue de 30 sols par jour, si c'était un paveur, et de 20 sols, si c'était un manœuvre (1) ;

3° A fournir de bons pavés de 7 à 8 pouces d'échantillon dans la *grande Croisée* et de l'échantillon ordinaire dans les autres rues (2) ;

4° A asseoir le pavé sur bon sable neuf, à l'exclusion de tout autre matière, sous peine de 20 liv. d'amende pour la première fois et de 40 liv. pour la seconde ;

5° Enfin, à ne travailler qu'aux endroits expressément désignés par les délégués du duc de Sully, sans tenir compte des ordres que pourraient donner le Lieutenant civil, le Prévôt des Marchands, les commissaires du Châtelet et tous autres, auxquels défenses étaient faites de s'immiscer, à l'avenir, dans cette partie de l'administration.

Les trois maîtres paveurs s'étaient partagé l'entreprise, et chacun était responsable de son lot; ils devaient d'ailleurs déposer un cautionnement de 6,000 liv. pour garantir l'exécution de leur marché.

Le prix du forfait s'établissait à raison de 2 sols 3 deniers de la toise superficielle, d'après un second mesurage général qui devait être effectué en présence de deux Trésoriers de France. A ce prix, qui dépassait de moitié le précédent, les entrepreneurs étaient tenus d'entretenir tout le pavé en bon et suffisant état, et de le rendre tel à l'expiration des 20 années, moyennant quoi, ajoutait l'arrêt, ils seront déchargés du bail à eux ci-devant fait.

(1) C'était probablement le salaire que gagnaient ces ouvriers.

(2) Le bail ne disait pas quel était cet échantillon ordinaire ; mais le suivant l'a fait connaître.

Nous ne connaissons pas le résultat du nouveau mesurage auquel procéda encore Jean Fontaine, mais il est facile de le conclure d'après les décomptes qu'il servit à dresser. Or, nous trouvons que les entrepreneurs ont touché, chaque année, du 1er janvier 1609 au 31 décembre 1619, la somme de 21,760 liv. : c'est qu'apparemment on avait constaté que la surface dont ils avaient à assurer le bon état était de 193,122 toises. En 1618, les pavages neufs exécutés depuis le commencement du bail passèrent à l'entretien, ce qui obligea les entrepreneurs à augmenter le nombre de leurs ouvriers ; il fallut en conséquence augmenter aussi la rétribution qui leur avait été annuellement payée jusqu'alors. En attendant que le montant en eût été établi contradictoirement, on leur alloua, à titre d'indemnité, une somme de 1,600 liv. pour l'année 1618 et de 1,670 liv. pour l'année 1619. Les mandats délivrés à partir de 1620 inclusivement s'élèvent à 23,623 liv. 5 s. par an ; on estimait donc que toute la surface à entretenir pouvait alors être de 210,029 toises. L'état des pavages neufs exécutés depuis la confection du toisé général de 1608 fut arrêté dans les premiers jours d'avril 1623. A partir de cette époque, les entrepreneurs reçurent annuellement 25,073 liv. 17 s. ce qui fait supposer que cette même surface avait atteint 222,879 toises. Quoi qu'il en soit, la dépense des 20 années du bail a été de 463,596 liv. 9 s. donnant moyennement, en nombre rond, 23,180 liv. pour chacune d'elles.

Quelques retenues ont bien été effectuées sur les payements, quand les mauvais temps avaient empêché de travailler ou que les ateliers n'avaient pas été trouvés au complet ; mais nous n'y avons pas eu égard, attendu que ces retenues ont été rendues aux entrepreneurs après qu'ils eurent justifié avoir porté, plus tard, le nombre de leurs ouvriers au delà de ce qui leur était prescrit, afin de racheter les *manquemens* qui avaient été constatés.

Sully, s'autorisant de l'arrêt du 18 décembre 1608 et surtout de son titre de Grand Voyer, voulut continuer à diriger les travaux :

mais les Trésoriers de France lui en contestèrent le droit et prétendirent devoir en être exclusivement chargés, comme ayant, en leur dite qualité, la connaissance de tous les ouvrages publics. En conséquence, ils décidèrent, le 5 juillet 1611, qu'il se tiendrait, le samedi de chaque semaine, un comité composé de trois de leurs membres, dans lequel seraient traitées toutes les affaires du service du pavé. C'est dans ces comités, auxquels Lichany était tenu d'assister, que, sur les rapports de cet agent, on indiquait les endroits où les entrepreneurs feraient travailler la semaine suivante et qu'après avoir vérifié s'ils s'étaient conformés aux ordres précédemment donnés, on imposait une amende à celui qui les avait enfreints ou n'avait pas observé toutes les conditions du marché.

Comme ces mêmes affaires occasionnaient, soit contre les entrepreneurs, soit contre les particuliers, certaines procédures qui exigeaient l'emploi de l'huissier du Bureau, cet officier ministériel, alors le sieur Gilles Naudé, recevait annuellement, à ce sujet, pour ses peines, salaires et vacations, une somme de 200 livres.

Michel Richer étant décédé au commencement de l'année 1610, Étienne Richer, son cousin, fut agréé à sa place et se fit aussi pourvoir de l'office de Maître des œuvres du Pavé. L'exercice de cette charge, qui nécessitait de fréquents voyages pour visiter les chemins de la Généralité, l'occupait probablement beaucoup trop, car son lot était très mal tenu, ce qui lui attira de vifs reproches. Il prétendait qu'il parviendrait à le mettre promptement en bon état, s'il lui était loisible de payer ses ouvriers à la tâche et non plus à la journée. Le Bureau des finances lui en donna la permission, le 13 février 1614, à la condition que les maîtres ou compagnons paveurs qu'il emploierait entretiendraient leurs ouvrages pendant trois mois; il lui enjoignit, en même temps, de ne plus faire usage de pavés de Fontainebleau et de se servir exclusivement de celui qui serait pris à Vaucresson (1).

(1) Le bail n'ayant pas dit comment les entrepreneurs payeraient leurs

Il paraît qu'en ce temps-là, les entrepreneurs vendaient aux bourgeois une partie du sable destiné à leurs ouvrages. Le Prévôt des Marchands s'en étant plaint au même Bureau, celui-ci, par une ordonnance du 1ᵉʳ août 1614, leur prescrivit de cesser un pareil trafic, à peine de 100 liv. d'amende.

Le bail de 1609 n'était pas encore parvenu à la moitié de son cours lorsqu'un nommé Guillaume Hérail proposa de le prendre et de se charger également de l'enlèvement des boues, moyennant une redevance annuelle de 84,000 liv. pour le tout. Ses offres furent acceptées par un arrêt du Conseil du 15 octobre 1615, sans qu'on eût égard aux traités qui existaient déjà pour ces deux objets. Hérail commença par le nettoiement des rues, mais il y procéda avec tant de négligence que le Parlement lui retira son entreprise avant qu'il se fût mis à l'entretien du pavé, qui, dès lors, ne cessa pas de rester aux trois maîtres paveurs qui l'avaient soumissionné (1).

L'un d'eux, dans le but, disait-il, de causer moins de gêne au public, proposa de faire travailler ses ouvriers la nuit plutôt que le jour. Ce serait, suivant nous, une bonne chose, surtout pendant l'été, où les nuits sont très courtes et répandent de la fraîcheur; mais on était alors au milieu de l'hiver, et, par conséquent, dans une saison où elles sont très longues et en même temps très froides. La demande ne s'explique donc pas. L'autorisation n'en fut pas moins accordée, le 11 janvier 1616.

ouvriers, on ne voit pas ce qui rendait nécessaire l'autorisation demandée; mais il avait dit qu'ils fourniraient de bon pavé: celui de Fontainebleau était donc déjà réputé mauvais.

(1) Le Continuateur du *Traité de la Police* n'a pas parlé du marché conclu avec cet Hérail, non plus que de celui qui fut passé, le 28 avril 1621, avec le célèbre Salomon de Caus, Ingénieur ordinaire du Roi, qui s'était engagé, au moyen d'une grande distribution d'eau, à tenir la ville nette en tout temps, mais qui ne put réaliser son projet, ne recevant pas l'argent qui lui avait été promis.

Cependant, les contestations élevées entre le Grand Voyer et les Trésoriers de France, relativement à leurs attributions respectives, duraient toujours. Ces derniers ménageaient peu leur adversaire, qui, depuis la mort de Henri IV, avait perdu tout son crédit. Ils lui pardonnaient difficilement d'avoir été l'instigateur de la mesure qui, en 1598, avait supprimé leurs bureaux, en attendant qu'il fût possible de supprimer leurs offices. Dans une ordonnance du 7 avril 1618, ils allèrent jusqu'à traiter son insistance de scandaleuse et lui défendirent de continuer, sous peine d'être déclaré infracteur des édits et ordonnances du Roi. Le Parlement, qui était intervenu, mit fin à ce déplorable conflit en donnant, par un arrêt du 23 mai suivant, gain de cause aux Trésoriers de France.

Ceux-ci décidèrent, un jour, qu'avant de délivrer aucun mandat de payement aux entrepreneurs, les jurés-paveurs en exercice procéderaient à la visite de leurs ouvrages. Ces derniers firent quelques difficultés à ce sujet ; ils s'abstenaient, disaient-ils, de se livrer à un pareil contrôle, par la crainte d'une forte amende, d'après les défenses contenues dans le dernier article du bail en vigueur. On leur représenta que cet article ne portait nulle atteinte aux droits qu'ils tenaient de leurs statuts et qu'en conséquence les défenses dont ils parlaient n'étaient pas à leur adresse. S'il en est ainsi, répliquèrent-ils, nous ferons ce qui nous sera expressément ordonné par le Bureau, à la condition d'être payés de nos vacations. Mais, les Trésoriers de France, n'étant peut-être pas bien sûrs d'avoir sainement interprété l'acte souverain qui leur avait été objecté, ne jugèrent pas à propos d'aller plus loin ; aussi, les malfaçons se multiplièrent-elles (1). On reprochait surtout aux entrepreneurs de remettre en

---

(1) Si les jurés-paveurs ne se croyaient pas alors en droit de contrôler les travaux ayant pour objet l'entretien du pavé, ils ne continuaient pas moins à surveiller l'exécution des pavages neufs. Ils obtinrent du Bureau des finances, le 20 février 1615, un jugement qui, sur leurs poursuites, condamna à l'amende trois adjudicataires de ces derniers ouvrages, à raison de malfaçons qu'ils avaient commises et se firent adjuger une somme de 200 liv. pour leurs frais et vacations.

œuvre de vieux pavés sans les avoir retaillés, de ne pas rebuter ceux qui étaient tout à fait hors de service et de ne jamais renouveler le sable de la forme. Le public s'étant plaint de ces abus, le Conseil d'État les signala à l'attention du Bureau des finances. Celui-ci pensa qu'on y remédierait si quelques-uns des notables habitants de chaque quartier exerçaient une certaine surveillance sur les travaux. En conséquence, il permit leur intervention par une ordonnance du 22 janvier 1621, et l'inspecteur Claude Dohin, qui avait remplacé Lichany, dès le 28 mai 1618, reçut l'ordre de prendre note de leurs observations et de les consigner dans ses rapports, afin que les contrevenants fussent, le cas échéant, condamnés à l'amende et même à l'emprisonnement (1). Mais il ne paraît pas que ce mode de contrôle ait été mis en pratique.

On tolérait que pour travailler avec plus de liberté les entrepreneurs tendissent les chaînes qui existaient encore aux extrémités de certaines rues, à la condition toutefois, portait une ordonnance du 1er avril 1620, de remettre, en s'en allant, ces chaînes dans l'état où ils les auraient trouvées, à peine de répondre de celles qui seraient rompues ou perdues.

Ils ne jouissaient pas encore du privilège de faire seuls disparaître les trous que les maçons et autres pratiquaient dans le pavé, pour la pose d'étais, la construction d'échafauds, etc.; mais ils devaient veiller à ce que ces dégradations fussent promptement réparées par leurs auteurs, autrement une ordonnance du même bureau, du 20 décembre 1621, les obligeait à y procéder à leurs frais.

Claude Voisin décéda en 1617. Sa veuve, Madelaine Richer, resta quelque temps dans l'association, puis se remaria à Nicolas Richer qui y entra à la place du défunt; mais il apporta si peu de soins dans l'exécution de ses travaux que les Trésoriers de France, après

(1) Ce Dohin, qui prenait la qualité de Secrétaire de la chambre du Roi, exerça les fonctions d'Inspecteur du Pavé pendant plus de 30 ans, avec le même traitement de 50 liv. par mois.

lui avoir enjoint plusieurs fois, mais sans succès, d'y en mettre davantage, adjugèrent, le 26 janvier 1522, à un autre maître paveur, nommé Geoffroy Aubry, le lot dont il était chargé. Nicolas Richer ayant appelé de cette décision au Conseil d'État, un arrêt du 1er mars suivant rejeta son pourvoi.

Un autre des trois associés, Étienne Richer, mourut à son tour, en 1626. Jeanne Dorlault, sa veuve, le remplaça jusqu'à la fin du bail. L'office de Maître des œuvres du Pavé, dont il était en possession, fut donné à Nicolas Richer, son frère, qui s'en démit l'année suivante en faveur de Thomas Papot. Ce dernier s'était rendu caution de la veuve Richer et dirigeait les travaux de son lot.

Quelques années auparavant les jurés-paveurs s'étant ravisés, crurent devoir s'immiscer, comme autrefois, dans l'inspection des travaux, sans y être provoqués, et dénoncèrent au Bureau des finances une prétendue contravention à leurs statuts. Elle consistait, d'après eux, en ce qu'une partie des ouvriers employés dans les ateliers n'avaient pas fait leur apprentissage à Paris; que, dès lors, ils ne savaient pas bien leur métier et faisaient de mauvaise besogne. Ils ajoutaient que les matériaux mis en œuvre n'avaient pas les qualités requises. Par une ordonnance du 17 juillet 1623, le Bureau fit justice de ces prétentions en laissant, sur le premier point, toute liberté aux entrepreneurs, pourvu que leurs hommes fussent suffisants et capables. Quant au second point, il leur enjoignit de se servir uniquement de bon pavé, de l'échantillon mentionné au bail, et de l'asseoir sur de bon sable, à peine de 500 liv. d'amende.

On doit croire que ces derniers éprouvaient déjà quelques difficultés pour se procurer les matériaux dont ils avaient besoin, puisque, sur leur requête, une autre ordonnance, datée du 31 du même mois, les autorisa à en tirer des terres et héritages les plus à proximité de leurs travaux, en dédommageant les particuliers de gré à gré ou à dire d'experts.

Enfin, il paraît que dans plusieurs rues très passantes certains riverains avaient, pour leur convenance personnelle, fait relever le pavé de la devanture de leurs maisons beaucoup plus haut que celui de leurs voisins, ce qui rendait la circulation aussi difficile pour les voitures que pour les cavaliers et exposait même à des accidents. Des plaintes s'étant produites, à ce sujet, le Bureau des finances défendit, le 18 janvier 1627, à qui que ce fût, sous peine de 100 liv. d'amende contre les particuliers et de prison contre les ouvriers qui auraient exécuté le travail, d'exhausser, à l'avenir, le pavé des rues, sans une autorisation spéciale; il enjoignit à tous ceux qui se l'étaient permis, de rétablir, sous huit jours, les lieux dans leur premier état, sinon qu'il y serait procédé d'office à leurs dépens. L'inspecteur Dohin fut chargé de tenir la main à l'exécution de cette ordonnance (1).

Tels sont, en résumé, les principaux faits qui se passèrent pendant les vingt années du bail de 1608, le seul qui ait eu une si longue durée.

Ce bail touchait à sa fin, lorsque Louis XIII, alors occupé au siège de La Rochelle, prescrivit aux Trésoriers de France, le 8 août 1628, d'en préparer un nouveau. Les conditions en étaient les mêmes que celles du bail précédent; toutefois, par suite de l'augmentation de la surface à entretenir, au lieu de 80 ouvriers, moitié compagnons, moitié manœuvres, les entrepreneurs étaient tenus d'en occuper 100, tous les jours, tant en hiver qu'en été ; elles précisaient d'ailleurs l'échantillon du pavé à employer dans les rues qui ne faisaient pas partie *de la grande Croisée*; il pouvait avoir un pouce de moins que l'autre. Il y était dit aussi que les ateliers ne seraient établis que sur les points désignés, chaque semaine, par le Bureau des finances ; enfin, on ajoutait que le marché durerait 9, 15 ou 20 ans,

(1) Ces prescriptions furent renouvelées bien souvent, notamment les 4 septembre 1645, 17 juillet 1653, 31 mai 1656, 4 février 1683, etc. Ce qui fait supposer qu'elles n'étaient pas du tout observées.

à la volonté du Roi. Indépendamment de l'obligation de mettre, en entrant, le pavé en bon et suffisant état et de le laisser tel en sortant, les entrepreneurs étaient tenus d'en conserver les pentes ou du moins de lui donner celles qui lui convenaient.

Contrairement à ce qui avait eu lieu, en 1603, les offres furent reçues avec concurrence et publicité et pour un forfait absolu. De 40,000 liv. par an, montant de l'estimation, elles descendirent à 38,000 liv. Les Trésoriers de France qui, avant de conclure, avaient cru devoir en référer au Conseil d'État, eurent l'ordre, bien que ce rabais fût déjà très fort, d'en provoquer un plus élevé, de limiter, en outre, la durée du bail à 9 années et d'y insérer une clause additionnelle portant que les cailloux qui existaient dans plusieurs rues, notamment aux abords du pont Notre-Dame, et dont l'enlèvement avait déjà été ordonné dès 1608, seraient remplacés par des pavés neufs. Le cahier des charges ayant été modifié, en conséquence, les trois maîtres paveurs avec lesquels nous avons déjà fait connaissance, Pierre Lebrun, qui, l'année suivante, subrogea son fils Charles à sa place, Geoffroy Aubry et Thomas Papot, furent déclarés adjudicataires, le 8 janvier 1629, moyennant 36,600 liv. par an.

Cette somme se prenait, non plus sur les quinze sols dits *des fontaines*, mais bien sur les cinq sols appelés *les batardeaux*, que payait aussi chaque muid de vin en entrant dans Paris (1). On lit, en effet, dans un traité passé en 1631, pour la construction d'une nouvelle clôture au nord-ouest de cette ville, que la dépense en serait imputée, sur le produit de la ferme des batardeaux, après le prélèvement de 36,600 liv. dont cette ferme était chargée envers les entrepreneurs du pavé.

(1) On leur avait donné ce nom, parce que, dans l'origine, leur produit servait à l'entretien des barrages ou batardeaux établis dans la Seine pour faire marcher les machines hydrauliques du pont Neuf. Ils rapportaient 73,000 liv. en 1629.

Le Bureau des finances eut beaucoup de peine à obtenir de ces derniers qu'ils tinssent leurs engagements : il les mit souvent en demeure d'y satisfaire, notamment les 26 juillet 1630 et 16 janvier 1634. Il leur assigna un certain délai, passé lequel les travaux arriérés devaient être exécutés d'office et à leurs frais, à raison de 7 liv. 10 sols la toise de pavé neuf et de 32 sols la toise de pavé vieux. Il leur prescrivit aussi d'indiquer comment ils s'étaient partagé l'entreprise, afin de connaître celui d'entre eux qu'il devait rendre particulièrement responsable des dégradations ou malfaçons signalées dans tel ou tel quartier ; mais il eut bien peu de prise sur eux, attendu que, contrairement à la règle, ils n'avaient pas déposé de cautionnement et que d'ailleurs ils n'étaient pas régulièrement payés.

Nous voyons aussi qu'ils ne remplirent pas la condition qui leur avait été imposée de substituer du pavé de grès aux pierrailles qui existaient encore dans plusieurs rues de la cité, et cependant aucune retenue ne paraît leur avoir été faite à ce sujet.

D'autres faits, dont nous n'avons pas encore parlé, eurent également lieu sous le régime de ce troisième bail ; ils furent, en général, peu importants ; nous en citerons néanmoins quelques-uns.

Ainsi, malgré le crédit porté annuellement sur l'état des Ponts et Chaussées, pour la rémunération de l'Inspecteur du Pavé, cet agent fut trois ans sans toucher son traitement, parce que le Maître des œuvres des bâtiments royaux s'en était fait remettre le montant, à l'aide d'un brevet surpris au Roi. Dohin, qui n'avait pas discontinué son service, s'étant plaint de ce procédé au Bureau des finances, il intervint, le 7 mai 1630, une ordonnance par suite de laquelle le Maître des œuvres, qui, d'ailleurs, ne s'était nullement occupé du pavé, fut obligé de restituer les sommes qu'il avait indûment reçues.

Le Prévôt des Marchands, dont le devoir était de veiller au bien-être des habitants de Paris, s'en autorisait quelquefois pour signaler aux entrepreneurs le mauvais état de telle ou telle partie de la voie publique et leur ordonner d'y faire les réparations nécessaires. Ceux-ci résistaient à de pareilles injonctions, lorsqu'elles étaient en désaccord avec les prescriptions hebdomadaires du Bureau des finances. De là, des condamnations à l'amende ou à la saisie de leurs biens. Déjà, sous le bail précédent, les Trésoriers de France, qui voyaient, dans cette ingérence, un empiétement sur leurs attributions, avaient fait signifier au Procureur du Roi, près de la Ville, de cesser ses poursuites. Comme elles n'en continuaient pas moins, par deux ordonnances des 24 octobre 1631 et 10 août 1632, ils annulèrent toute la procédure faite au tribunal du Prévôt des Marchands et défendirent à tous huissiers de mettre ses jugements à exécution, sous peine de 500 liv. d'amende.

Nous avons vu que dès l'année 1620 l'on permettait aux paveurs, lorsqu'ils occupaient une rue d'une médiocre largeur, d'y interdire la circulation aux voitures, en tendant les chaînes qui pouvaient exister à ses extrémités. A défaut de chaînes, une ordonnance du 10 mars 1634, les autorisa à se servir de pieux, à la condition de causer au public le moins d'incommodité possible.

Enfin, les entrepreneurs se plaignaient de ce qu'il leur devenait de plus en plus difficile de maintenir la voie publique en bon état d'entretien, par suite de nombreux abus que les règlements n'avaient pas prévus. « Il y a, disaient-ils, plusieurs sortes de mestiers qui
« gastent et rompent journellement le pavé des rues, comme pasti-
« ciers, boulangers et fendeurs de boys ; des personnes qui desgra-
« dent, le matin, ce pavé pour trouver des feralles et mistralles
« dans les ruisseaux, doù résulte que tost après lesdicts ruisseaux
« s'enfondrent : aussy que plusieurs bourgeois faisant bastir, font
« faire des trous pour mettre des etayes, et que après ils délaissent
« de les faire restablir ; en oultre lesdicts bourgeois s'adressent à
« des maistres paveurs qui employent aux raccordemens, le long

« des murs faicts de neuf, du petit pavé de court ce qui cause aux
« supplians une grande perte et dommage (1). »

A ce sujet, il intervint, le 27 avril 1634, une ordonnance du Bureau des finances portant : « Tous les particuliers qui se trouve-
« ront ruiner et dégrader le pavé, le feront rétablir en bon et suffi-
« sant état, et, à faute de ce faire, seront assignés à la requête du
« Procureur du Roy, à comparoir au premier jour, pour se voir
« condamner à faire ledit rétablissement à leurs frais et dépens et en
« une amende qui sera par nous arbitrée. »

Cependant, l'entrepreneur alors chargé du nettoiement des rues ayant déserté son poste, un nommé Étienne Picard, qui s'était associé deux notaires au Châtelet, ainsi que le greffier de la Chambre criminelle, offrit de prendre sa place, à la condition d'avoir en même temps l'entretien du pavé; le tout, pendant dix années, commençant le 1ᵉʳ juillet 1634, moyennant 120,000 liv. par an, payables d'avance et de mois en mois. Sa proposition ayant été acceptée, des lettres patentes du 17 mai 1634 homologuèrent le traité que le Conseil d'État avait élaboré le même jour. Malgré leurs protestations, Lebrun, Aubry et Papot se virent ainsi évincés de leur entreprise au bout de cinq ans et demi, sans aucune indemnité, sous le prétexte qu'ils s'en acquittaient mal. Il est vrai qu'ils devaient y suffire avec beaucoup de peine, attendu le grand nombre d'ouvrages dont chacun d'eux se rendait journellement adjudicataire (2).

(1) L'abus de fendre du bois sur la voie publique n'a jamais pu être déraciné, malgré les défenses faites, dans ce but, par les ordonnances de police dont la dernière est du 25 juillet 1862.

Quant au grattage des ruissseaux, nous verrons qu'il devint, plus tard, l'objet d'une sévère répression.

(2) Un certificat délivré par le Bureau des finances, le 20 avril 1635, constate qu'ils marchèrent encore trois mois, afin de donner à leurs successeurs, totalement étrangers au métier de paveurs, le temps d'organiser leurs ateliers; en sorte que ce fut seulement le 1ᵉʳ octobre 1634, et non le 1ᵉʳ juillet, que ceux-ci prirent, de fait, l'entretien du pavé.

Le prix stipulé s'appliquait, jusqu'à concurrence de 80,000 liv., à l'enlèvement des boues et de 40,000 liv. à l'entretien du pavé. Le payement en était imputé, pour les deux tiers, sur le produit d'un nouveau droit appelé *les dix sols de la Ville* que payait également le vin à son entrée (1), et pour l'autre tiers, sur *les cinq sols des batardeaux*.

Nous n'avons pas à examiner les conditions qui furent prescrites, relativement au nettoiement des rues, la grosse affaire de l'entreprise, et dont la direction appartenait toujours au Prévôt de Paris ; quant à celles qui concernaient l'autre opération, on s'en référait simplement au bail de 1629. On ajoutait seulement que Picard aurait la faculté de faire fabriquer en tous lieux le pavé qui lui serait nécessaire et de le faire amener à Paris, en payant les droits accoutumés.

Un bourgeois, élu tous les ans dans chaque quartier, parmi les notables habitants, avait pour mission de veiller à l'accomplissement des clauses du contrat et d'avertir l'entrepreneur des négligences qu'il remarquerait, tant dans l'enlèvement des boues que dans l'entretien du pavé. Celui-ci devait y remédier aussitôt ou, au plus tard, le lendemain. Il n'était d'ailleurs payé qu'après que ces bourgeois avaient attesté qu'il avait rempli ses obligations. Leurs certificats n'étaient soumis à aucun contrôle et lui tenaient lieu de mandats. Les fonctions de ces derniers étaient purement honorifiques ; mais, afin qu'elles ne fussent pas moins recherchées, le Roi voulait qu'on ne pût parvenir à l'échevinage qu'après les avoir exercées. Plusieurs commissaires pris dans le sein du Conseil d'État étaient également chargés d'assurer l'exécution non seulement du traité, mais encore

(1) Les dix sols par muid perçus aux portes de Paris rapportaient alors près de 115,000 liv. Ce qui restait, après le prélèvement des 80,000 liv. destinées au nettoiement, était remis au Trésorier de l'épargne, c'est-à-dire à la disposition du Roi (Lett. pat. du 31 décembre 1632 concédant ladite ferme à Jean Blondeau).

des règlements de police sur la matière ; et c'est à ces commissaires que, suivant un arrêt du 16 décembre 1634, les contraventions relevées par les bourgeois élus devaient être déférées.

En enregistrant ce nouveau bail, les Trésoriers de France rappelèrent à l'entrepreneur ce à quoi il était tenu, relativement à la mise et à la conservation en bon état de la voie publique ; ils insistèrent particulièrement pour que la forme sur laquelle le pavé devait être assis fût toujours composée de bon sable, à l'exclusion de gravois et de *repoux* (1) dont, paraît-il, les ouvriers faisaient souvent usage. Mais, montrant peu de déférence pour la volonté royale, ils ne voulurent pas admettre que les bourgeois délégués pour contrôler le nettoiement des rues constatassent aussi l'entretien du pavé. Le traité de 1634 ayant enjoint à ces derniers de ne pas négliger les deux objets, ils se considéraient comme obligés de parler de l'un et de l'autre dans leurs certificats mensuels ; néanmoins, une seconde ordonnance, du 15 février 1636, qui montre combien l'esprit de résistance animait alors certaines autorités subalternes, dont les charges étaient vénales et héréditaires, leur défendit positivement de continuer à prendre connaissance du pavé et à en faire mention, sous peine de nullité de leurs actes et de 100 liv. d'amende.

C'est peut-être là ce qui donna lieu, le mois suivant, à la création d'un Commissaire-Visiteur de l'entretien du pavé et du nettoiement de Paris. Le titulaire de ce nouvel office se rendit immédiatement compte de l'état des ouvrages confiés à sa vigilance. Le procès-verbal où ses observations sont consignées nous a été conservé en entier. C'est un document assez curieux. On y voit que les rues se trouvaient alors dans une déplorable situation sous le rapport de la viabilité et de la salubrité. On y voit aussi que le nouveau mode de surveillance n'avait pas produit les heureux effets que l'on s'en

(1) On nommait ainsi un mélange de plâtras et de tuileaux réduits en petits fragments.

était promis. A mesure qu'il passait d'un quartier dans un autre, notre commissaire appelait, pour s'en faire accompagner, le notable bourgeois qui en était chargé; mais on lui répondait qu'il était ou malade, ou absent, ou retenu pour ses propres affaires, en sorte qu'aucun d'eux ne le suivit; ils n'étaient probablement pas flattés d'assister à une visite qui mettait en évidence l'oubli de leurs devoirs. Voici d'ailleurs ce que contenait une partie de ce procès-verbal :

« Or, il est à remarquer qu'encores que nous n'ayons faict mention
« du pavé que par parcelles, nous ne pouvons dire autre chose de
« tout le dit pavé, tant de la ville, faulxbourgs que banlieue de
« Paris, sinon qu'il seroit très nécessaire de refaire la plus grande
« partie de tout le dit pavé de neuf, que d'y faire aucunes réfections :
« pour ce que ce n'est qu'entretenir ung désordre plus tost qu'un
« ordre, lequel ordre sera rétably par la réfection neuve générale de
« la plus grande partie de tout le pavé susdit. De faire mention du
« désavantaige que le public en reçoit, il est assez cogneu d'un
« chacun, sans en déduire les particularitez pour éviter à prolixité.
« Et seroit nécessaire de contraindre tous les particuliers proprié-
« taires qui ont maisons, jardins et autres héritaiges attenant aux
« rues et passaiges publics compris dans la ville et faulxbourgs
« du dit Paris, où il n'a esté encores pavé, de faire paver, suivant
« l'ordonnance, au devant de leurs héritaiges. »

Nous verrons plus loin que ces dernières propositions furent suivies d'exécution en 1639.

Cependant, les Trésoriers de France, informés que les entrepreneurs commettaient plusieurs malfaçons, leur avaient prescrit, dès le 8 avril 1636, de cesser ces abus, sous peine de 300 liv. d'amende, et, bien que Dohin fût toujours en fonctions, ils chargèrent Thomas Papot, comme étant, par sa qualité de Maître des œuvres du Pavé, plus en état que cet autre agent de juger de la bonne ou mauvaise confection des travaux, de tenir la main à ce que leur ordonnance eût son effet. Mais, comme Picard devait supposer qu'il lui en voulait de l'avoir évincé, il le récusa pour plusieurs raisons qu'il se réservait de déduire plus tard, et Papot fut remplacé dans cette mission spéciale par un autre maître paveur.

Les abus qu'il s'agissait d'arrêter n'en continuèrent pas moins, ce qui détermina les Trésoriers de France à prendre, le 21 novembre suivant, une seconde ordonnance ayant le même but que la première et à confier, cette fois, le soin de son exécution à deux d'entre eux.

Pour toute réponse aux injonctions qui leur furent faites, Picard et ses associés déclarèrent que, n'étant pas exactement payés, ils renvoyaient leurs ouvriers; il leur était dû, en effet, un arriéré considérable par suite d'une autre direction donnée aux fonds affectés à leur entreprise. Ils invoquèrent le même motif, devant le Conseil d'État, pour se disculper d'avoir laissé leurs travaux en souffrance ; ils prétendirent, en outre, que le prix de 120,000 liv. ne les rémunérait pas assez et ils demandèrent qu'il fût augmenté ou que le traité fût rompu, avec un dédommagement en leur faveur. Sans avoir égard à leurs réclamations, un arrêt du 9 mai 1637 leur infligea une retenue de 13,500 liv. pour la négligence qu'ils avaient apportée, pendant huit mois, à l'enlèvement des boues et prononça la résiliation pure et simple du bail, à partir du 1ᵉʳ juin (1). Un autre arrêt du 27 de ce même mois de mai décida que le Prévôt de Paris, tout en continuant à veiller au nettoiement des rues, prendrait soin désormais de l'entretien du pavé, dont la direction fut ainsi enlevée aux Trésoriers de France. L'arrêt ajoutait que le Roi ne pouvant plus subvenir à la dépense de ces deux opérations, à raison de la guerre qu'il avait à soutenir et des autres grandes charges de l'État, une assemblée de police aviserait aux moyens d'y pourvoir.

Cette assemblée se tint quelques jours après : on y arrêta, quant à l'entretien du pavé, qu'il convenait de revenir à ce qui se faisait

(1) La société dont Picard était le chef n'eut donc l'entretien du pavé de Paris que pendant deux ans et huit mois (du 1ᵉʳ octobre 1634 au 30 mai 1637), qui, à raison de 40,000 liv. par an, font 106,666 liv. 13 sols.

avant 1609. Le Roi agréa la proposition et en prescrivit l'exécution immédiate par une déclaration du 9 juillet 1637. En conséquence, le Parlement ordonna que les Trésoriers de France et le Prévôt des Marchands seraient interrogés pour savoir comment les choses se passaient antérieurement à ladite époque de 1609. Nous avons déjà rappelé quel était alors l'usage suivi, nous n'y reviendrons donc pas. Le Parlement prescrivit aussi diverses mesures pour assurer le payement des taxes auxquelles les habitants allaient être de nouveau soumis et obtenir que le pavé remis à leur charge fût bien entretenu.

<small>Bail de 1638.</small> Du moment que l'on rétablissait l'ancien régime, les Trésoriers de France se crurent en droit de reprendre la direction du service. Le 23 octobre 1637, ils mirent la Ville en demeure de faire opérer les réparations qui la regardaient, notamment celles des quais et des abreuvoirs. En même temps, ils firent procéder à la reconnaissance des voies publiques dont l'entretien incomberait, à l'avenir, au Trésor royal et dont la surface fut trouvée de 41,800 toises ; puis ils mirent les travaux en adjudication sur l'évaluation de 9 sols la toise. L'entreprise allait être donnée à celui des maîtres paveurs qui avait fait le plus fort rabais, lorsque le Roi jugea convenable d'y joindre l'entretien du pavé municipal et celui du pavé des particuliers, pour ne faire, du tout, qu'une seule adjudication, comme en 1605. Celle-ci fut tranchée, le 24 mars 1638, en faveur des sieurs Thomas Papot et Léonard Aubry, fils de Geoffroy, pour neuf années consécutives, à raison de 6 sols la toise.

La Ville trouvait ce prix bien élevé, et, comme elle aurait, disait-elle, 15,000 liv. à payer, chaque année, pour sa part contributive (1), sans compter qu'il fallait qu'elle se procurât immédiatement 2,000 liv. pour remettre en bon état le pavé du pont Notre-Dame, tandis que le droit de chaussées ne lui en rapportait que 6,000 ; elle exposa

(1) Elle supposait, en conséquence, que la surface du pavé municipal était de 50,000 toises.

son embarras au Parlement. Celui-ci, sans avoir égard au marché du 24 mars, l'autorisa à faire procéder à l'adjudication, au rabais, de l'entretien des ouvrages qui la regardaient particulièrement et à renouveler, par anticipation, les baux des maisons du pont, en imposant aux preneurs l'obligation de pourvoir à la réfection du pavé, chacun devant sa location (1).

L'importance de l'entreprise générale allait donc se trouver considérablement réduite, puisque le pavé municipal n'en ferait plus partie, à moins que la décision du Parlement ne fût infirmée. D'un autre côté, l'on prévoyait que les taxes qu'on avait cessé de réclamer aux particuliers depuis 30 ans, seraient aussi difficiles à recouvrer qu'elles l'avaient été en 1609, et l'on se pressait peu d'en dresser les rôles.

Papot et Aubry, qui s'étaient mis immédiatement à l'œuvre et qui ne voyaient pas quand on leur donnerait un acompte, firent mine de discontinuer leurs travaux. Dans un mémoire adressé au Roi, ils représentèrent qu'on ne trouverait jamais d'industriels qui voulussent se charger d'une si lourde entreprise, tant qu'ils ne seraient pas sûrs d'être exactement payés. Il y a, disaient-ils, un moyen de leur assurer un fonds certain : c'est de réunir les deux droits dont le produit servait autrefois à l'entretien d'une grande partie du pavé et d'y assujettir les marchandises et denrées transportées par eau. Si la ressource qu'on en retirerait était insuffisante, ne pourrait-on pas, ajoutaient-ils, élever les prix des anciens tarifs, qui, étant les mêmes depuis longtemps, se prêteraient, sans peine, à une augmentation ?

Ces observations furent soumises à une commission composée de l'Intendant des finances, de trois Conseillers d'État et de trois Trésoriers de France. D'après leur avis, il intervint, le 21 août 1638, un arrêt du Conseil qui admit la proposition. En conséquence, le

(1) Ces maisons étaient alors au nombre de 68. Le bail de chacune d'elles fut porté de 300 à 400 liv. Le Parlement les homologua le 16 décembre 1638.

droit de chaussées fut incorporé au droit de barrage; celui-ci s'appliqua désormais aux transports effectués aussi bien par eau que par terre, et les objets qui y étaient assujettis furent taxés beaucoup plus haut qu'auparavant. Afin de leur donner plus d'autorité, ces mesures furent corroborées par un édit qui contenait plusieurs autres dispositions sur lesquelles nous aurons occasion de revenir. Cet édit, adressé à la Chambre des comptes et non au Parlement, souffrit quelques difficultés pour son enregistrement (1). En attendant qu'elles fussent aplanies, un autre arrêt du Conseil, daté du 13 novembre 1638, prescrivit aux Trésoriers de France de faire le nécessaire pour la perception immédiate du nouveau droit. Un nommé Fauveau en obtint la concession moyennant 60,000 liv. par an, tandis que, avant leur réunion, les deux anciens droits rapportaient chacun 6,000 liv. au plus (2).

A quelque temps de là, le Parlement se plaignit de ce qu'on eût touché sans lui au droit de barrage qui, disait-il, était purement domanial et dont, pour cette raison, la connaissance appartenait privativement à la Cour. Par des lettres patentes du 10 août 1647, le Roi, ayant égard à la remontrance, lui présenta l'arrêt de 1638 et le tarif qui y était annexé. Le Parlement les enregistra, sans observations, le 7 septembre. La perception du nouveau droit se trouva ainsi régularisée.

Il continua longtemps à faire l'objet d'une adjudication particulière.

(1) Il est daté du mois de février 1638; mais c'est par erreur, puisqu'il vise l'arrêt du 21 août. Son enregistrement n'eut lieu que le 20 avril 1640, en vertu d'un commandement dont le prince de Condé était porteur.

(2) La perception donna lieu à bien des résistances et suscita même des actes de violence et des émotions populaires. Rebuté par ces difficultés, Fauveau s'en démit au bout de quelques mois. Yves Gaultier, qu'elles n'effrayèrent pas, la prit en 1639 à raison de 80,000 liv., et elle fut adjugée, en 1641, pour 85,000 liv., après qu'un arrêt du Conseil du 1er février 1640 eut changé quelques termes du tarif qui prêtaient à diverses interprétations.

Quand le prix n'en demeurait pas entre les mains du concessionnaire, il était remis à un receveur *ad hoc* et, dans l'un et l'autre cas, exclusivement appliqué à l'entretien du pavé. Plus tard, le barrage, dont il fallut souvent augmenter le tarif, fut réuni aux droits d'entrée, puis à la ferme générale des Aides, et en dernier lieu au Domaine. Alors le produit n'en était plus distinct. Mais afin que cet impôt parût toujours conserver sa destination spéciale, l'administration faisait l'évaluation des charges en vue desquelles il avait été créé, et le montant en était versé par les fermiers généraux dans la caisse où puisait le Pavé de Paris. On procéda ainsi jusqu'en 1790. On pouvait donc soutenir, avec raison, que le revenu du barrage ne cessait pas d'être employé aux dépenses de ce service.

Cependant, la Ville crut devoir faire des représentations sur ce que, par suite des arrangements qui venaient d'être pris, elle se trouvait privée du *droit de chaussées* dont elle avait toujours joui, même après 1609. Afin de lui offrir une sorte de satisfaction, un arrêt du Conseil, du 20 janvier 1639, tout en ordonnant que celui du 21 août précédent serait exécuté selon sa forme et teneur, prescrivit de prélever, tous les ans, sur le prix de la ferme du nouveau barrage, une somme de 7,000 liv. pour être exclusivement employée, sous la direction du Prévôt des Marchands, à l'entretien du pavé des quais, ports et abreuvoirs. Cette décision ne faisait pas le compte de la Ville, qui aurait voulu, comme autrefois, user à sa guise de ce que rapportait le *droit de chaussées*. Aussi, voyons-nous qu'elle resta une lettre morte.

Les entrepreneurs, après six mois d'attente, n'avaient encore rien reçu ; ils se montrèrent donc très mécontents et, à l'exemple de Picard, congédièrent leurs ouvriers. Le Conseil d'État les fit appeler et, après leur avoir fait connaître que l'adjudication passée au sieur Fauveau garantissait leur payement pour au moins trois années, il les détermina à reprendre leurs travaux et les fit consentir à accepter un prix ferme, au lieu d'être payés à tant de la toise. Ce prix fut fixé, d'un commun accord, à 60,000 liv. par an. Les entrepreneurs demandèrent alors à s'associer Étienne Papot, le fils de l'un d'eux, ce qui ne souffrit aucune difficulté.

En conséquence, des lettres patentes du 14 novembre 1638, ayant mis à néant le bail du 24 mars de la même année, déclarèrent Thomas Papot, Léonard Aubry et Étienne Papot adjudicataires, à forfait, de l'entretien de tout le pavé de Paris, pour 9 années consécutives commençant le 15 novembre, sur le pied de 60,000 liv. par an.

Ce bail, sauf quelques légers changements de rédaction, contenait les mêmes conditions que celui du 24 mars. Comme nous ne les avons pas fait connaître, nous allons les rapporter succinctement.

Les entrepreneurs étaient obligés d'avoir, pendant trois mois et demi, 30 ateliers composés chacun de 5 hommes, puis 36 et même 40, afin de rendre le pavé en parfait état, au plus tard, à la fin de juin 1640, et de l'entretenir ensuite de façon à le laisser en pareil état, au 15 novembre 1647.

Ils devaient fournir, là où il serait nécessaire, de bon pavé neuf qui aurait 6, 7 et 8 pouces d'échantillon et l'asseoir sur de bon sable.

Ils pouvaient faire resservir le vieux pavé, pourvu qu'il fût de bonne qualité et qu'il présentât 4 pouces au moins de largeur, en tous sens.

Contrairement à ce qu'avait prescrit le bail de 1629, ils conservaient les cailloux dont certains lieux étaient alors pavés, tant qu'ils se maintiendraient en bon état.

Il leur était aussi ordonné de ne faire aucun changement aux pentes des rues et à celles des revers.

Ils étaient tenus d'accoter les chaussées à l'aide de bonnes bordures en pierre dure, dans les endroits jugés convenables.

On mettait, sans frais, à leur disposition, les emplacements servant, dans Paris, au déchargement des pavés, et ils devaient y déposer 500 milliers au moins de ces matériaux.

Un droit de préférence leur était accordé pour l'acquisition de ces mêmes matériaux, moyennant un prix raisonnable. Ils pouvaient d'ailleurs, en payant un dédommagement au propriétaire, en faire fabriquer personnellement partout où il se rencontrerait des roches de bonne qualité.

Lorsqu'il se trouvait, dans les lieux où ils avaient à travailler, des immondices, terreaux et autres objets, ils étaient autorisés à les faire enlever d'office, aux frais de l'entrepreneur du nettoiement ou des riverains, après leur avoir fait sommation de les enlever eux-mêmes.

Les lettres patentes ajoutaient qu'ils ne pourraient être dépossédés de leur bail, sous aucun prétexte.

Elles défendaient en outre, à qui que ce fût, d'ouvrir des tranchées de fontaines sans la permission des Trésoriers de France, ni de faire rétablir le pavé dans son premier état, par d'autres que par les entrepreneurs, qui ne devaient alors exiger que le salaire que demandaient les petits paveurs; mais cette mesure manquait ici de sanction pénale, aussi fut-elle souvent éludée (1).

Le commerce du pavé était alors livré à une espèce de monopole. Dans le but d'en faire augmenter le prix, il s'en expédiait très peu pour Paris, et les entrepreneurs en manquaient journellement. Il

---

(1) Déjà, par une ordonnance du 13 août 1633, le Bureau des finances avait défendu, à peine de 100 liv. d'amende, de faire, en général, aucune ouverture dans le pavé de Paris, sans son autorisation.

Quant aux tranchées ayant pour objet la pose ou la réparation des tuyaux de fontaines, les prescriptions ci-dessus ont été reproduites dans tous les baux subséquents. Celui du 5 mai 1654 a prononcé une amende de 10 liv. contre les contrevenants. L'amende a été portée plus tard à 50 livres.

intervint, à ce sujet, le 24 novembre 1638, un arrêt du Conseil qui enjoignit à tous ceux qui en trafiquaient d'en faire venir 400 milliers, au moins, chaque année, pour être cédés exclusivement auxdits entrepreneurs, moyennant les prix ordinaires. Dans le cas contraire, ceux-ci étaient autorisés à s'emparer des carrières en exploitation et à y faire travailler pour leur propre compte. En attendant, il leur fut permis de saisir tout le pavé qui se trouverait fabriqué, sauf à en payer ultérieurement la valeur aux marchands, ainsi qu'il appartiendrait.

Il paraît que la liquidation des dépenses faites pendant les sept ou huit mois qu'avait duré le bail du 24 mars, traîna beaucoup en longueur. Les entrepreneurs, qui, pour accélérer l'exécution de leurs travaux, avaient pris plusieurs auxiliaires parmi les autres maîtres paveurs, furent actionnés, au Châtelet, par ces derniers, afin d'obtenir le payement de ce qui leur était dû. Comme ils étaient eux-mêmes créanciers de l'État, ils demandèrent au Roi de faire cesser ces poursuites, et d'évoquer à son Conseil l'action qu'on leur intentait. Un arrêt, daté du 21 mai 1639, accueillit leur requête et défendit, en conséquence, au Prévôt de Paris de connaître de l'affaire.

Cependant, le délai fixé pour rendre le pavé en parfait état ayant été trouvé insuffisant, un autre arrêt du Conseil, en date du 20 juin 1640, le prorogea jusqu'à la fin d'octobre de l'année suivante, et pour donner aux entrepreneurs les moyens d'arriver en temps utile, on leur paya, en sus du prix convenu, mais à titre d'avance seulement, une somme de 25,000 liv. Des commissaires pris parmi les Trésoriers de France furent immédiatement chargés de faire une visite générale de tous les quartiers, afin de s'assurer que les ateliers mis en activité étaient assez nombreux pour que le but fût atteint. Dans le cas contraire, ils devaient prendre toutes les mesures jugées nécessaires.

Aubry et les deux Papot marchaient depuis longtemps en vertu du nouveau bail, sans qu'il eût été enregistré au Bureau des finances et par conséquent sans que les Trésoriers de France pussent en surveiller l'exécution. Après leur avoir enjoint plusieurs fois, mais vainement, de leur en remettre une expédition, ils les condamnèrent, de guerre lasse, à 300 liv. d'amende et même à la prison. La faute ne venait cependant pas des entrepreneurs si, comme ils le prétendaient, le secrétaire du Conseil ajournait continuellement la délivrance de la copie qui leur était destinée, sous le prétexte que le premier ministre voulait y faire quelques additions. On sait, en effet, que Richelieu, bien que malade, s'occupait toujours, avec intérêt, des détails de ce service. Quoi qu'il en soit, l'enregistrement n'eut lieu que le 18 août 1643, lorsqu'il était déjà question de résilier le marché.

En attendant, les Trésoriers de France avaient, dès le 1ᵉʳ mars 1639, chargé cinq d'entre eux de constater l'état dans lequel se trouvait la voie publique, d'obliger les entrepreneurs à établir jusqu'à 40 ateliers et de veiller à ce qu'ils ne fissent usage que de matériaux de bonne qualité. Ils avaient d'ailleurs enjoint à ces derniers de venir recevoir les ordres du Bureau, à peine de 50 liv. d'amende. Enfin, ayant appris que les ateliers passaient dans des rues qu'ils n'avaient pas désignées et qu'au lieu de compagnons, ils étaient composés presque exclusivement de simples apprentis, ils leur intimèrent, le 28 février 1640, l'ordre de cesser ces abus, sous peine de l'emprisonnement de celui qui continuerait à s'en rendre coupable.

Toutefois ces injonctions restaient à peu près sans effet, attendu que les entrepreneurs étaient payés sur leurs simples quittances, par le fermier du barrage, et sans l'intermédiaire des Trésoriers de France.

Nous avons déjà vu que l'administration ne se faisait pas scrupule de rompre, quand il lui plaisait, les marchés qu'elle avait passés, bien qu'ils fussent synallagmatiques (1). En voici un nouvel exem-

---

(1) L'administration s'arroge encore quelquefois ce droit, par application de l'article 1794 du Code civil.

ple : malgré la clause inscrite au bail du 14 novembre 1638, dans le but de rassurer complètement les entrepreneurs contre une résiliation arbitraire, le Roi, ou plutôt son Conseil (1), considérant que, depuis le 31 octobre 1641, le pavé était en bon état et n'exigeait plus que de simples réparations ; que, dès lors, la somme de 60,000 liv. payée annuellement pour son entretien était devenue trop forte, décida que cet entretien ferait l'objet d'une nouvelle adjudication. Après plusieurs remises, celle-ci allait être prononcée en faveur d'un maître paveur qui se contentait de 45,000 liv., lorsque Léonard Aubry, Etienne Papot et Léon Collin, qui avait remplacé Thomas Papot, mort récemment, intervinrent et demandèrent la préférence à ce prix, se soumettant à ne réclamer aucune indemnité à raison de l'éviction qu'ils subissaient. Leur offre fut acceptée par des lettres patentes du 10 septembre 1643 ; ils devinrent donc adjudicataires de l'entretien du pavé pour dix années consécutives, à commencer du 1ᵉʳ octobre suivant, moyennant 45,000 liv. par an et par conséquent avec une réduction de 25 pour cent sur le prix du bail précédent, qui n'eut ainsi qu'une durée de quatre ans 10 mois et 15 jours, répondant à une dépense de 292,500 livres.

La clause relative à la consolidation du marché fut supprimée ; il ne fut plus question, non plus, de mettre le pavé en parfait état dans un certain délai, puisqu'on trouvait qu'il y était déjà. Cependant les entrepreneurs n'étaient pas libres de régler à leur gré le nombre de leurs ouvriers ; ils devaient en occuper 150 au moins par jour, savoir : 60 paveurs et 90 manœuvres, du 1ᵉʳ avril au 30 septembre, et 80 seulement du 1ᵉʳ octobre au 30 mars, moitié paveurs, moitié manœuvres. Ils continuaient à être payés directement par le fermier du barrage, mais ce n'était plus qu'en vertu des ordonnances des Trésoriers de France. A part ces quelques modifications, toutes les conditions du bail de 1638 furent maintenues.

L'acte d'enregistrement leur rappela encore qu'il leur était interdit

(1) Louis XIV n'avait alors que cinq ans.

de substituer au sable de la forme des gravois ou *repoux*. Il leur prescrivit de ne placer leurs hommes que sur les points qui leur seraient expressément désignés par le comité; enfin, ajoutant aux conditions du bail, il les obligea, *pour rendre le pacage facile au marcher*, de faire essemiller les pavés, à mesure de leur arrivée à Paris et d'avoir, en outre, sur chaque atelier le marteau appelé *portrait*, pour s'en servir à retailler tant les neufs que les vieux, *afin qu'ils se pussent mieux joindre*.

Les entrepreneurs n'ayant pu s'accorder au sujet du partage des rues pavées depuis 1609, les Trésoriers de France y procédèrent eux-mêmes.

Il paraît qu'il s'en trouvait beaucoup dont la chaussée n'était composée que de pavés refendus ou de rebut et même de moellons, sans emploi de sable. L'entretien devant en être coûteux, les entrepreneurs refusèrent de les prendre à leur charge. En attendant qu'il eût été statué sur leur réclamation, le Bureau des finances, par une ordonnance du 22 mars 1611, défendit de ne faire à l'avenir aucun nouveau pavage dans Paris qu'avec sa permission. Il se donnait ainsi le moyen de s'assurer comment il y serait procédé. Cette mesure se trouva corroborée par des lettres patentes du 5 avril suivant qui, en invitant les Trésoriers de France à tenir la main à l'exécution du bail en vigueur, les autorisa à passer eux-mêmes ceux qui deviendraient nécessaires et leur maintint la direction de tous les ouvrages publics de pavé, avec défenses à qui que ce fût d'entreprendre sans leur assentiment, à peine de prison et de 1,000 liv. d'amende (1).

Des individus employés par des afineurs ou départeurs d'or et d'argent, continuaient à parcourir les rues, dès la pointe du jour et, à l'aide d'un crochet de fer, grattaient entre les pavés et notamment

(1) Ces prescriptions furent renouvelées par une ordonnance générale du 21 mai 1665.

à l'endroit des ruisseaux pour en retirer quelques parcelles de métal. Les immondices s'amassant dans les joints que l'on dégarnissait ainsi de sable, une ordonnance du Lieutenant civil du Prévôt de Paris, en date du 27 novembre 1615, proscrivit cette manœuvre dans l'intérêt de la salubrité *sous peine de fouet*. On a vu que, dès l'année 1634, les entrepreneurs s'étaient plaints du tort qu'elle leur faisait ; elle avait, en effet, un autre inconvénient, celui de causer le déversement des pavés. En conséquence, les Trésoriers de France l'interdirent de leur côté par une ordonnance du 13 mai 1659, sous peine de prison et de 10 livres d'amende (1).

Sur ces entrefaites, les rues de l'île Saint-Louis ayant eu besoin de réparations, il s'éleva la question de savoir comment il y serait pourvu. Les entrepreneurs refusèrent de s'en charger, en alléguant que ces rues n'étaient pas comprises dans leur marché et que jusqu'alors les riverains en avaient eu l'entretien, en vertu de conventions passées avec le Roi Louis XIII. Ceux-ci objectèrent qu'ils n'étaient pas affranchis des droits de barrage et que, puisque le produit de ces droits servait à payer la dépense du pavé, il n'était pas juste que leurs rues fussent traitées autrement que celles des autres quartiers. L'observation ayant paru fondée, un arrêt du Conseil, du 9 août 1645, décida qu'elles entreraient désormais dans le bail général, dont le prix fut, à cet effet, augmenté de 2,000 liv. et porté à 47,000 liv. à partir du 1er juillet précédent.

On sait que de grands embarras financiers marquèrent le commencement du règne de Louis XIV. Comme le prix de la ferme du barrage n'était pas régulièrement remis au receveur qui venait d'être chargé d'acquitter le montant des mandats délivrés aux entrepre-

(1) Lorsqu'il y avait, à Paris, beaucoup moins d'égouts que maintenant et que les chaussées étaient presque partout fendues, nous avons vu souvent, après une grande pluie, des individus venir, avec un petit bâton, battre l'eau des ruisseaux, et en retirer des morceaux de fer et autres objets qu'elle avait entraînés. On les tolérait, bien qu'ils éclaboussassent quelquefois les passants

neurs, ces mandats restaient longtemps impayés. Pour faire cesser les plaintes auxquelles ces ajournements donnaient lieu, un arrêt du Conseil, du 14 novembre 1646, confirmé par un autre du 28 mars 1647, portait que les entrepreneurs s'adresseraient directement au fermier, comme précédemment, et qu'on lui alloucrait des intérêts pour les avances qu'il serait obligé de faire. Ceux-ci en conclurent qu'ils pouvaient se passer des certificats des Trésoriers de France, et ils touchaient effectivement le prix de leurs ouvrages, sans que la réception en eût été opérée. Un autre arrêt, daté du 12 janvier 1648, mit un terme à cet abus, en déclarant que la décision avait été mal interprétée, et que, suivant l'ordre ancien, les payements ne devaient être effectués qu'avec l'attache de ces derniers.

Dans le cours de ce bail, les entrepreneurs suscitèrent encore beaucoup de plaintes contre eux et se firent souvent condamner à l'amende. Entre autres griefs, on leur reprochait de n'avoir pas toujours le nombre d'ateliers prescrit, de les tenir insuffisamment approvisionnés, d'employer de jeunes garçons à la place de vigoureux manœuvres, etc. Papot surtout, qui, en sa qualité de Maître des œuvres du Pavé du Roi, aurait dû donner l'exemple de l'exactitude, procédait avec une extrême négligence à la réparation des rues dont il était particulièrement chargé ; ce qu'il fallait probablement attribuer au mauvais état de ses affaires. Son lot fut mis en régie ; Aubry le dirigea ensuite quelque temps ; puis il fut donné à deux maîtres paveurs, dont l'un, Charles Lebrun, mourut peu après. D'un autre côté, Collin, atteint d'une maladie grave, s'était fait remplacer par Antoine Vatel, son gendre ; enfin, les émotions populaires qui éclatèrent dans Paris, en 1648 et 1649, contribuèrent également au ralentissement des travaux. Après avoir infructueusement enjoint aux entrepreneurs de redoubler d'activité pour regagner le temps perdu, les Trésoriers de France prononcèrent leur déchéance et, usant du pouvoir qu'ils tenaient des lettres patentes du 5 avril 1644, ils réunirent l'entreprise à la ferme du barrage et remirent le tout en adjudication pour une période de 12 années. Celle-ci fut tranchée, le 23 janvier 1653, en faveur de Léonard Aubry, qui porta le prix de la ferme à 81,240 liv. par an et soumissionna l'entretien du pavé pour 47,000 liv. Le bail passé en 1643 se trouva ainsi résilié près d'une année avant le terme qui lui avait été assigné et le prix total en revint à 427,500 liv., non compris ce qu'avait coûté la réparation des trous des barricades élevées pendant les troubles.

Sous le régime de ce même bail, le Bureau des finances crut devoir rendre, le 17 février 1648, une ordonnance rassemblant les dispositions éparses dans plusieurs autres, touchant la conservation du pavé. Il arrêta, en outre, que le comité qui avait la direction du service continuerait à se réunir tous les samedis, mais qu'à partir du 1er avril 1650, il se composerait de cinq membres, au lieu de trois, et que ceux-ci seraient tenus de siéger *en corps de bureau et habit de satin*, témoignant par là de l'importance qu'il attachait à leurs fonctions.

Bail de 1653.

Les conditions souscrites, cette fois-ci, par Aubry seul étaient les mêmes que celles du bail précédent. On s'était borné à ajouter que les ouvriers auraient à leur disposition, non seulement l'instrument nommé *portrait*, dont les Trésoriers de France avaient déjà prescrit l'usage, mais encore un niveau pour redresser les pentes des rues et faciliter l'écoulement des eaux.

Jusqu'alors il avait été dit que les ateliers seraient en activité tous les jours ouvrables ; on entendait, dès lors, qu'ils ne se reposeraient que les dimanches et fêtes. Aux mots : *jours ouvrables*, le nouveau cahier des charges ajouta ceux de : *propres à travailler*. S'il faut en croire un mémoire de l'époque, qui se trouve parmi les notes recueillies par Delamare, cette addition constituait une clause captieuse que l'entrepreneur avait fait glisser adroitement pour se donner le droit de congédier ses ateliers, quand il lui plairait, sous le prétexte de mauvais temps, etc. Ce mémoire prétend encore que d'autres abus seraient résultés de la concentration, dans les mêmes mains, de la perception des droits de barrage et de l'entreprise du pavé ; que les inconvénients de cette concentration n'avaient point échappé aux Trésoriers de France et qu'ils ne l'avaient consentie qu'à leur corps défendant.

Tout ce que nous pouvons dire, c'est que les travaux n'étaient pas mieux conduits qu'auparavant et donnaient toujours lieu aux mêmes plaintes (1). L'entrepreneur se payait de ses propres mains et par avance ; il ne versait d'ailleurs aucuns deniers au receveur du barrage.

Celui-ci, à la suite de plusieurs mises en demeure restées infructueuses, obtint une prise de corps contre lui et le fit incarcérer. Tandis qu'on avisait aux moyens d'assurer la marche du service pendant son emprisonnement, un arrêt du Conseil le déposséda de la ferme du barrage, qui fut réunie à celle des entrées de Paris qu'on appelait le *Petit Tarif*. Un second arrêt ordonna que, s'il se soumettait à remplir exactement les conditions relatives à l'entretien du pavé, il serait élargi. Il en signa l'engagement ; mais, à quelques jours de là, sous le prétexte qu'en conséquence de la mesure fiscale qui venait d'être prise, le payement des travaux ne se trouvait plus assuré, il demanda à être également déchargé de cet entretien. Le Bureau des finances y consentit et, après l'avoir fait continuer pendant quelque temps en régie par Jacques Thurin, contrôleur du barrage, il le mit en adjudication, pour neuf années, non plus moyennant un prix en bloc, mais bien à tant de la toise superficielle. Il semble que Léonard Aubry, qui, depuis longtemps, donnait lieu contre lui à des sujets de mécontentement, n'aurait pas dû être admis à concourir ; c'est lui cependant qui, le 5 mai 1654, fut encore

(1) Au dire du vénérable Vincent de Paul, le pavé était devenu si mauvais, faute d'entretien, dans le faubourg Saint-Lazare, que les prêtres ne pouvaient assister les malades ni leur administrer les sacrements, et que les rouliers et voituriers y rompaient journellement leurs harnais.

déclaré adjudicataire, au prix de 3 liv. 8 sols la toise, conjointement avec deux autres maîtres paveurs, Antoine Vatel et André Bunet.

Le marché qui venait d'être rompu avait duré 13 mois, du 1er janvier 1653 au 31 janvier 1654 ; la dépense s'en est, dès lors, élevée à 50,916 liv. 13 sols 6 den., indépendamment de l'allocation d'une somme de 4,000 liv. destinée à faire disparaître les derniers trous des barricades. La régie avait d'ailleurs coûté 10,837 liv. 11 s. 8 deniers.

<small>Baux de 1654, 1657 et 1659.</small> La première chose dont s'occupèrent les adjudicataires fut de faire trois lots de l'entreprise. Aubry eut le quartier Saint-Honoré, Vatel le quartier Saint-Antoine et Bunet toute la rive gauche de la Seine. Comme ce dernier lot avait une étendue supérieure à celle de chacun des deux autres, Bunet en céda la moitié à un confrère nommé Paul Basty. Après avoir été consignés dans un acte notarié, ces arrangements reçurent l'agrément du Bureau des finances, le 10 septembre 1654.

L'entretien n'embrassait plus la totalité des rues pavées; les Trésoriers de France désignaient, chaque semaine, celles qu'il y avait lieu de mettre en bon état et c'est leur surface seulement qui était payée à raison de 3 liv. 8 sols la toise. Les autres conditions du marché ne différaient pas de celles du précédent; toutefois, le nombre d'ouvriers que les entrepreneurs devaient occuper n'était plus fixé, il était dit simplement que du 1er mars au 30 novembre ils en auraient autant qu'il serait nécessaire pour faire environ 2,000 toises d'ouvrage par mois, et que, si du 1er décembre à la fin de février, c'est-à-dire pendant le temps le moins favorable à l'exécution des travaux, il survenait quelques dégradations dont la réparation ne pût être différée, ils seraient tenus d'y pourvoir promptement. Ils étaient d'ailleurs obligés d'avoir constamment sur les ports un approvisionnement de 25 milliers de pavés neufs.

Il paraît que l'état du pavé laissait toujours à désirer et que les particuliers ne cessaient pas leurs contraventions. Le Roi, qui recevait journellement des plaintes à ce sujet, résolut d'y mettre un terme. La principale cause du mal venait, croyait-on, de ce que les Trésoriers de France n'apportaient pas assez de vigilance dans l'exercice de leurs fonctions. Afin de suppléer à leur incurie, le Conseil, par un arrêt du 17 mai 1656, prit la direction du service et leur défendit expressément de s'en occuper à l'avenir. Il prescrivit, en même temps, l'exécution des règlements déjà rendus concernant l'exhaussement des devantures de maisons, la fente du bois sur le pavé, le barrage des rues sans permission, la réparation des trous des étais, l'ouverture des tranchées de fontaines, etc. Un commissaire qui ne relevait que de lui, fut, en outre, chargé de faire la distribution des ateliers et de procéder au toisé et à la réception des ouvrages.

Les Trésoriers de France, à qui ce nouvel agent n'avait pas fait connaître le pouvoir qu'il venait de recevoir, trouvèrent mauvais qu'il se permît de donner des ordres aux entrepreneurs. Ils lui enjoignirent donc de cesser son ingérence, sous peine de 300 liv. d'amende et de prison, et défendirent aux entrepreneurs de lui obéir en quoi que ce fût.

Le Conseil vit là un acte de mépris de son autorité et cassa immédiatement leur ordonnance.

Cependant, les Trésoriers de France représentèrent au Roi que le soin de veiller à l'entretien et à la conservation du pavé de Paris formait une de leurs principales attributions, qu'ils s'en étaient constamment occupés avec toute la fidélité qu'on pouvait attendre d'eux et étaient disposés à continuer. Le Conseil, cédant à leurs réclamations, leva, par un autre arrêt du 3 août 1656, les défenses qui leur avaient été faites, mais il conserva au commissaire la charge qu'il lui avait donnée. Toutefois, ce dernier ne devait s'en acquitter que suivant leurs instructions. Ainsi finit ce regrettable incident.

Nous voyons qu'en ce temps-là, Étienne Papot, qui était encore Maître des œuvres du Pavé, se livrait à des actes d'indélicatesse très répréhensibles. Il était tenu de procéder, chaque mois, conjoinlement avec le contrôleur du barrage, à la réception des ouvrages, et c'est munis de son procès-verbal que les entrepreneurs se présentaient devant les Trésoriers de France pour obtenir leurs mandats de payement. Mais, il se faisait beaucoup prier pour délivrer ce procès-verbal, et ne s'en dessaisissait souvent que moyennant finance. Lorsque les entrepreneurs n'avaient pas d'argent comptant, il exigeait qu'ils lui souscrivissent des billets en blanc qu'il passait à des tiers. Bunel et Basty, qui lui avaient remis de pareils billets pour une somme de 854 liv., refusèrent de les payer à l'échéance; mais ils y furent contraints par une sentence des Juges-Consuls que confirma un arrêt du Parlement. Ils s'adressèrent alors au Conseil d'État pour faire cesser l'abus dont ils avaient à se plaindre. Nous n'avons pas trouvé la décision qui dut intervenir, nous savons seulement que par l'arrêt du 3 août 1656, mentionné ci-dessus, le Conseil ordonna que le Maître des œuvres délivrerait à l'avenir son procès-verbal de réception trois jours après qu'elle aurait eu lieu, sinon qu'il y serait suppléé par un certificat du contrôleur, lequel vaudrait près des Trésoriers de France.

L'entreprise marchait, tant bien que mal, depuis trois ans, lorsqu'une autre réunion de maîtres paveurs offrit de la continuer moyennant 3 liv. seulement de la toise superficielle. Le Bureau des finances mit Aubry et ses associés en demeure de déclarer s'ils se contenteraient désormais de ce prix. Leur réponse ayant été négative, il adjugea les travaux, sans plus de formalités, le 2 mars 1657, aux nommés Antoine Carré et consorts, avec le rabais de 8 sols par eux proposé. Les entrepreneurs se plaignirent de ce procédé au Conseil d'État; ils en étaient, disaient-ils, d'autant plus surpris, qu'ils avaient ponctuellement rempli leurs obligations et avaient fait de grandes avances en acquisitions de carrières, d'équipages, etc. Ils ajoutaient que, loin d'être exagéré, le prix de 3 liv. 8 sols les avait plutôt constitués en perte, attendu les grosses réparations que le pavé avait exigées dans les commencements; qu'ils ne l'avaient souscrit qu'avec l'espoir qu'il les rémunérerait mieux, après que les ouvrages auraient été rétablis en bon état; que voulant néanmoins donner une preuve de leur zèle et de leur affection au service du Roi, ils se soumettaient à ne plus recevoir que 3 liv. de la toise, pour le temps restant à courir de leur bail, mais à la condition d'obtenir une indemnité en cas d'une nouvelle éviction. Le Conseil accepta leur engagement, le 4 avril 1657, et décida que, sous aucun prétexte, ils ne pourraient plus être dépossédés, sans un dédommagement qu'il fixa à 12,000 liv. Dès lors, le marché que les Trésoriers de France avaient passé, un mois auparavant, ne reçut aucun effet.

Les ouvrages exécutés en 1657 ayant éprouvé de nombreuses avaries par suite de gelées extraordinaires et d'inondations, les entrepreneurs demandèrent une indemnité pour les mettre en état de réception. Un arrêt du Conseil, du 10 avril 1658, leur accorda 6,000 livres.

Un autre arrêt du 26 juin suivant les autorisa à prendre plusieurs aides dans le but d'imprimer la plus grande activité possible à leurs travaux.

L'année d'après, une autre réunion de maîtres paveurs vint encore proposer de finir le bail avec un très fort rabais. Aubry et ses associés, qui étaient alors au nombre de sept, aimèrent mieux subir cette nouvelle réduction que d'abandonner leur entreprise. Un arrêt du Conseil, du 3 mars 1659, ayant accepté la soumission qu'ils souscrivirent à ce sujet, le prix de la toise superficielle descendit à 50 sols. Le seul changement apporté par ce dernier marché aux autres conditions du précédent fut de préciser les carrières d'où serait tiré le pavé neuf. Il devait provenir des lieux où le grès était jugé très dur, tels que Vaucresson, Louveciennes et l'Ile-Adam, à l'exclusion du pavé de Fontainebleau, que l'on commençait à trouver trop tendre pour les rues de Paris.

On pourra s'étonner de ce que les entrepreneurs consentaient si facilement aux fortes réductions de prix qui leur étaient ainsi successivement demandées. Il est probable qu'ils s'arrangeaient de manière à réaliser, dans tous les cas, un certain bénéfice en soignant moins leurs travaux. Quoi qu'il en soit, le Roi, qui, avec raison, attribuait au mode d'entretien consacré par ces derniers baux, la ruine et le dépérissement où se trouvait, disait-il, la voie publique, résolut d'y renoncer pour en revenir, comme autrefois, à un marché à forfait, embrassant toutes les voies tant de l'intérieur que de l'extérieur. C'est dans cet ordre d'idées que l'entreprise fut adjugée, le 28 avril 1660, à un nommé Nicolas Bontemps, bourgeois de Paris, pour 12 années consécutives, commençant le 15 mai suivant, moyennant 75,000 liv. pour chacune d'elles.

La dépense des ouvrages exécutés antérieurement s'était élevée, savoir : en 1654, 1655 et 1656, au prix de
3 liv. 8 sols la toise, à...................... 178 861 liv. 3 s.
En 1657 et 1658, à raison de 3 liv., à....... 171 743   7
Et en 1659, sur le pied de 50 sols seulement, à 105 271 10

Soit pour le tout, en y comprenant quelques
parties de pavé neuf payées 9 liv. la toise....... 455 876 liv.

A quoi il convient d'ajouter l'indemnité de 6,000 liv. allouée en 1658.

Pendant ces six années, les agents préposés à l'inspection des travaux eurent encore à constater quelques contraventions de la part des entrepreneurs. Ainsi, les matériaux qu'ils employaient n'étaient pas toujours de la qualité requise, et ils ne prenaient pas le soin d'en approvisionner suffisamment les ateliers, en sorte que les ouvriers restaient souvent les bras croisés. D'un autre côté, les jurés-paveurs recommencèrent à vouloir inspecter les ouvrages ; ils se permirent de saisir des pavés qu'ils trouvaient défectueux, firent démolir des chaussées qui leur paraissaient mal établies et traduisirent les entrepreneurs devant le tribunal du Châtelet, qui leur infligea une amende. Les Trésoriers de France intervinrent, annulèrent toute cette procédure et, par une ordonnance du 13 octobre 1657, condamnèrent, à leur tour, les jurés-paveurs à 100 liv. d'amende pour n'avoir pas cessé leurs poursuites après les injonctions qui leur en avaient été faites. Le conflit fut déféré au Conseil d'État, qui, par un arrêt du 20 octobre suivant, défendit également d'exécuter la sentence du Châtelet et interdit à ceux qui l'avaient obtenue toute immixtion ultérieure dans le service du Pavé, à peine de 300 liv. d'amende.

Le traité passé avec Bontemps stipulait qu'il ferait ce qui serait nécessaire pour que les parties de pavé les plus dégradées fussent convenablement réparées en quatre ans, et qu'ensuite il soignerait le tout, de façon à le laisser en bon état, à l'expiration du bail.

Quelques autres modifications étaient apportées aux conditions des précédents marchés. Ainsi, l'adjudicataire était tenu d'avoir constamment en approvisionnement 40 milliers de pavés, au lieu de 25. Il devait occuper, par jour, 30 ateliers au moins pendant les quatre premières années et autant que le besoin l'exigerait, les années suivantes. On continuait à lui assurer une indemnité, en cas d'éviction, mais elle n'était plus que de 10,000 liv. Enfin, le sable et les pavés qu'il ferait venir étaient affranchis des droits perçus sur les matériaux à leur passage sous les ponts et à leur déchargement sur les ports. Le changement le plus important concernait la distribution des ateliers et la délivrance des mandats de payement, le soin d'y procéder était réservé, encore une fois, au Conseil d'État, à l'exclusion des Trésoriers de France.

Le Bureau des finances présenta, comme il l'avait fait en 1656, d'humbles remontrances au Roi, sur une mesure qui froissait l'amour-propre et la dignité de ses membres. En attendant qu'il y fût fait droit, il prescrivit à l'entrepreneur de venir, suivant l'usage, prendre régulièrement les instructions de ceux d'entre eux à qui la direction du Pavé était particulièrement confiée et de ne faire aucuns travaux sans leurs ordres, sous peine de 300 liv. d'amende. Les rôles d'ouvriers n'en furent pas moins envoyés, pendant plusieurs mois, à l'approbation du Conseil d'État. Mais, le 9 mars 1662, il sortit de ce Conseil un arrêt, en forme de règlement, qui remit de nouveau les Trésoriers de France à la tête du service, en décidant néanmoins que les propositions relatives au placement des ateliers et au payement des ouvrages ne recevraient leur exécution qu'après avoir été sanctionnées par l'*Intendant des finances*, titre donné au Ministre du Trésor depuis la disgrâce de Fouquet et qui fut changé, plus tard, en celui de Contrôleur général.

Cette dernière condition constituait encore une dérogation à ce qui, jusqu'alors, avait été généralement suivi. Pour répondre, sans doute, aux nouvelles observations qu'elle suggéra aux Trésoriers de France, Louis XIV leur adressa, le 16 novembre suivant, une lettre ainsi conçue :

« Depuis que j'ay pris moy-mesme la conduitte de l'administra-
« tion de mes finances, mon intention a esté que vous apprissiez
« mes volontez sur ce subjet par les lettres que le sieur Colbert, con-
« seiller en mon Conseil royal et Intendant de mes finances, vous
« escriroit de ma part. Je vous fais la présente pour vous en donner
« advis et vous dire, en mesme temps, que je désire que vous ad-
« joutiez une créance entière à tout ce qu'il vous mandera en mon
« nom, et mesme que vous ne procédiez à l'exécution d'aucun arrest
« ou commission de mon Conseil, que vous ne receviez une lettre
« de luy, en conformité des dits arrests et commissions. N'y faites
« doncq faulte, car tel est notre plaisir. Louis. »

Colbert, à l'exemple de Sully, tenait à entrer dans les plus minces détails du service et annotait souvent de sa main les rôles qui lui étaient soumis. Prétextant que le Roi désirait avoir fréquemment connaissance de l'état du pavé, afin d'ordonner les mesures que réclamerait l'intérêt de la sûreté et de la commodité publiques, il prescrivit aux Trésoriers de France, le 31 mars 1666, d'en faire une visite exacte tous les quinze jours, dans la ville, et tous les mois, au dehors, et de lui en adresser les procès-verbaux pour être mis sous les yeux de Sa Majesté.

Nicolas Bontemps était simplement le prête-nom, et probablement le bailleur de fonds, d'une société de paveurs composée de Léonard Aubry, Antoine Vatel, André Bunet, Louis Marchand et Antoine Carré, qu'il fit agréer pour ses cautions et qui, de fait, étaient seuls chargés des travaux.

Une discussion s'éleva bientôt sur la question de savoir la part revenant à chacun d'eux dans l'entreprise. Aubry prétendait en avoir le tiers, comme sous le bail précédent : ses associés soutenaient, au contraire, que son droit se réduisait au cinquième. Les Trésoriers de France, s'étant érigés juges du débat, donnèrent gain de cause à ces derniers. L'ordonnance qu'ils rendirent à ce sujet fut confirmée par un arrêt du Conseil du 17 mai 1662 (1). D'autres contestations d'une nature différente succédèrent aux premières. Il paraît qu'Aubry, de son autorité privée, se servait pour les travaux que lui demandaient les bourgeois, des pavés destinés à ceux de l'administration et refusait d'en tenir compte à ses co-intéressés. Sur la plainte de ceux-ci, une autre ordonnance du Bureau des finances, du 4 juin 1666, défendit aux uns comme aux autres, sous peine de 300 liv. d'amende, d'employer à l'avenir aucuns desdits pavés à des ouvrages particuliers et affecta exclusivement à ces mêmes ouvrages les carrières de Vaucresson.

Le 31 mai 1661, quelques compagnons paveurs s'étaient plaints au Châtelet, de ce que, méprisant les statuts de leur communauté, Au-

(1) Aujourd'hui les discussions de cette nature seraient déférées aux tribunaux ordinaires ; mais, à cette époque, il y avait dans les baux un article portant que les contestations relatives à leur exécution, *circonstances et dépendances*, seraient jugées par les tribunaux administratifs. C'est là ce qui explique l'intervention de ces derniers, dans l'espèce.

bry et ses collègues, au lieu d'avoir chacun un seul apprenti, en occupaient un grand nombre, et que les compagnons qu'ils employaient étaient de simples manœuvres n'ayant pas la capacité nécessaire pour faire une bonne besogne, tandis que les habiles ouvriers étaient laissés de côté, *ce qui*, disaient-ils *causoit la ruine du paré* (1). Les entrepreneurs répondirent qu'ils avaient effectivement été obligés de prendre plusieurs apprentis parce que les plaignants, profitant de ce que la dernière guerre avait considérablement diminué le nombre des compagnons, exigeaient des prix de journées excessifs, 40 sols à Paris et 50 sols à la campagne, au lieu de 18 et de 20 sols dont ils se contentaient auparavant. Que les auteurs de la supplique étaient des *libertins* qui ne voulaient pas travailler pour les maîtres et cherchaient partout des *corvées* à faire pour les particuliers, bien qu'ils n'eussent pas encore de lettres de maîtrise (2); ils ajoutaient qu'ils dérobaient de tous côtés les matériaux nécessaires à ces petits ouvrages, qu'ils exécutaient clandestinement la nuit, et, par conséquent, très mal au détriment du public. La plainte ne parait pas avoir eu d'autres suites.

Comme les officiers qui venaient d'être préposés au nettoiement des ports et à la garde des planches, dites plats-bords, servant au déchargement des pavés arrivant par eau, voulaient faire payer aux entrepreneurs le droit qu'ils étaient autorisés à prélever, en général, sur les bateaux, ceux-ci résistèrent à cette prétention en s'appuyant sur une des clauses formelles de leur bail. Le Bureau des finances leur donna raison ; l'ordonnance; qu'il rendit à ce sujet fut confirmée par un arrêt du Conseil du 13 mai 1665.

(1) Le Continuateur du *Traité de la Police* a donné à cette requête la date du 31 mai 1561. Il était cependant facile de voir qu'elle était d'un siècle plus tard, puisqu'elle désigne par leurs noms, comme étant en contravention, tous les maîtres paveurs qui s'étaient rendus cautions de Bontemps.

(2) L'exemple devint contagieux. Afin d'arrêter cette désertion, une ordonnance du Bureau des finances, du 13 août 1663, défendit aux ouvriers employés au pavé de Paris de quitter leurs ateliers pour aller travailler chez les bourgeois, à peine de 10 liv. d'amende. Ces défenses furent souvent renouvelées, depuis lors.

Malgré la grande surveillance exercée à leur égard et les amendes qui leur étaient infligées (1), les entrepreneurs enfreignaient encore, de temps en temps, les conditions de leur marché : ils ne venaient pas régulièrement, chaque samedi, prendre les ordres du comité; leurs ateliers étaient incomplets ou insuffisamment approvisionnés; les matériaux n'avaient pas les dimensions prescrites ou étaient de mauvaise qualité, etc. De leur côté, les particuliers tenaient peu compte des règlements relatifs à la conservation du pavé. Les uns ne faisaient pas rétablir celui qu'ils avaient arraché pour construire des échafauds, lors des cérémonies publiques ; les autres, mus par leur commodité personnelle, relevaient démesurément les revers des chaussées, le long de leurs habitations ; ceux qui avaient des concessions d'eau ouvraient indûment des tranchées pour la pose ou la réparation des tuyaux et ne s'occupaient pas de faire remettre les lieux en leur premier état; les boulangers et les pâtissiers continuaient à fendre leur bois devant leurs boutiques, sans se servir de billots, etc. Par plusieurs ordonnances, notamment par celles des 2 septembre 1660, 31 mars 1662, 11 août 1664, 21 mai 1665, 31 mai et 26 octobre 1666, le Bureau des finances interdit de nouveau toutes ces contraventions (2).

Par une autre ordonnance du 1er octobre 1666, il avait enjoint

(1) Les amendes n'arrivaient pas toujours en entier à la caisse destinée à les recevoir. Sur une de 100 liv. applicable à l'Hôtel-Dieu, et prononcée le 17 octobre 1664, le greffier préleva 20 liv. pour avoir rédigé l'ordonnance de condamnation et l'huissier 40 liv. pour l'avoir mise à exécution !

(2) Des assemblées se tenaient alors chez le chancelier Séguier pour la réformation de la Police. La dernière de ces ordonnances, où se trouvaient résumés d'anciens règlements concernant le nettoiement et la liberté de la voie publique, y fut déférée comme empiétant sur les attributions des officiers du Châtelet. En attendant que la question eût été examinée à fond, il intervint, le 19 novembre 1666, un arrêt du Conseil privé du Roi qui, par provision, sanctionna les prescriptions relatives à la conservation du pavé et maintint aux Trésoriers de France le soin de les faire exécuter.

aux carriers, sans en faire connaître les motifs, d'augmenter la grosseur du pavé et de lui donner à l'avenir 8 à 10 pouces en carré. Néanmoins, la mesure parut *si utile et si nécessaire au public* qu'elle fut confirmée par un arrêt du Conseil du 13 décembre suivant.

Enfin, le Bureau des finances renouvelait, de temps à autre, le règlement concernant l'instruction des affaires de sa compétence. Celui qu'il arrêta, pour être observé à partir du 1er janvier 1666, contenait, à l'art. 29, les dispositions ci-après :

« Seront nommés, pour chacune année, au commencement du
« mois de mars, quatre de Messieurs, de service ou non, pour avoir
« la direction du Pavé de la ville, faubourgs et banlieue de Paris,
« lesquels sieurs commissaires s'assembleront tous les samedis de
« chaque semaine, à 10 heures du matin, pour ordonner les ateliers
« qui seront nécessaires, arrêter et signer les rôles des dits ateliers,
« dont le greffier tiendra registre séparé, qui sera paraphé par les
« dits sieurs commissaires. Et seront tenus les maîtres des œuvres
« du Pavé, contrôleurs et commis de se trouver ès dits jours de sa-
« medis, pour faire leurs rapports et les mettre ès mains des dits
« commissaires. Comme aussi les entrepreneurs du dit Pavé se trou-
« veront à la dite heure, pour recevoir les ordres qui leur seront
« donnés par les dits sieurs commissaires et les exécuter ponc-
« tuellement. »

Cependant, le Roi, qui avait à cœur d'établir une bonne police dans sa Capitale et qui déjà y avait réprimé la mendicité et le vagabondage; obtenu la sûreté de la circulation pendant la nuit, au moyen de gardes spéciaux et de l'éclairage des rues; pourvu plus exactement que par le passé à l'enlèvement des boues, etc., voulut, pour compléter ces sages mesures, que le pavé fût aussi mieux entretenu. Car, disait-il, *il en manquoit en plusieurs endroits; les ruisseaux étoient fort creux, la plupart n'avoient pas assez de pente pour l'écoulement des eaux et les voitures ne pouvoient passer qu'avec peine.*

Il jugea que prescrire, dans ce but, l'emploi d'un nombre déterminé d'ouvriers n'était pas suffisant, et qu'il fallait obliger l'adjudicataire à exécuter, chaque année, une certaine quantité d'ouvrages. En conséquence, le bail de Bontemps subit le sort de la plupart de ceux qui l'avaient précédé, il n'arriva pas jusqu'à sa fin. Il fut, en effet, remplacé, à partir du 1er janvier 1667, par un autre dont les conditions furent arrêtées dans des lettres patentes du 31 mars suivant. Il n'avait ainsi duré que 6 ans 7 mois et 15 jours pour lesquels il avait été payé 496,875 livres.

1667.   Déjà, depuis quelques années, afin de remédier aux imperfections signalées ci-dessus, on exécutait, en dehors des travaux d'entretien, de grosses réparations et même des ouvrages neufs, dont la dépense était imputée sur les fonds du Trésor royal. Cette innovation, introduite par Colbert, eut de très heureux résultats et changea complètement, pour un temps, l'aspect de la voie publique. Aussi, Sauval qui vivait à cette époque, a-t-il dit qu'il n'y avait point de ville au monde qui fût mieux pavée.

La transformation parut tellement importante qu'elle fut comptée parmi les faits mémorables qui illustrèrent le règne de Louis XIV, et l'on frappa une médaille d'un grand module, à l'effigie de ce monarque, pour en perpétuer le souvenir. Elle représente, au revers, une femme debout, sur un terrain uni ; sa main droite tient un niveau, pour montrer que les pentes des rues avaient été rectifiées ; sa gauche s'appuie sur une petite roue, pour indiquer que la circulation des voitures avait été rendue plus facile. La légende porte les mots : URBS NOVO LAPIDE STRATA, et l'exergue marque la date de 1667 (1).

(1) De son côté, le Prévôt des Marchands fit faire un jeton portant au revers les armes de la Ville avec l'inscription : *Ditescet meliore cid.*

L'auteur de *Paris, ses organes, ses fonctions et sa vie,* prétend qu'un changement de costume indiqua immédiatement le résultat obtenu, et que l'on substitua le soulier à la forte botte montante que l'on portait depuis longtemps.

Les sommes fournies par le Trésor royal, pour le Pavé de Paris, tant sous l'administration de Colbert que sous celle de ses successeurs, se sont élevées, d'après des *États de recettes et dépenses* conservés aux Archives nationales, ceux donnés par Mallet, premier commis des finances sous le Contrôleur Desmaretz et ceux que Forbonnais a publiés dans ses *Recherches et considérations sur les finances de France*, savoir :

En 1662 à 137,762 liv.	En 1678 à 89,473 liv.	En 1694 à 53,666 liv.
1663 16,997	1679 77,679	1695 43,458
1664 »	1680 58,258	1696 43,100
1665 7,281	1681 65,197	1697 46,600
1666 7,281	1682 57,560	1698 43,600
1667 98,916	1683 11,739	1699 45,150
1668 125,366	1684 43,458	1700 49,358
1669 96,199	1685 34,505	1701 14,247
1670 117,821	1686 53,666	1702 14,247
1671 155,779	1687 53,666	1703 29,809
1672 63,952	1688 53,666	1704 26,697
1673 63,375	1689 53,666	1705 29,602
1674 58,169	1690 53,666	1706 29,602
1675 60,330	1691 53,666	1707 29,602
1676 24,500	1692 53,666	TOTAL.. 2,449,505 liv.
1677 50,677	1693 53,666	(1)

La bonne tenue du pavé de Paris, pendant toute cette période, faisait, prétendait-on, l'admiration des étrangers, et nos voisins étaient curieux d'apprendre par quels moyens on était parvenu à cet état de perfection. On trouve, parmi les manuscrits de Delamare, un mémoire contenant des renseignements à ce sujet, et qui, suivant une note marginale, était destiné à être envoyé en Angleterre, pour

(1) Le même tableau, publié par M. Vignon (*Études historiques sur l'administration des voies publiques en France*), contient quelques lacunes que nous avons pu combler.

servir au dessein qu'avait le Parlement de faire paver la ville de Londres. Un auteur, du nom de Crosley, qui a voyagé longtemps dans ce pays, racontait avoir entendu dire que Louis XIV avait offert à Charles II de lui envoyer, dans ce but, une certaine quantité de pavés de grès, à la condition de recevoir, en échange, pour ses maisons royales, de ce beau sable qu'emploient les Anglais dans les allées de leurs parcs et qui, bien battu, prend l'uni d'un parquet. Nous donnons cette assertion pour ce qu'elle vaut.

Mais revenons au bail de 1667.

Pour la première fois, le cahier des charges obligeait l'adjudicataire à faire annuellement 50 toises de pavage neuf, et fixait la quantité des *relevés-à-bout* qu'il aurait à effectuer (1): elle était de 25,000 toises pour chacune des quatre premières années et de 15,000 pour chaque année suivante, au minimum. Il était en outre tenu de bien entretenir le reste du pavé, même celui qui serait établi à neuf, et de rendre, en sortant, la totalité en bon et suffisant état. Quoiqu'il fallût, pour tous ces travaux, dépenser beaucoup plus d'argent qu'auparavant, *nous n'avons pas cru*, disait le Roi, *que cette considération dût nous éloigner d'une entreprise dans laquelle se rencontre, avec l'utilité publique, la commodité particulière des habitans de notre bonne ville de Paris.*

Le cahier des charges indiquait également, pour la première fois, la manière d'exécuter les ouvrages. On exigeait que le sable de la forme fût graveleux, ni gros, ni menu, et que celle-ci fût rafraîchie sur 3 pouces d'épaisseur, au moins; les pavés devaient être posés carrément; leurs joints n'offrir qu'un écartement de

---

(1) Ce terme du métier de paveur n'avait encore été inscrit dans aucun bail. On sait d'ailleurs que l'opération consiste à arracher et relever tous les pavés, à les remettre ensuite en place, en rebutant les plus mauvais, après avoir piochè légèrement la forme de sable et l'avoir renouvelée en partie.

6 lignes au plus, tant en bout qu'en rive (1); les ruisseaux être conduits régulièrement avec une pente *minima* de 3 lignes par toise, et l'inclinaison des revers ne pas dépasser 4 pouces aussi par toise. Dans les faubourgs et la banlieue, il ne fallait pas que la largeur des chaussées fût inférieure à 15 pieds; on élargissait celles où elle était plus petite, sans pouvoir rétrécir celles où elle était plus grande; leurs bordures devaient avoir un pied et demi en tous sens et les accotements 3 pieds de largeur; les ateliers étaient composés de 6 ouvriers au lieu de 5 et servis par 16 tombereaux. On ajoutait les carrières de Samoreau à celles que jusqu'alors il avait été permis d'exploiter; on continuait d'ailleurs à interdire celles de Fontainebleau et autres de pareille qualité. Le pavé neuf devait être plein et carré; quant à ses dimensions, les dispositions de l'arrêt du 16 décembre 1666 étaient rapportées et l'on revenait à l'échantillon de 7 à 8 pouces, parce qu'on avait reconnu que *un pavé plus gros ou plus petit étoit incommode pour les carrosses et les gens de cheval* (2). Enfin, il était défendu de faire entrer dans les ouvrages des cailloux ou des moellons: ceux qu'on y avait tolérés, notamment dans les rues du faubourg Saint-Marcel, devaient être remplacés par du grès, à mesure qu'ils s'useraient.

Telles étaient, en résumé, les nouvelles conditions imposées.

Deux associations de paveurs se présentèrent pour soumissionner: l'une, composée de Léonard Aubry, Louis Masson, Antoine Vatel et Georges Marchand, demandait 147,000 liv. pour chacune des quatre premières années et 122,000 liv. pour chacune des sui-

---

(1) Les côtés du pavé que l'ouvrier pose s'appellent, à sa droite et à sa gauche, les *bouts*, et en face de lui, les *rives*.

(2) Toutefois, comme les adjudicataires en avaient déjà d'un moindre échantillon, un arrêt du Conseil, du 23 mai 1668, en autorisa l'emploi dans les ouvrages neufs.

vantes ; l'autre, non moins nombreuse, se contentait de 140 et de 115 mille liv. Néanmoins, la première l'emporta sur la seconde, attendu, fut-il dit, que ses ateliers et ses équipages étaient tout prêts et qu'elle avait déjà beaucoup de matériaux à sa disposition. Afin de justifier encore mieux les motifs de cette préférence, on lui fit signer l'engagement d'acquitter, sans en exiger le remboursement, le prix de quelques pavages neufs dont partie avait été exécutée dès l'année précédente.

A peine ces dispositions étaient-elles arrêtées, que le Roi, *pour la commodité du public, et rendre, à l'avenir, l'entretien du pavé beaucoup plus facile et d'une moindre dépense*, résolut d'augmenter la quantité des relevés-à-bout : elle fut portée à 30,000 toises pour les quatre premières années et à 22,000 pour les suivantes. Le prix du bail fut lui-même augmenté de 15,000 liv. par an. Le tout fut réglé par un arrêt du Conseil du 13 avril 1667, après avoir reçu l'assentiment des adjudicataires.

Ceux-ci divisèrent immédiatement leur entreprise en quatre lots. Aubry eut le quartier Saint-Honoré, Masson le quartier du Marais, Vatel le quartier Saint-Marcel, et Marchand le quartier Saint-Germain (1). Ce partage fut approuvé par un arrêt du Conseil du 5 décembre 1667, à la condition que les entrepreneurs demeureraient solidaires entre eux. Le quartier Saint-Honoré demandait le plus de soins, et néanmoins, il était le plus mal entretenu par la faute d'Aubry, qui, n'étant pas bien dans ses affaires, manquait souvent d'ouvriers et de matériaux. Il fut, en conséquence, réduit de moitié, et Marchand joignit à son lot la partie qui en fut retranchée. Cette mesure fut également sanctionnée par un arrêt du Conseil du 23 mars 1671.

Cependant, les Trésoriers de France, désirant que leur vigilance

(1) Cette division du Pavé de Paris en quatre quartiers a subsisté jusqu'en 1790, et même au delà.

ne fût plus mise en doute, avaient, dès le 17 mars 1668, fait un règlement dans lequel ils avaient rappelé aux entrepreneurs, ainsi qu'aux agents de l'administration, les obligations qui leur étaient respectivement imposées et leur avaient prescrit de s'y conformer rigoureusement. Ces derniers, dont le nombre venait d'ailleurs d'être augmenté, s'acquittèrent si bien de leur mission, que les entrepreneurs, qui avaient espéré pouvoir continuer les abus dont eux et leurs prédécesseurs s'étaient rendus coupables, se trouvèrent déçus et, prétextant qu'ils perdaient de l'argent sur leur marché, abandonnèrent leurs travaux. Il intervint alors, le 8 juillet 1669, un arrêt du Conseil qui ordonna l'établissement d'une régie, en attendant qu'une réadjudication fût prononcée sur leur folle enchère. Personne n'ayant offert de prendre l'entreprise aux conditions qui avaient été souscrites, Aubry et ses associés consentirent à s'en charger de nouveau, pourvu que ces conditions fussent modifiées. En conséquence, un autre arrêt du 14 septembre 1669, porta le prix du bail à 220,000 liv. pour l'année courante et la suivante, et à 188,000 liv. pour chacune des autres. Les entrepreneurs reçurent, en outre, la faculté de comprendre, dans les relevés-à-bout des dernières années, une partie du pavé remanié pendant les premières; ils pouvaient aussi employer le vieux pavé ayant des dimensions un peu au-dessous de celles qui avaient été primitivement fixées; enfin, ils étaient autorisés à recevoir, à leur profit, des riverains de certaines rues pavées en pavés de rebut, moellons ou cailloux, la moitié de la dépense que nécessiterait le remplacement de ces mauvais matériaux par un pavage en grès. Par contre, ils s'engagèrent à rembourser les frais de la régie, à augmenter assez le nombre de leurs ateliers pour que toutes les rues fussent bien *roulantes et passantes* au mois de novembre de chaque année et à subir une retenue de 6 liv. 10 sols par toise, pour toute partie de pavé qui, à ce moment, ne se trouverait pas en état satisfaisant.

Aux termes des lettres patentes du 31 mars 1667, le bail ne devait durer que douze années, mais il fut prorogé jusqu'au 31 décembre 1680, par tacite reconduction.

Le forfait stipulé au bail de 1667 n'était pas absolu; nous avons dit, en effet, que le payement en était subordonné à l'exécution d'une certaine quantité de pavages neufs, de relevés-à-bout et de réparations simples ou repiquages. Les Trésoriers de France y ajoutèrent une quatrième espèce d'ouvrages, qu'ils nommèrent des *réparations-à-bout*, et qui, selon toute apparence, consistaient en petits remaniements de pavé, tenant le milieu entre les relevés-à-bout proprement dits et les repiquages. Ils faisaient constater par le Maître des œuvres du Pavé l'importance des travaux de toute nature exécutés, chaque année, et c'est en y appliquant des prix, qu'ils dressaient les décomptes des entrepreneurs. Rien n'indique comment et par qui ces prix étaient établis; nous voyons seulement qu'ils n'étaient pas les mêmes pour tous les quartiers et qu'ils différaient souvent d'un exercice à l'autre. Ils variaient entre 9 et 10 liv. pour les pavages neufs, 4 liv. 15 sols et 5 liv. 14 sols, pour les relevés-à-bout, 60 et 68 sols pour les réparations-à-bout, 50 et 52 sols pour les repiquages, le tout par toise superficielle. En procédant ainsi, on arrêta le montant des dépenses faites :

	Liv.	Sols	Den.		Liv.	Sols	Den.
En 1667 à	95,000	0	0	En 1674 à	132,365	11	3
1668	221,332	6	2	1675	145,677	12	2
1669	153,000	»	»	1676	122,871	2	6
1670	139,834	8	11	1677	128,588	8	5
1671	238,952	12	6	1678	144,524	3	6
1672	132,918	8	7	1679	150,704	11	5
1673	135,464	13	5	1680	140,021	»	»

Soit à 2,140,295 liv. 1 sol 10 den., pour la totalité, au lieu de 2,644,000 liv. que les travaux prescrits devaient coûter, s'ils eussent été exécutés en entier.

L'usage était d'avancer des fonds aux entrepreneurs pour les mettre à même de faire leurs approvisionnements en temps utile ; il s'ensuivait qu'ils se trouvaient, parfois, avoir reçu plus qu'il ne leur revenait. Ainsi, à la mort de Léonard Aubry, arrivée en 1674, on reconnut qu'il lui avait été payé 4701 liv. 17 sols en excédant de ce qui lui était dû. Comme il laissait une succession embarrassée, son fils, Jean-Baptiste, qui l'avait remplacé depuis dix mois, obtint, le 2 janvier 1675, un arrêt du Conseil, qui, par grâce, lui abandonna la moitié de cette somme (1).

Un autre arrêt du 31 mars 1667 avait expressément enjoint aux carriers de réserver, pour le service du Pavé de Paris, tout le pavé qu'ils fabriqueraient pendant six mois de chaque année du bail ; néanmoins, les entrepreneurs, par suite de leur incurie ou des prétentions exagérées qu'affichaient les individus qui en faisaient commerce, eurent bien de la peine à s'en procurer assez pour leurs besoins, qui, il est vrai, étaient devenus très grands, ce qui mit plusieurs fois les Trésoriers de France dans la nécessité de s'interposer pour les y aider. Ils les obligèrent à renouveler, avant qu'ils fussent expirés, les traités passés avec leurs marchands et mariniers ; ils les autorisèrent même à enlever d'office, au prix de l'estimation qui en serait ultérieurement faite, tout le pavé de bonne qualité qui se trouverait sur les lieux d'extraction et sur les ports d'embarquement ; enfin, ils invitèrent les agents de l'administration à les seconder, le plus possible, en mettant eux-mêmes en réquisition les ouvriers travaillant sur les carrières, ainsi que tous les bateaux de transport. On voit d'ailleurs, par une ordonnance du 14 janvier 1670, combien ils avaient de mal pour se faire servir. En effet, cette ordonnance débute ainsi : « Sur ce qui nous a été remontré par le Procureur du Roy, qu'il

(1) Jean-Baptiste Aubry, qui prenait la qualité de *Paveur ordinaire des bâtimens du Roy*, avait épousé, en 1672, une actrice de la troupe de Molière et la belle-sœur de ce dernier, Geneviève Béjart. Il signa la requête présentée à l'archevêque de Paris pour que Molière fût inhumé suivant les rites de l'Église.

« auroit appris que la plupart des carriers, voituriers et autres ou-
« vriers, travaillans pour les entrepreneurs du Pavé de Paris, après
« avoir reçu des avances de deniers desdits entrepreneurs, tant pour
« leur façonner le pavé nécessaire pour le rétablissement et entre-
« tenement du pavé de Paris, que pour voiturer icelui des carrières
« sur les ports, au lieu de travailler à façonner et voiturer ledit pavé,
« suivant les marchés qu'ils ont faits avec lesdits entrepreneurs,
« quittent lesdits ouvrages pour aller travailler à d'autres et pour
« d'autres que lesdits entrepreneurs, ou passent la plûpart du temps
« au cabaret à boire et dépenser l'argent qu'ils ont reçu d'avance
« desdits entrepreneurs, même engagent les outils dont ils façonnent
« ledit pavé ; ce qui apporte un notable préjudice et retardement
« audit rétablissement du pavé de Paris, ne se façonnant pas la
« moitié du pavé dont on fait état, tous les ans, pour ledit rétablis-
« sement... »

Il ne faut donc pas s'étonner si, au milieu de pareils embarras, ils se montraient peu difficiles sur le choix de leurs matériaux et en achetaient de toutes mains, bons ou mauvais. Aussi, parmi ceux qui arrivaient à Paris, s'en trouvait-il beaucoup qui n'avaient pas les qualités exigées, ce qui motiva de nombreuses saisies et confiscations au profit de l'Hôpital général. Il en résulta d'ailleurs que les ateliers chômèrent souvent et qu'il ne fut pas possible d'exécuter tous les ouvrages que l'on s'était promis de faire.

Afin de remédier à tous ces inconvénients, les Trésoriers de France rappelèrent, dans plusieurs ordonnances, les prescriptions relatives à la fabrication du pavé ; ils cherchèrent à ramener l'ordre et la discipline parmi les carriers ; de plus, ils jugèrent convenable de publier, de temps en temps, les obligations insérées dans le bail, afin que les intéressés, notamment les compagnons paveurs, qui, mal surveillés par leurs patrons, ne s'en écartaient que trop souvent, n'en pussent prétexter cause d'ignorance. Enfin, ils crurent devoir réitérer, les 1ᵉʳ avril 1667, 27 juillet 1668, 14 février 1670, 26 février

1671, 11 septembre 1674, etc., les défenses déjà faites aux particuliers de s'abstenir de barrer les rues sans autorisation, de troubler les paveurs dans leurs ateliers, et de ne rien entreprendre qui fût susceptible d'endommager la voie publique. En outre, ils arrêtèrent, le 29 avril 1677, qu'ils ne permettraient plus l'ouverture d'aucune tranchée de fontaines, s'il ne leur était justifié de la concession d'une prise d'eau. Quant à la Ville, un arrêt du Parlement avait jugé, le 9 août 1668, qu'elle n'avait pas besoin de leur consentement pour faire poser ou réparer les tuyaux de conduites qui lui appartenaient. Toutefois, un règlement qu'elle arrêta, le 27 juin 1670, portait : « Quand
« il conviendra faire quelques tranchées et fouilles le long des
« conduits des eaux publiques, elles seront faites par les entrepre-
« neurs du Pavé de Paris, chacun dans l'étendue des quartiers de
« leurs départemens, suivant les soumissions par eux faites au greffe
« de la Ville, et le pavé rétabli par lesdits entrepreneurs, lesquels
« seront tenus de rapporter, de mois en mois, des mémoires de leurs
« ouvrages, pour y être arrêtés et payés sur les mandemens qui leur
« seront ensuite expédiés. »

Colbert continuait à s'occuper avec sollicitude du Pavé de Paris. Le 25 octobre 1673, il écrivait aux Trésoriers de France pour les inviter, entre autres choses, à tenir la main à ce que les ouvrages fussent bien et soigneusement exécutés, suivant les conditions portées aux devis et marchés.

Pour terminer ce que nous avions à dire des principaux faits accomplis sous le bail de 1667, qui, malgré les difficultés que rencontrèrent les adjudicataires, a atteint et même dépassé l'époque où il devait finir, nous ajouterons que, par l'effet d'une continuelle jalousie entre ces derniers et les jurés de leur communauté, ceux-ci s'arrogèrent de nouveau le droit de visiter, même de saisir les pavés destinés aux ouvrages publics, et que les Trésoriers de France furent encore obligés d'intervenir, le 13 septembre 1675, pour faire cesser ces ridicules prétentions que le Châtelet soutenait toujours (1).

1682. Le bail qui vint ensuite commençait en 1681 pour finir en 1689 : sa durée était en conséquence de neuf années. Il fut également consenti moyennant un forfait conditionnel. Le cahier des charges en était un peu mieux ordonné que dans les précédents et les clauses en étaient plus explicites. L'adjudicataire était tenu de faire, chaque année, 150 toises superficielles de pavage neuf, 6,000 de relevés-à-bout, 12,000 de réparations-à-bout et 15,000 de réparations simples. Le tout devait être terminé à la fin du mois d'octobre. On ne disait plus comment les ateliers seraient composés ; mais ils devaient, en arrivant dans une rue, y trouver deux voies de pavés et autant de sable, être munis de tous les outils et ustensiles nécessaires, tels que portraits bien acérés, hies, pinces, pelles, niveaux, toises, etc., et avoir à leur service un nombre suffisant de tombereaux. Le pavé des environs de Pontoise était réservé, comme étant le plus dur, pour les passages les plus fréquentés ; on employait celui de Samoreau dans les autres. Le pavé neuf devait être essemillé, ébarbé et épincé ; le pavé vieux retaillé proprement, sans être meurtri ni trop démaigri. Il fallait que la forme destinée à les recevoir fût fouillée et bien nettoyée avant d'être rafraîchie, et le sable passé à la claie, quand il était trop pierreux. On exigeait que tous les pavés fussent posés en bonnes liaisons et à joints carrés, ayant au plus quatre lignes aux bouts et huit aux rives ; que les

(1) On trouve, parmi les manuscrits laissés par Delamare, une note écrite probablement sous l'inspiration des officiers de la Police et dans laquelle on déniait aux Trésoriers de France le droit de visiter tous les pavés déchargés sur les ports, attendu qu'une partie, ceux de petit échantillon, était destinée aux ouvrages particuliers. Leur inspection, disait-on, ne doit avoir lieu que sur les pavés achetés par les entrepreneurs pour être employés dans les rues de Paris ; un simple arrêt du Conseil n'a pu leur donner juridiction sur des matières dévolues de tout temps à la communauté des paveurs et au Châtelet.

ruisseaux et les revers fussent respectivement conduits avec une pente uniforme et telle que la sujétion des lieux le requerrait. Les ouvrages devaient être dressés et battus à la hie, uniment et sans flâches ; tous les débris et décombres soigneusement enlevés, à mesure de l'avancement des travaux, et les rues complètement libres, trois jours au plus tard après le départ des ouvriers.

Telles étaient sommairement les obligations auxquelles l'entrepreneur était soumis en dehors des conditions que contenaient les autres baux.

Un nommé Charles de France, bourgeois de Paris, avait proposé, dès le mois de novembre 1680, de prendre l'entreprise moyennant 130,000 liv. par an. Il est probable que ce prix parut trop élevé au Conseil d'État, car ce n'est qu'après plusieurs remises, qui n'amenèrent d'ailleurs aucun rabais sur cette offre, que l'adjudication fut définitivement tranchée en sa faveur par des lettres patentes du 6 mars suivant. Charles de France déclara alors n'avoir fait que prêter son nom à la société de paveurs qui avait eu le dernier bail et dans laquelle nous avons dit que Jean-Baptiste Aubry avait remplacé son père Léonard.

Les travaux marchèrent assez régulièrement, et les Trésoriers de France n'eurent plus besoin d'interposer leur autorité aussi souvent que par le passé, pour obtenir que les conditions du traité fussent ponctuellement exécutées. Cependant, ils reprochèrent encore quelquefois aux entrepreneurs d'employer des pavés tendres ou de petit échantillon, et de ne pas rafraîchir la forme avec de bon sable. Quant aux carriers, ils continuèrent à provoquer contre eux des mesures de rigueur, afin de les obliger à rentrer dans leurs ateliers ou à ne s'établir que sur les roches expressément désignées par les agents de l'administration et à n'y faire que du pavé des dimensions voulues. De leur côté, les particuliers ne laissaient pas d'enfreindre encore les défenses portées par les règlements et d'exciter des plaintes par leurs entreprises illicites. Indépendamment de l'arrêt du Conseil, du 1ᵉʳ juillet 1687, qui régla la qualité et l'échantillon du pavé, arrêt dont nous avons déjà rapporté les principales dispositions, page 33, plusieurs ordonnances intervinrent pour mettre ordre à ces abus ; nous citerons principalement celles des 19 septembre et 14 octobre 1681, 4 février 1683, 14 août 1684, 15 mars 1686 et 10 juillet 1688.

Le bail de 1681 est le premier que nous ayons vu imprimé. Georges Marchand et Louis Masson décédèrent avant qu'il eût pris fin. L'un fut remplacé, en 1686, par son neveu Louis Regnouf, et l'autre, en 1687, par l'un de ses fils, portant également le prénom de Louis.

Le prix de l'adjudication a été payé sans réduction, excepté pour l'année 1684, où les entrepreneurs n'ont reçu que 48,950 liv. 7 sols 7 den., probablement parce qu'ils n'avaient pas fait tous les ouvrages prévus. La dépense totale ne s'est donc élevée qu'à 1,088,950 liv. 7 sols 7 den. au lieu de 1,770,000 liv. qu'elle aurait dû atteindre.

de 1690. Des lettres patentes du 28 mars 1690 renouvelèrent ce dernier bail, pour neuf autres années, à partir du jour où il venait d'expirer. Les conditions n'en furent point changées; on se contenta de modifier l'importance des ouvrages à faire annuellement; ils comprenaient 200 toises de pavages neufs, 2,000 de relevés-à-bout, 20,500 de réparations-à-bout et 20,000 de repiquages. L'adjudication eut lieu également à forfait, mais on exigea que les soumissionnaires fissent connaître les prix sur lesquels leurs offres étaient établies. Ce fut encore le sieur Charles de France dont les propositions furent agréées; elles étaient de 9 liv. 7 sols 6 den. pour les pavages neufs, de 5 liv. 15 sols pour les relevés-à-bout, de 3 liv. 5 sols pour les réparations-à-bout et de 2 liv. 10 sols pour les repiquages. L'application de ces prix amena pour résultat 130,000 liv. par an.

De France avait derrière lui cinq maîtres paveurs : Antoine Vatel, Jean-Baptiste Aubry, Louis Regnouf, Pierre Collin et Guillaume Amyot. Deux de ces entrepreneurs, Amyot et Aubry, payèrent leur tribut à la nature avant l'expiration du bail. Au premier succéda Jean-Baptiste Davenne, son gendre. La veuve du second se substitua quelque temps à son mari, et céda ensuite la place à Chrisante Aubry, son beau-fils (1). Ce dernier fut le quatrième de ceux de sa famille qui, pendant près d'un siècle, eurent, de père en fils, une part plus ou moins grande dans l'entreprise du Pavé de Paris.

Le bail s'avançait sans autres incidents, lorsqu'un architecte qui s'était associé un maître paveur, offrit d'exécuter les travaux pour le temps qui en restait à courir, à raison de 110,000 liv. par an, au lieu de 130,000. Vatel et ses compagnons, à qui cette proposition avait été communiquée, consentirent à diminuer, non pas de 20,000 liv., mais de 10,000 seulement, l'allocation qu'ils avaient reçue jusque-là, à la condition qu'ils obtiendraient une prorogation de deux années. Comme le cahier des charges avait stipulé que, dans le cas d'une éviction, les entrepreneurs seraient immédiatement remboursés de toutes les sommes dont ils se trouveraient en avance et que ces sommes étaient alors assez considérables, une pareille clause pouvait embarrasser l'administration ; aussi, un arrêt du Conseil, du 21 décembre 1694 leur donna-t-il la préférence, malgré l'écart de 10,000 liv. qui existait entre leur prix et celui de leurs compétiteurs, *afin*, y fut-il dit, *de les engager à faire de mieux en mieux leur devoir*. Il décida, en même temps, que le marché tiendrait jusqu'au 31 décembre 1700.

On doit supposer que tous les ouvrages prescrits furent exécutés,

(1) Elle se nommait Anne-Marie Martin. Aubry était veuf quand il l'épousa.

puisqu'aucune retenue n'a été exercée pendant la durée de cette période. La dépense d'entretien a donc été de 520,000 liv. pour les quatre premières années et de 810,000 liv. pour les sept suivantes, soit en tout de 1,360,000 livres.

Le second bail passé à Charles de France prescrivait aux charpentiers, ainsi d'ailleurs qu'il était ordonné par ceux qui l'avaient précédé, de faire rétablir, par l'adjudicataire et non par d'autres, le pavé qu'ils seraient obligés de démolir pour poser leurs étais, etc.; cependant, la réparation en était fréquemment opérée par des petits paveurs et même par des maçons qui s'en acquittaient assez mal. Sur la réclamation des entrepreneurs, une ordonnance du Bureau des finances, du 2 mars 1694, défendit cette ingérence, à peine contre les ouvriers qui se la permettraient à l'avenir, d'emprisonnement de leurs personnes, de confiscation de leurs outils et de 50 liv. d'amende.

Les entrepreneurs se plaignirent aussi de ce que des gens de la campagne, non contents de se servir des pavés déposés sur les ports d'embarquement pour laver leur linge ou pour retenir dans l'eau le chanvre qu'ils faisaient rouir, en emportaient journellement dans leurs maisons. Il intervint, le 6 mars 1698, une autre ordonnance du même Bureau qui punit ces détournements d'une amende de 50 liv. et de tous dépens, dommages et intérêts (1).

Enfin, les entrepreneurs trouvaient mauvais que des carriers des environs de Pontoise, chargés de leur fabriquer des pavés et auxquels ils avaient fait des avances dans ce but, cédassent ces matériaux à des marchands de la Normandie. Les Trésoriers de France se virent encore dans la nécessité d'intervenir pour faire cesser ce commerce illicite ; ils autorisèrent les plaignants, le 12 décembre

(1) Une ordonnance royale, du 4 août 1731, défendit, d'une manière générale, les vols de cette nature, ainsi qu'on le verra plus loin.

1698, à faire saisir tout le pavé ainsi débité et ordonnèrent que les contrevenants, acheteurs aussi bien que vendeurs, payeraient une amende de 500 livres.

Malgré les peines sévères prononcées par l'arrêt du 1er octobre 1687, on n'obéissait pas toujours à l'ordre, si formellement exprimé, de ne tirer aucun pavé de grand échantillon des roches de pierre tendre. Aussi, celui qui arrivait sur les ports ou que l'on mettait en œuvre était-il souvent de mauvaise qualité. Des ordonnances des 3 mai 1695, 7 mars 1698 et 5 mars 1699, réprimèrent, de nouveau, ces contraventions.

En outre, les particuliers continuaient à violer les règlements relatifs au maintien de la liberté et de la conservation de la voie publique; ce qui détermina les Trésoriers de France à renouveler, le 1er avril 1697, les défenses qu'ils avaient déjà faites plusieurs fois à ce sujet.

Ce fut vers la fin du même bail qu'on érigea, sur la place Vendôme, la statue équestre qui en fit longtemps l'ornement (1). Le Procureur du Roi près du Bureau des finances s'entremit, afin qu'il fût permis aux Parisiens de construire des échafauds devant leurs maisons, pour mieux voir passer le cortège, ce qui, dans d'autres circonstances semblables, leur avait été souvent défendu; mais, *dans le cas présent*, disait-il, *chacun doit contribuer à satisfaire le juste empressement que tous les sujets de Sa Majesté marquent avoir pour ce qui peut servir à éterniser sa mémoire et rendre la joie publique plus générale.* En conséquence, la permission fut accordée à la condition que le pavé qui aurait été dégradé serait réparé immédiatement après l'enlèvement des échafauds, aux frais des impétrants, et par l'entrepreneur du quartier (2).

(1) La statue fut découverte le 13 août 1699 et inaugurée le 16 en grande cérémonie.

(2) Plus tard, les échafauds de cette nature ne furent établis qu'avec la permission du Prévôt des Marchands ou du Lieutenant général de Police. (Édit du mois de juin 1700.)

Un placard affiché en plusieurs lieux, le 18 janvier 1701, annonça qu'on allait incessamment procéder à un nouveau bail dont la durée serait seulement de neuf années. Le cahier des charges ne faisait que reproduire les conditions de celui qui finissait et auxquelles on s'était contenté d'ajouter que l'adjudicataire aurait seul, à l'avenir, le droit d'exécuter le raccordement des bornes, marches, etc. Quant aux ouvrages à faire, chaque année, ils consistaient, cette fois, en 200 toises de pavage neuf, 500 de relevés-à-bout, 25,000 de réparations-à-bout et 26,000 de repiquages. D'ajournements en ajournements, afin d'obtenir des rabais de plus en plus élevés, l'adjudication fut définitivement tranchée, le 9 mars 1701, au profit du sieur Claude Leroy, à raison de 8 liv 5 sols pour les pavages neufs, 3 liv. 5 sols pour les relevés-à-bout, 37 sols pour les réparations-à-bout et 23 sols pour les repiquages, prix bien inférieurs à ceux du bail précédent et qui ne firent revenir tous les ouvrages qu'à 85,925 liv. Claude Leroy déclara que ses cautions étaient un architecte, César-Alexandre Lebègue, et deux maîtres paveurs, André Thévenot et Jacques Viennois. Ce qui voulait dire que ces trois individus l'avaient pris pour leur mandataire.

A peine ces nouveaux entrepreneurs étaient-ils installés qu'ils eurent à se plaindre de vols nombreux dont ils étaient victimes. Des vagabonds et gens sans aveu enlevaient nuitamment, dans des hottes, les pavés déposés sur les ateliers et, après les avoir réduits en poudre, les vendaient à des industriels, notamment à des *vinaigriers et chandeliers*. De leur côté, des garçons paveurs en enlevaient aussi de grandes quantités pour les fendre et les employer chez des particuliers. Une ordonnance du Bureau des finances, du 19 mai 1702, défendit expressément ces délits, infligea aux contrevenants une amende de 20 liv. et rendit, en outre, les acquéreurs passibles de tous dépens, dommages et intérêts.

Cependant, les maîtres paveurs ne tardèrent pas à réclamer, par l'organe de leurs jurés, contre la défense qui leur fut signifiée, de ne faire désormais aucun raccordement dans les rues de Paris ; ils consentaient bien à ne pas s'immiscer dans l'exécution des travaux qui regardaient le Roi, mais ils n'admettaient pas que l'interdiction s'étendît jusqu'à ceux qui concernaient la Ville ou les particuliers. Les entrepreneurs ayant été mis en cause, répondirent que la mesure avait sa raison d'être attendu que les réclamants n'étant pas, comme eux, responsables de leurs ouvrages et ne les faisant pas recevoir par les agents de l'administration, ne présentaient pas les mêmes garanties. Ils ajoutaient qu'ils se contentaient d'ailleurs, pour tous les raccordements, des prix habituellement payés par les bourgeois et la Ville, en sorte que ceux-ci n'y perdaient rien. L'arrêt du Conseil, qui intervint, le 21 juillet 1703, maintint purement et simplement ce qui avait été décidé.

Un édit ayant augmenté les droits attribués, depuis une quarantaine d'années, aux *Garde-nuits* et *Metteurs à port* de Paris, ces officiers voulurent faire payer, sinon aux entrepreneurs du Pavé, du moins à leurs bateliers, les taxes qu'ils étaient autorisés à percevoir. Mais, comme, en définitive, la charge serait retombée sur les entrepreneurs, ceux-ci repoussèrent encore cette prétention par les motifs que leurs prédécesseurs avaient invoqués dans une circonstance semblable, sous le régime du bail de 1660. Un arrêt du Conseil, du 2 juin 1705, décida aussi en leur faveur.

Les quartiers que l'on venait d'ouvrir dans Paris à la porte Saint-Antoine, vers la place Louis-le-Grand, au Pré-aux-Clercs, etc., firent sentir la nécessité d'étendre d'avantage les réparations dites à-bout. Un arrêt du Conseil, du 15 septembre 1705, en éleva la quantité à 33,000 toises, au lieu de 25,000, tant pour la cinquième année du bail que pour chacune des suivantes ; le prix auquel l'entreprise avait été adjugée subit, en conséquence, une augmentation de 14,800 liv. Néanmoins, il se trouva encore inférieur de 19,275 liv. à celui que l'on payait en 1694.

Par suite des difficultés de toute espèce que leur suscita le fermier du rocher de Samoreau, qui lui-même faisait commerce de pavés, les entrepreneurs eurent bien de la peine à y trouver la provision sur laquelle ils avaient compté. Il fallut l'intervention des Trésoriers de France pour les y aider, en attendant que le Conseil d'État eût pris la mesure radicale dont nous avons parlé page 42. Il paraît d'ailleurs que l'hiver de 1708 à 1709 avait été si rude que plusieurs carriers (ces ouvriers ont toujours été d'une faible complexion) n'avaient pu y résister et succombèrent. Ces circonstances firent que les pavés manquèrent presque tout l'été. D'un autre côté, les fortes gelées avaient considérablement endommagé les chaussées d'un grand nombre de rues ; de sorte que les entrepreneurs avaient beaucoup à faire, aussi bien pour regagner le temps perdu, faute de matériaux, que pour réparer les dégradations extraordinaires qu'ils n'avaient pu prévoir. Comme il leur eut été difficile de mettre leurs ouvrages en état de réception avant l'expiration du bail, un arrêt du Conseil, du 22 octobre 1709, le prorogea jusqu'au 31 décembre 1710. Il dura ainsi dix années pendant lesquelles les dépenses s'élevèrent à 948,050 livres.

En 1711. Suivant les derniers baux que nous venons d'analyser, l'administration appréciait elle-même l'importance des travaux de toute nature qu'il y avait lieu de faire, chaque année, et désignait, par l'intermédiaire de ses agents, les rues et places où ces travaux devaient être effectués. Dès lors, si, après leur exécution, il restait des voies publiques où les ateliers n'eussent pas passé, bien que leur état laissât à désirer, ce qui arrivait souvent, les entrepreneurs n'encouraient aucune responsabilité. Le Roi jugea convenable d'abandonner ce système, *dont*, disait-il, *le public souffroit très considérablement*, pour en revenir à un forfait plus absolu, par suite duquel l'adjudicataire procéderait, selon sa guise et à ses risques et périls, à l'entretien qui lui serait confié, tout en étant obligé de faire une certaine quantité de remaniements complets, afin d'éviter, à la longue, le trop grand dépérissement des ouvrages. C'est dans cet esprit que fut préparé le bail qui succéda à celui qui avait été consenti au sieur Leroy.

Il commençait en 1711 et finissait en 1719: il durait, en conséquence, neuf ans. Il ne connaissait plus que trois espèces d'ouvrages: les pavages neufs, les relevés-à-bout et les repiquages. L'adjudicataire devait faire, tous les ans, 600 toises de pavages neufs; quant aux relevés à bout, la quantité qui lui était imposée montait à 45,000 toises pendant chacune des deux premières années et à 40,000 pendant chacune des suivantes. Il entretenait le surplus au moyen de repiquages, en observant seulement l'ordre de priorité qui lui était prescrit, et sans qu'il restât aucuns trous ni rouages dans les ruisseaux, ni aucunes flâches ou évasures sur les revers.

Pour la première fois, le cahier des charges faisait savoir que l'entreprise ne comprenait pas les banquettes des quais et des ponts, non plus que les ports, attendu que la Ville en était chargée et que les cloîtres des chapitres en étaient également exclus.

Il indiquait deux nouvelles carrières d'où il serait loisible de tirer du pavé: celles des Pressoirs-du-Roi et de Montméliand. Le sable devait être pris dans la plaine de Grenelle, à la barrière de Reuilly et derrière la Salpêtrière.

L'adjudicataire était tenu d'avoir au moins quinze ateliers composés chacun de 20 hommes. En arrivant dans une rue destinée à être relevée à bout, ils devaient y trouver quatre voies de pavés, autant de sable et moitié moins, s'il ne s'agissait que d'y faire des repiquages.

Aucun pavé vieux ne pouvait être employé qu'après avoir été retaillé avec soin, et il était défendu de s'en servir pour traversin ou doublet.

Indépendamment des amendes auxquelles donnaient lieu les infractions au cahier des charges, l'adjudicataire en encourait une autre de 300 liv., au *minimum*, pour toute malfaçon régulièrement constatée. Leur produit servait à augmenter la surface des pavages neufs projetés.

Enfin, un prélèvement de 9 deniers par livre était opéré, chaque année, sur le montant de l'adjudication, pour servir au payement du traitement de plusieurs agents

Telles étaient, en abrégé, les nouvelles conditions insérées dans ce dernier marché, qui, de même que les précédents, eut lieu avec concurrence et publicité. Il fut conclu, le 1er juin 1711, à raison de 140,000 liv. par an, avec le sieur Claude Girard, qui représentait les nommés Louis Regnouf, Jean-Baptiste Davenne, André Thévenot et César-Auguste Lebègue, dont il était le caissier, et qui tous avaient déjà obtenu une part plus ou moins grande dans la même entreprise. La retenue annuelle qu'ils avaient à subir était, en conséquence, de 5,250 livres.

Ceux-ci, à l'exemple de leurs devanciers, se plaignirent bientôt de ce que des marchands venant de plusieurs points de la Normandie, leur faisaient concurrence, et, enchérissant sur leurs prix, enlevaient tous les pavés fabriqués aux environs de Pontoise. Par une ordonnance du 29 janvier 1712, les Trésoriers de France, continuant à avoir peu d'égards pour la liberté du commerce, déjà bien peu respectée quand l'intérêt public était en jeu, prescrivirent de nouveau aux carriers de ne vendre les matériaux qu'ils préparaient qu'aux seuls entrepreneurs du Pavé de Paris, toujours à peine de 500 liv. d'amende.

L'extension de plus en plus grande donnée à la distribution des eaux servant à l'usage des habitants nécessitait fréquemment l'ouverture de tranchées pour les travaux que les fontainiers avaient à exécuter. La surveillance, à ce sujet, devenait difficile, parce que ceux-ci ne prenaient plus de permissions, sous le prétexte que les propriétaires qui réclamaient leur office étaient des personnes de qualité. D'un autre côté, ils n'allaient pas vite en besogne et, lorsqu'ils l'avaient terminée, ils se mettaient peu en peine de faire rétablir le pavé qu'ils avaient arraché. Les tranchées restant ainsi longtemps sans être comblées, il en résultait des accidents fâcheux, surtout pendant la nuit. Pour faire cesser un pareil désordre, les Trésoriers de France défendirent itérativement, le 12 juin 1714, à toutes personnes quelconques de faire faire des tranchées de fontaines si ce n'est par les entrepreneurs du Pavé et qu'après en avoir obtenu la permission. Ils enjoignirent, en outre, aux maîtres plombiers de presser leurs travaux à l'avenir de manière à ne pas les faire durer plus de deux fois vingt-quatre heures. Dans tous les cas, aucune tranchée ne devait rester ouverte pendant la nuit, le tout à peine de 50 liv. d'amende. Les contrevenants étaient en outre responsables des accidents qui pourraient arriver par leur négligence.

Un nouvel édit venait d'organiser, pour la surveillance et le contrôle des travaux du Pavé de Paris, un personnel plus complet que celui qui existait auparavant. Faut-il attribuer à cette circonstance le peu de contraventions qu'on eut, par la suite, à reprocher aux entrepreneurs ? Ou bien, ceux-ci se firent-ils un point d'honneur de remplir, dès ce moment, leurs engagements avec plus d'exactitude que par le passé ? Quoi qu'il en soit, nous n'aurons plus que très rarement à signaler des infractions aux conditions de leurs marchés, et, par suite, des mesures de répression pareilles à celles que nous avons si souvent enregistrées.

Les mandants de Claude Girard reçurent intégralement le prix moyennant lequel la soumission présentée en leur nom avait été acceptée et ils versèrent eux-mêmes la retenue qu'ils s'étaient engagés à supporter.

Il paraît que, loin de leur être avantageuse, leur entreprise les constitua en une perte tellement grande qu'ils crurent devoir en solliciter l'atténuation. Une commission composée de deux Trésoriers de France et de l'Inspecteur général du Pavé, après avoir compulsé leurs livres et ceux de leur caissier, constata que cette perte ne s'élevait pas à moins de 283,528 liv. 19 sols, et qu'il fallait l'attribuer : 1° au renchérissement des prix de journées résultant de la rareté du numéraire (1) ; 2° aux nombreux transports de matériaux destinés aux bâtiments construits pendant la durée de leur bail ; 3° à la sécheresse de plusieurs étés qui avait obligé de faire venir par terre les pavés qui arrivaient ordinairement par eau, et 4° enfin, au long séjour que Louis XV fit à Paris, au commencement de son règne.

Sur la proposition de cette commission, un arrêt du Conseil, en date du 10 février 1722, leur alloua une indemnité de 150,000 liv., en sorte qu'ils reçurent en totalité la somme de 1,410,000 livres.

Nous devons expliquer ici comment on parvenait à établir que l'entrepreneur avait toujours droit au prix stipulé au bail. A la fin de chaque campagne, l'Inspecteur général se faisait rendre compte des quantités d'ouvrages exécutés en pavages neufs, relevés-à-bout et terrassements. Lorsqu'elles différaient de celles portées au devis, il compensait ce que les unes présentaient en moins par ce qu'il y avait en plus sur les autres. Si la compensation ne pouvait avoir lieu exactement, le déficit était ajouté aux ouvrages à faire l'année suivante ; l'excédant en était, au contraire, retranché. Dans tous les cas, la réception n'était pas refusée. Nous plaçons comme exemple, à la suite de cette notice, le procès-verbal de réception des ouvrages de 1780.

On ne tenait donc pas absolument à ce que les ouvrages de chaque année fussent respectivement exécutés dans les proportions prescrites par le cahier des charges, pourvu que, en définitive, le montant de l'estimation fût atteint, ou du moins que l'importance de ceux à

(1) Cet état de choses tenait, sans doute, à l'application du système financier du fameux Jean Law.

effectuer ultérieurement fût réglée de manière à balancer les différences qu'on avait constatées.

Ce n'est pas tout : le prix de l'adjudication était toujours délivré, sans addition ni réduction, bien que souvent, par suite de quelque travail extraordinaire imprévu ou de la suppression d'une partie des charges éventuelles du bail, il se trouvât inférieur ou supérieur au montant de la dépense réellement faite. La différence en plus était enlevée du décompte pour être ajoutée à la dépense effective de l'exercice suivant, tandis que celle en moins était considérée comme un revenant bon dont profitait le même exercice.

Toutes ces façons de procéder, qui durèrent jusqu'en 1790, ne lésaient, il est vrai, ni l'administration ni les entrepreneurs ; elles n'en constituaient pas moins des opérations fictives qui alors ne paraissaient pas étranges, mais qu'on n'admettrait plus aujourd'hui. Si malheureusement elles ont encore lieu quelquefois, leurs auteurs se gardent bien d'en faire l'aveu.

<small>Bail de 1720.</small> Le bail qui suivit immédiatement, bien que partant du 1er janvier 1720, ne fut passé que le 21 février, et devait également durer neuf ans.

Il indiquait, et tous les baux subséquents en firent autant, jusqu'où s'étendait la banlieue autour de Paris et quels étaient, parmi les chemins qui la composaient, ceux à la charge du Roi, afin de prévenir les incertitudes et les difficultés qui pourraient naître à ce sujet.

La quantité de relevés-à-bout à faire annuellement était en rapport avec le nombre toujours croissant des voies admises à l'entretien ; elle était de 50,000 toises carrées dont l'état devait être arrêté, chaque année, au Conseil, après avoir été approuvé par le Directeur général du Pavé de Paris (1). L'adjudicataire était, en outre, tenu d'exécuter 2.000 toises d'ouvrages neufs, dans les endroits ordonnés par le même Directeur. Pour qu'il pût disposer de tous les pavés dont ces travaux et les repiquages exigeaient la fourniture, on l'autorisait à en tirer de la vallée de l'Yvette, en même temps que des autres carrières désignées jusqu'alors.

L'échantillon du pavé neuf ayant été trouvé un peu trop faible, on l'augmentait d'un pouce sur chaque côté. On tenait beaucoup à ce changement, car l'infraction était punie d'une amende de 6,000 livres !

Le pavé vieux présentant les plus fortes dimensions était réservé pour les grands passages; celui d'un plus petit volume était employé dans les lieux moins fréquentés.

Lorsque les chaussées de la banlieue étaient relevées à bout, les bordures mises en remplacement de celles qui ne pouvaient plus servir devaient mesurer 18 pouces de longueur sur 15 de largeur et 12 d'épaisseur. Il était dit que les bordures neuves et vieilles seraient posées alternativement en queues ou carreaux et boutisses, pour former liaison avec le pavé. La largeur de chaque accotement, à moins d'empêchement, devait avoir 12 pieds.

Les autres conditions des précédents marchés étaient maintenues.

Parmi les concurrents qui se présentèrent, le sieur Pierre Rivoy, maître paveur, fut déclaré adjudicataire conjointement avec le sieur

(1) La Direction générale des Ponts et Chaussées de France, Pavé de Paris et Turcies-et-Levées, de création récente, venait d'être confiée au marquis de Béringhen, premier écuyer de feu roi Louis XIV, auquel succéda, en 1723, Joseph Dubois, frère du cardinal. On la supprima en 1736. Les fonctions de Directeur général furent alors réunies, comme par le passé, à l'administration des Finances et exercées, jusqu'en 1790, par un intendant de cette administration sous la dépendance immédiate du Contrôleur général.

Jean Giffart, bourgeois de Paris, comme ayant demandé le prix le plus bas, 208,000 liv. par an.

Ces deux associés ne demeurèrent pas longtemps d'accord; des questions d'intérêt les divisèrent sans cesse. Il en résulta du retard dans l'exécution de certains ouvrages. D'un autre côté, les grandes gelées de l'hiver avaient tellement bouleversé ceux de l'année 1728, qu'il fallût les refaire presque en entier; enfin, des fuites d'eau, provenant de la rupture d'un grand nombre de tuyaux de fontaines, augmentèrent considérablement le désordre. Ces circonstances firent que le temps manquait aux entrepreneurs pour remettre tout en bon état avant de se retirer. Sur leur demande, le bail fut prorogé d'une année, par un arrêt du Conseil, du 15 mars 1729. Mais, attendu la mésintelligence qui existait entre eux, et en considération de ce que l'un, étant du métier, pouvait, mieux que l'autre, bien conduire les travaux, l'arrêt admit Rivoy à les continuer à l'exclusion de Giffart, à qui il fut défendu de s'en mêler, nonobstant toutes conventions contraires (1). En conséquence, il ne resta plus qu'un seul entrepreneur jusqu'au 31 décembre 1729, où le bail prit fin.

Plusieurs petits paveurs ayant obtenu l'autorisation d'exploiter, pour leur usage particulier, quelques roches tendres de la forêt de Fontainebleau, y faisaient fabriquer du pavé de grand échantillon, contrairement aux dispositions de l'arrêt de 1687; d'un autre côté, des carriers de Samoreau, bien que les entrepreneurs leur eussent remis des avances et donné des gratifications tant en blé qu'en argent, abandonnaient leurs ateliers pour aller travailler sur ces

(1) Le Bureau des Finances fut obligé d'intervenir pour régler les droits respectifs des parties. Rivoy accepta sa décision; mais Giffart, qui, paraît-il, était très processif, n'y adhéra pas et la déféra au Parlement. L'instance était encore pendante devant cette cour longtemps après le décès de Rivoy, lorsque les héritiers de ce dernier, fatigués d'une procédure si lente, très coûteuse d'ailleurs et mal engagée, firent, en 1731, évoquer le jugement de l'affaire au Conseil d'État, ce qui amena enfin une prompte solution.

mêmes roches où ils avaient moins de mal. Alors, il intervint, le 23 février 1723, un autre arrêt du Conseil, qui réitéra la défense déjà faite de fabriquer du pavé de grand échantillon dans du grès tendre, prescrivit de ne tailler, à l'avenir, aucun pavé, petit ou gros, sans la permission du Directeur général des Ponts et Chaussées, ordonna aux carriers engagés par les entrepreneurs de retourner à Samoreau, sous peine de prison et de 100 liv. d'amende, leur enjoignit de ne plus s'en absenter sans congé, et leur interdit d'y faire d'autre pavé que de grand échantillon. L'arrêt déclarait, en outre, que toutes ces mesures étaient communes aux carriers de la vallée de l'Yvette et des environs de Pontoise.

Par suite de la prohibition faite, le 18 juillet 1724, par une déclaration du Roi, d'ouvrir, dans Paris, aucune nouvelle rue, celles qui étaient percées depuis quelque temps se bordaient rapidement de constructions. L'administration remarqua que les auteurs de ces constructions en posaient les seuils suivant leur convenance personnelle et sans s'attacher à les mettre en harmonie avec le relief de la voie publique, de sorte que, pour faciliter, plus tard, l'entrée des maisons, il fallait relever ou abaisser le pavé, ce qui en détruisait les pentes et nuisait à l'écoulement des eaux. Si d'ailleurs la rue était encore en terrain naturel, il devenait difficile, quand le pavage s'en effectuait, de donner à ce dernier un niveau convenable, sans déchausser ou enterrer les habitations. Pour éviter ces inconvénients, un arrêt du Conseil, du 22 mai 1725, suivi d'une commission du même jour, et dont les dispositions sont toujours en vigueur, défendit de poser, à l'avenir, les seuils des maisons plus haut ou plus bas que le pavé, et astreignit les riverains des rues non pavées à demander aux agents de l'administration les hauteurs qu'ils devaient observer, le tout sous peine de 50 liv. d'amende et de faire à leurs frais les raccordements que leur imprévoyance rendrait nécessaires (1).

(1) Par un arrêté du 14 juillet 1847, le Préfet de la Seine a rappelé au public les dispositions de ce règlement et a même invité les propriétaires qui

Les pluies qui, cette année-là, ne cessaient de tomber, depuis le commencement du printemps, faisaient craindre, si elles continuaient, la perte de toutes les récoltes. Pour conjurer ce malheur, le Parlement, acquiesçant au vœu de la population, ordonna que la châsse de sainte Geneviève serait descendue et portée en procession solennelle. L'archevêque de Paris fixa le jour de la cérémonie au 5 juillet. A cette occasion, plusieurs particuliers se disposaient à construire des gradins devant leurs maisons; mais, contrairement à ce qui avait eu lieu, lors de l'inauguration de la statue de Louis XIV, ils en furent empêchés par une ordonnance du Bureau des Finances du 28 juin 1725, moins pour que la circulation ne fût pas entravée que pour que le pavé ne fût pas dégradé.

Tandis que les Trésoriers de France se préoccupaient de la conservation des ouvrages confiés à leurs soins, le Lieutenant de Police veillait au maintien du bon ordre et de la propreté dans les rues. Ainsi, comme leur barrage donnait souvent lieu à des querelles et même à des batteries entre les cochers et les paveurs, il défendit expressément aux uns, le 5 juillet 1727, d'insulter et de maltraiter les autres, ni de forcer le passage, quand il était interdit, sous peine d'amende et de prison. De plus, il enjoignit, le 8 avril 1729, aux ouvriers chargés de rétablir le pavé arraché par les fontainiers de ne laisser à l'avenir ni recoupes ni sable en tas sur les ateliers, à peine d'enlèvement de ces résidus à leurs frais et de 100 liv. d'amende.

Il n'y eut pas d'autres incidents remarquables sous le régime du bail de 1720, dont la dépense fut de 2,080,000 livres.

Bail de 1730. Le 15 février 1730, un nommé Antoine Gautier, qui se portait fort pour Pierre Rivoy, se fit adjuger l'entreprise pour neuf années

voudraient bâtir dans des rues déjà pavées, mais dont les pentes mal réglées seraient susceptibles d'amélioration, d'en demander pareillement le nivellement futur.

consécutives, commençant toujours le 1er janvier, moyennant 230,000 liv. pour chacune d'elles. Les travaux prescrits par le cahier des charges, que le Continuateur du *Traité de la Police* a cru devoir publier en entier, consistaient indépendamment des répiquages, dans 2,000 toises carrées de pavages neufs et 60,000 de relevés-à-bout, le tout à faire annuellement.

On avait simplement ajouté aux conditions du dernier bail que l'adjudicataire entretiendrait, avec soin, les accotements en terre bordant les chaussées de la banlieue et empêcherait les eaux d'y séjourner. Il devait aussi entretenir et même curer, si les riverains négligeaient de le faire, les fossés destinés à recevoir ces eaux, sauf son recours contre eux pour le remboursement de ses avances. On l'obligeait, en outre, à réparer à ses frais les flâches qui, par suite de malfaçons pourraient survenir dans les parties du pavé qu'il aurait rétablies après le comblement des tranchées de fontaines ; enfin, il était tenu de signaler au Bureau des Finances les dépôts de fumiers et autres que les riverains se permettraient de faire sur les chaussées sinon, il devait aussi réparer, à ses frais, les dommages qui en résulteraient.

Rivoy étant mort le 6 décembre 1731, son neveu, Pierre Outrequin, qui avait, depuis quelque temps, la conduite de tous les travaux, se fit agréer à sa place, par un arrêt du Conseil du 22 janvier suivant, et obtint que le bail serait prorogé de deux années finissant au 31 décembre 1740.

Cependant, des particuliers se remettaient à enlever, la nuit, les pavés laissés sur les ateliers et allaient même jusqu'à démolir de grandes parties d'ouvrages pour s'en approprier les matériaux ; dans la banlieue, les charretiers chargés de conduire des gravois aux décharges publiques les versaient furtivement sur les accotements, les riverains y déposaient leurs fumiers, comblaient les fossés, abattaient les berges, etc. Une ordonnance royale, du 4 août 1731, dont les dispositions embrassaient le service général des Ponts et Chaussées, réprima ces scandaleux abus, en infligeant aux voleurs la peine du carcan, et des galères, en cas de récidive ; et aux recéleurs ou acquéreurs des objets volés une amende de 1,000 liv. au moins, à titre de dommages-intérêts, et de moitié de cette somme aux autres contrevenants, indépendamment de la confiscation des chevaux et voitures, et de la prison s'ils étaient pris en flagrant délit.

De leur côté, les carriers, surtout ceux des environs de Fontainebleau, n'étaient pas devenus plus dociles. Malgré de nouvelles défenses portées par un arrêt du Conseil, du 26 décembre 1730, ils persistaient à ne vouloir travailler que dans la forêt et pour les petits paveurs, en sorte que l'entrepreneur manquant souvent de matériaux était forcé d'employer ceux qu'ils avaient fabriqués avec du grès tendre. Comme cette infraction aux conditions du bail le rendait passible d'une forte amende, il demanda à poursuivre lui-même les contrevenants, espérant les ramener, par là, plus sûrement à leur devoir. Un arrêt du Conseil, du 23 juin 1733, lui en donna l'autorisation; mais il résulte d'une ordonnance du Bureau des Finances, du 21 novembre 1736, que le but qu'il s'était proposé n'était pas alors atteint.

Le bail avait encore deux années à courir lorsque l'entrepreneur réclama une indemnité pour les pertes qu'il éprouvait, depuis qu'en 1735 l'administration avait exigé qu'il remplaçât les pavés tendres ou trop usés mis en œuvre par ses prédécesseurs, ainsi que les mauvaises formes sur lesquelles ils les avaient assis. Il prétendait que cette mesure l'obligeait de faire une fourniture extraordinaire de pavés et de sable dont il était juste de lui tenir compte. Le Contrôleur général des Finances s'étant fait représenter ses livres, constata que la quantité de pavés neufs employée en 1735, 1736 et 1737, excédait celle des trois années précédentes de 1,011 grands milliers, qui, à raison de 135 liv. l'un, prix réduit, montaient à 130,485 liv., à quoi il fallait ajouter la dépense d'un atelier supplémentaire pour les réparations simples, celle de l'enlèvement des mauvaises formes, etc. L'augmentation étant attribuée, en partie, aux causes signalées par le réclamant, un arrêt du Conseil, du 21 janvier 1738, lui alloua une indemnité de 70,000 liv., il décida, en outre, que le marché serait immédiatement résilié et qu'on insérerait dans le nouveau des dispositions propres à prévenir le retour des abus qu'on avait eu à corriger.

La dépense de l'entretien du pavé est donc revenue à 2,140,000 liv., pendant le bail de 1730, dont la durée n'a pas d'ailleurs dépassé la limite qui lui avait été originairement assignée.

On maintint, dans le bail suivant, à 2,000 toises la quantité de pavages neufs à faire annuellement, mais celle des relevés-à-bout fut réduite à 50,000. Pour la première fois le cahier des charges déterminait le nombre *minimum* de pavés neufs à faire entrer dans les relevés-à-bout: il correspondait au sixième de la surface remaniée; le cahier des charges obligeait aussi l'entrepreneur à fournir tout le sable nécessaire pour que les formes eussent au moins 5 à 6 pouces de hauteur et lui prescrivait la manière dont seraient composés les ateliers, tant de relevés-à-bout que de repiquages. Il indiquait également la quantité de pavés neufs à fournir dans le cours du bail; elle allait en décroissant et montait, en définitive, à 7320 grands milliers qui devaient être pris : 2,900 aux environs de Pontoise, 800 dans la vallée de l'Yvette et 3,620 près de Fontainebleau (1).

Jusqu'alors des contrôleurs se rendaient compte du nombre et de la qualité des pavés déchargés sur les ports; comme il en arrivait aussi par terre, le cahier des charges ajoutait qu'un préposé se tiendrait au Bourg-la-Reine pour procéder à la vérification de ces derniers. Il était défendu à l'entrepreneur, sous peine de 6,000 liv.

(1) Suivant l'observation que nous avons faite, page 31, cette quantité formait 8,213,040 pavés, soit 912,560 par an.

d'amende, de détourner, pour des travaux particuliers, sans une autorisation spéciale, aucun de ceux dont l'arrivage avait été constaté, afin que le nombre de ceux entrés dans l'entretien pût être bien établi.

Telles étaient les nouvelles mesures que le Conseil d'État avait cru devoir adopter pour assurer désormais une meilleure exécution des ouvrages.

Comme on venait de supprimer la Direction générale des Ponts et Chaussées, dans la dépendance de laquelle était placé le service du Pavé de Paris, c'est le Contrôleur général des Finances qui approuvait l'état des rues à relever à bout et désignait les endroits où les pavages neufs seraient exécutés.

Ce fut à raison de 293,000 liv. pour chacune des quatre premières années, 256,400 pour les trois suivantes et 230,700 pour les deux dernières que Pierre Outrequin, après plusieurs remises, se fit adjuger l'entreprise, le 29 avril 1738. La différence de ces prix tenait à ce que le nombre de pavés neufs à fournir allait, nous l'avons dit, en décroissant, probablement parce qu'on avait supposé que le déchet, dans les réparations simples, irait lui-même en diminuant, attendu qu'il n'y aurait plus autant de pavés tendres ou trop usés à remplacer.

Outrequin fit agréer, pour sa caution, Marie-Louise-Victoire Legay, sa femme. On ne voit pas bien quelle sérieuse garantie pouvait offrir, dans l'espèce, un pareil répondant, dont néanmoins on se contenta encore en 1747 et 1756.

L'entrepreneur eut bientôt à se plaindre de l'infidélité d'un des voituriers qui lui transportaient les pavés fabriqués dans la vallée de l'Yvette. Il paraît qu'il en détournait souvent à son profit et que, pour cacher ses méfaits, il ne craignait pas de produire de faux récépissés. Un arrêt du Conseil, du 14 avril 1739, chargea les officiers *gradués* du Bureau des Finances d'instruire son procès et leur attribua, à cet effet, le pouvoir nécessaire.

Nous avons à signaler, de la part de l'administration de la police, pendant le cours de ce bail, une nouvelle ingérence que justifiait, il est vrai, l'intérêt de la circulation publique et de la salubrité. En faisant sa tournée dans le faubourg Saint-Martin, le commissaire du quartier remarqua que les paveurs avaient répandu sur leur ouvrage une couche de sable de plus de quatre doigts d'épaisseur : il fit observer au chef d'atelier que s'il survenait des pluies, ce sable, mélangé avec la boue, rendrait le chemin impraticable ; il l'invita, en conséquence, à le faire enlever et à en faire autant de plusieurs tas de sable restés le long de la chaussée. Mais, au lieu d'obtempérer à cet ordre, celui-ci fit répandre, par bravade, cet autre sable sur le premier. Traduit pour ce fait devant le tribunal du Châtelet, le Lieutenant de Police, par une sentence du 3 septembre 1745, lui infligea une amende de 100 liv. et enjoignit à tous autres, piqueurs ou chefs d'ateliers, de ne répandre, à l'avenir, sur le pavé que la quantité de sable suffisante, à peine d'être condamnés à une amende du double (1).

Le renchérissement considérable survenu tout à coup dans le prix des denrées et principalement des fourrages, avait fait augmenter d'une manière excessive les frais de transport des matériaux ; de plus, les rigueurs de l'hiver et la grande inondation de 1740 avaient singulièrement détérioré les ouvrages. L'entrepreneur ayant prétendu que ces accidents, tous de force majeure, allaient consommer sa ruine si l'administration ne venait à son secours, un arrêt du Conseil, du 23 mars 1745, lui alloua une indemnité de 118,590 liv. 11 sols 6 deniers, dont le payement fut réparti sur plusieurs exercices. En outre, l'ingénieur qui dirigeait le service constata que,

(1) Le public, jusque dans ces derniers temps, s'est souvent plaint des inconvénients résultant de ce que les ouvrages des paveurs étaient recouverts d'une couche de sable plus épaisse que celle qu'exigeait le devis, et, à tort ou à raison, il a supposé qu'en agissant ainsi les ouvriers n'avaient d'autre but que de cacher leurs malfaçons.

par suite de l'augmentation du nombre des chemins situés dans la banlieue, l'entrepreneur avait fait des ouvrages supplémentaires s'élevant : en 1745, à 30,288 liv. 10 sols 8 deniers et en 1746 à 19,875 liv. 9 sols 4 deniers, ouvrages dont il était juste de lui tenir compte. Les états, reconnus exacts par le Bureau des Finances, furent homologués, le 1ᵉʳ juillet 1749, par un arrêt du Conseil. En conséquence, l'entretien du pavé de Paris revint, en définitive, pendant la durée de ce bail, à la somme de 2,571,354 liv. 11 sols 6 deniers.

Bail de 1747. L'administration n'attendit pas que ce même bail fût expiré pour publier les conditions moyennant lesquelles l'adjudication du suivant aurait lieu ; elles différaient peu, quant au fond, de celles que nous avons successivement analysées ; mais le libellé en était sensiblement amélioré, principalement en ce qui concernait la description de la main-d'œuvre. La cause en était due à ce que les Ingénieurs des Ponts et Chaussées, venant d'être appelés à diriger le service, avaient participé à la rédaction du devis.

On y avait introduit une innovation qu'on a continué à juger utile : elle consistait à indiquer la surface totale des voies publiques admises à l'entretien. Cette surface, comme nous le disons plus loin, était alors de 578,880 toises 1 pied. Le cahier des charges imposait d'ailleurs à l'adjudicataire l'obligation de faire, chaque année, 2,000 toises de pavages neufs et 55,000 de relevés-à-bout. Il était tenu, pour remplacer le déchet devant résulter de ces remaniements, de fournir 7 pavés neufs par toise carrée, c'est-à-dire le neuvième de la surface, et de les faire entrer dans une seule baie.

On supposait qu'il faudrait faire venir annuellement, pour l'ensemble des ouvrages, 691 grands milliers de pavés, que l'on trouverait : 250 aux environs de Pontoise, 150 à Palaiseau et 291 sur la montagne de Train, indépendamment de 5 milliers de bordures, comptées chacune pour 4 pavés, à provenir du rocher de Châtillon, dans la forêt de Fontainebleau. Le tout montait à 797,742 pavés.

Enfin, on évaluait à 800 toises le cube des terres à enlever pour l'exécution des pavages neufs. On n'en payait le prix qu'autant que la distance du transport dépassait 40 toises; autrement l'entrepreneur n'avait rien à réclamer. De même, dans les relevés-à-bout, on ne lui tenait compte du mouvement des terres nécessité par les changements de pente ou d'alignement des chaussées que si le transport avait lieu à plus de 15 toises de distance réduite.

Après plusieurs remises, l'adjudication fut encore consentie au sieur Outrequin, par lettres patentes du 28 février 1747, à raison de 295,000 liv. par an.

Les causes qui avaient motivé, pour les exercices 1745 et 1746, une augmentation sur le prix stipulé au bail précédent, se présentèrent également pour les exercices 1747 et 1748; en conséquence l'entrepreneur reçut de nouveau, de ce chef, une augmentation qu'un arrêt du Conseil, du 17 février 1750, fixa à 34,343 liv. 1 sol 9 den. De plus, en considération de l'élévation subite du prix des denrées, en considération surtout des dégâts causés par les grandes pluies des hivers de 1750 et 1751, un autre arrêt du Conseil, du 20 juin 1752, porta le prix annuel du bail à la somme de 325,000 liv. à partir de 1749 inclusivement, à la condition toutefois que la quantité des ouvrages prévus serait elle-même augmentée et portée à 35,000 toises pour les pavages neufs, à 56,500 pour les relevés-à-bout et à 1,700 pour les terrassements.

Dès lors, les dépenses afférentes aux deux premières années s'élevèrent à 624,343 liv. 1 sol 9 den., et celles des sept autres, finissant au 31 décembre 1755, montèrent à 2,275,000 livres.

Ce n'est pas tout : l'entrepreneur ayant donné la preuve que malgré l'augmentation qui lui avait été allouée, il avait, dans le cours du bail, éprouvé des pertes résultant de nouvelles circonstances extraordinaires, l'administration crut encore devoir l'en dédommager. Un autre arrêt du Conseil, du 14 février 1758, lui accorda, à cet effet, une indemnité de 129,566 liv. 17 sols 4 den.; en sorte qu'il reçut en totalité la somme de 2,994,566 liv. 17 sols 4 deniers.

Nous avons retrouvé le toisé au moyen duquel on était parvenu à établir la surface mentionnée ci-dessus. Il est divisé en quatre quartiers : deux sur la rive droite de la Seine et deux sur la rive gauche. Les deux premiers sont séparés par une grande ligne passant rue Saint-Martin et les deux autres par une seconde ligne passant rue Saint-Jacques. On y distingue d'ailleurs ce qui se trouvait dans la ville de ce qui était situé hors des barrières. L'Inspecteur général a indiqué en regard de chaque rue l'intervalle que l'on mettait ordinairement entre deux relevés-à-bout. Ces renseignements montrent que, dans certains passages, le pavé devait être remanié tous les trois ans et que, pour plusieurs autres, on pouvait attendre jusqu'à trente ans.

Les résultats de ce toisé se résument de la manière suivante :

DÉSIGNATION des QUARTIERS	RUES de L'INTÉRIEUR			FAUBOURGS et BANLIEUE			TOTAUX		
	tois.	pi.	pou.	tois.	pi.	pou.	tois.	pi.	pou.
Saint-Honoré . . .	102,935	1	6	82,574	0	7	185,510	2	1
Du Marais.	72,118	1	5	111,595	4	9	183,714	0	2
Saint-Germain . .	85,829	5	3	48,594	5	7	134,424	4	10
Saint-Marcel . . .	51,869	4	11	23,361	1	0	75,230	5	11
TOTAUX. . . .	312,754	1	1	266,125	5	11	578,880	1	0
A déduire, pour quelques chaussées en empierrement situées dans la banlieue.							5,691	1	8
Reste en pavés de grès							573,188	5	4

Ainsi, par suite des pavages neufs successivement exécutés, la surface à entretenir, qui, nous l'avons vu, n'était en 1605 que de 178,728 toises, avait plus que triplé depuis cette époque. Quant au prix d'entretien, il se trouvait décuplé à raison tant du renchérissement des matériaux et de la main-d'œuvre, que d'une plus prompte usure du pavé provenant de l'accroissement de la population et du nombre des voitures.

On peut se rendre compte de cette usure ou, en d'autres termes, du déchet, en divisant le nombre de pavés neufs à fournir (déduction faite de ceux destinés aux ouvrages neufs) par la surface pavée à entretenir. De cette manière on trouve que le déchet prévu en 1747 était de 1$^{pav.}$ 1634 par toise (1) et qu'il a été, chaque année, en augmentant d'une quantité à peu près constante (2). Il ne faut pas oublier que le déchet est dû à la nécessité de remplacer, non seulement les pavés trop usés, mais encore ceux que les ouvriers brisent en travaillant ou qui sont dérobés par les voisins.

Sous le régime de ce bail, les Trésoriers de France rendirent encore plusieurs ordonnances, dans le but d'assurer la sécurité et la liberté de la voie publique. L'une d'elles, datée du 12 mars 1748, était spéciale aux rues de Paris et réitérait la prohibition de fendre du bois sur le pavé, d'y pratiquer des trous, etc., etc. Une autre, du 29 mars 1754, s'appliquait aux routes et chemins de la généralité, et en particulier à ceux de la banlieue : elle avait été soumise, avant sa publication, à l'assemblée des Ponts et Chaussées, qui la discuta pendant plusieurs séances : elle rappelait les défenses de faire, sur ces routes et chemins, aucuns dépôts, d'en combler les fossés ou abattre les berges, de supprimer l'écoulement des eaux, de troubler les paveurs dans leurs ateliers, d'enlever les matériaux destinés aux ouvrages publics ou déjà mis en œuvre, etc. De plus, elle enjoignait aux riverains, ce qui jusqu'alors n'avait pas eu lieu

---

(1) Ce qui répond à 0$^{pav.}$31 par mètre carré.

(2) M. l'ingénieur Minard a prétendu, dans son projet du canal de l'Yvette, que cette quantité était de 0$^{pav.}$00212 par mètre carré.

d'une manière générale, de réparer et entretenir à leurs frais, chacun en droit soi, les revers du pavé et les accotements des chaussées.

Bail de 1756. Le bail qui suivit fut donné sans concurrence ni publicité. Les Ingénieurs avaient estimé que les travaux reviendraient, chaque année, y compris le bénéfice de l'entrepreneur qui était du vingtième, à 374,652 liv. 6 sols 6 den., soit, en somme ronde, à 374,000 liv. Le même Outrequin offrit de s'en charger à ce dernier prix et, bien qu'un autre maître paveur eût déclaré se contenter de 360,000 liv., des lettres patentes, du 25 mai 1756, acceptèrent sa soumission, attendu, y était-il dit, que depuis 20 ans qu'il avait l'entreprise, il s'en était toujours acquitté avec exactitude.

Les rues et chemins qu'on avait pavés ou cailloutés, depuis le dernier toisé, présentaient une surface de 49,374 toises 2 pieds. En y ajoutant celle de 5,891 toises 3 pieds 11 pouces qui avait été omise dans ce même toisé, on avait trouvé que celle à entretenir, en 1756, montait à 634,146 toises 0 pied 11 pouces (1).

Le cahier des charges prescrivait l'exécution de 2,500 toises de pavages neufs et de 65,000 de relevés-à-bout. Il prévoyait un cube de terrasses extraordinaires de 900 toises. Il ajoutait qu'on tiendrait compte, à l'avenir, du sable employé dans les relevés-à-bout au delà d'une hauteur de 3 pouces.

Il évaluait la fourniture des pavés neufs à 792 grands milliers, à tirer : 275 de Pontoise, 220 de Palaiseau et 297 des environs de Fontainebleau, plus 8 milliers de bordures, le tout formant 924,528 pavés. Dans le cas où l'adjudicataire découvrirait de nouvelles carrières de bonne qualité, il était libre d'y puiser ; mais s'il n'avait pas fait constater la nécessité d'y avoir recours, il ne pouvait récla-

(1) Parmi les nouveaux pavages figure celui de la route dite de la *Récolte* pour 5,247 toises 3 pieds.

mer aucune indemnité, à raison des frais faits pour en faciliter l'exploitation. On lui laissait d'ailleurs la faculté d'employer du sable de rivière concurremment avec le sable de mine.

Comme on venait de donner une certaine extension aux chaussées en cailloutis ou d'empierrement, dont, jusqu'alors, le nombre avait été très restreint (1), le nouveau cahier des charges consacrait un article spécial à leur entretien: elles devaient être tenues sans trous ni flaches, et bien roulantes, en tout temps, ainsi que leurs accotements.

Le même cahier des charges ajoutait que les charretiers qui enlevaient les gravois provenant des bâtiments de Paris seraient contraints de les conduire sur les points où des travaux de pavage exigeraient des remblais, fût-ce même dans la banlieue, pourvu toutefois que, le cas échéant, la distance à parcourir ne dépassât pas 800 toises à partir des barrières (2).

C'étaient là les seuls changements ou additions faits aux conditions précédentes.

Outrequin ne vit pas la fin de ce bail: il mourut le 8 avril 1762. Il est du petit nombre des entrepreneurs des Ponts et Chaussées dont l'administration conserve un honorable souvenir. A un grand désintéressement il joignait, dit-on, une intelligence supérieure. Indépendamment de l'entreprise du Pavé, il conduisait celle de l'arrosement de la voie publique, du nettoiement des rues et du curage des égouts. Il avait aussi été chargé de la confection du boulevard du midi. Il est l'auteur de plusieurs projets utiles dont quelques-

(1) On en avait construit, sous le bail précédent, une surface de 16,990 toises 3 pieds.

(2) On a continué pendant très longtemps, même après la Révolution (ordonnance de Police du 27 juillet 1820), à obliger les gravatiers à transporter leurs décombres là où l'administration en avait besoin, et ce, contre toute justice.

uns ont été exécutés après lui. Ainsi, afin d'éviter les remaniements continuels que le pavé subit encore par suite de l'établissement ou de la réparation des conduites d'eau, il avait proposé de placer toutes ces conduites dans des galeries voûtées, qu'il se faisait fort de construire en dix années. Enfin, il prétendait avoir trouvé le moyen de supprimer les maisons qui existaient sur plusieurs ponts sans augmenter les charges publiques. Le Prévôt des Marchands, qui prisait beaucoup sa personne, lui avait conféré le titre de Directeur général des embellissements de Paris, et le Roi, qui l'avait déjà nommé chevalier de l'ordre de Saint-Michel (1), lui accorda des lettres de noblesse au mois de mai 1761. On verra par leur préambule combien Louis XV appréciait aussi le mérite de cet entrepreneur.

« Louis, etc. Entre les différentes grâces auxquelles un sujet peut
« aspirer par son mérite, il n'en est point de plus précieuse que celle
« qui, l'élevant à l'état de noblesse, assure à ses descendants le fruit
« du bienfait dont leur auteur s'est rendu digne; aussi, dans les
« principes que nous nous sommes imposés pour la juste distribution
« des grâces, nous avons toujours réservé celle de l'anoblissement
« pour être la récompense ou des services importants rendus à l'État,
« ou des talents distingués auxquels la Patrie est redevable de
« découvertes dont l'utilité est reconnue. C'est par des talents de
« cette espèce que notre cher et bien amé, le sieur Pierre Outrequin,
« s'est rendu recommandable à nos yeux, par les différents projets
« et plans qu'il nous a proposés, tendant à l'embellissement de la
« Capitale de notre royaume et à tout ce qui peut concourir à l'avan-
« tage des citoyens, à quoi il s'est livré dès sa plus grande jeunesse;
« et dont le zèle, les soins infatigables et l'application ont été suivis

(1) Cet ordre avait été créé par Louis XI, en 1469. Louis XIV décida que le nombre des chevaliers, limité d'abord à 36, pourrait aller jusqu'à 100. Dans les derniers temps, cette décoration était particulièrement destinée aux Français qui se distinguaient dans les lettres, les sciences et les arts, ou par des découvertes, des ouvrages et des entreprises utiles au public.

« des succès les plus propres à lui mériter une marque signalée
« de notre bienveillance. Occupé seulement de l'avantage qui devoit
« résulter des différents projets dont la réussite fait l'agrément des
« citoyens et l'admiration des étrangers, son désintéressement ne
« pouvoit lui laisser désirer de récompenses que celles qui sont
« uniquement honorifiques, et la pureté de ses sentiments nous a
« paru d'autant plus digne de recevoir un prix de cette espèce que
« nous avons d'ailleurs été informé qu'il sort d'une famille de
« Normandie depuis longtemps honorée et distinguée dans cette
« province. A ces causes, etc. »

Lors de l'enregistrement de ces mêmes lettres, la Chambre des Comptes, la Cour des Aides et le Bureau des Finances, refusèrent à l'impétrant le titre de *gentilhomme*, bien qu'elles l'en eussent qualifié.

La veuve Outrequin obtint, par un arrêt du Conseil, du 11 septembre 1762, l'autorisation de continuer le marché qu'avait souscrit son mari. Son fils aîné, Jean Outrequin, quoique encore mineur et qui venait d'ajouter à son nom celui *de la Boulonnière*, répondit pour elle et se fit émanciper, dans ce but. Ce qui montre, une fois de plus, le peu d'importance qu'on attachait alors à toutes ces garanties, qui n'étaient exigées que pour la forme.

La veuve Outrequin était, en outre, subrogée à son mari pour le pavage tant de la place Louis XV que de la nouvelle halle au blé et des rues adjacentes. Comme ces travaux extraordinaires devaient durer deux ou trois ans et que, suivant elle, ils se liaient à ceux de l'entretien, elle sollicita la prorogation du bail en cours, toujours au prix de 374,000 liv., et présenta, cette fois, pour sa caution, Jean-Pierre Pénot-Lombard, son principal commis. Un autre arrêt du Conseil, du 3 avril 1764, accueillit sa demande. En conséquence le bail alla jusqu'au 31 décembre 1767; mais la dépense n'en monta qu'à 4,188,000 liv., attendu que, pour une raison que nous faisons connaître plus loin, les travaux de la dernière année furent réduits de manière à n'atteindre que 74,000 liv., au lieu de 374,000.

Une rixe qui eut lieu dans la rue des Lombards, où le cocher d'un éminent magistrat s'obstinait à vouloir passer, bien que les ouvriers qui y travaillaient l'eussent barrée aux deux bouts, donna l'occasion au Bureau des Finances de renouveler, le 19 juillet 1757, les défenses, si souvent faites, de troubler les paveurs dans leurs ateliers, de les injurier ou frapper, d'arracher les pieux mis pour la sûreté de leurs ouvrages, d'endommager leurs batardeaux, etc., à peine de 300 liv. d'amende et d'une plus grande punition, le cas échéant.

Des contestations s'élevaient souvent entre l'entrepreneur et les particuliers au sujet du payement des raccordements que, d'après son bail, il avait seul le droit d'exécuter. Pour les éviter, il demanda au Bureau des Finances de régler, une fois pour toutes, le prix de ces différents ouvrages et de rendre sa décision publique. Le Bureau acquiesça à son désir et, sur la proposition de l'Inspecteur général du service, il arrêta, le 17 juin 1760, que chaque pavé neuf serait payé 5 sols; la toise superficielle de pavage neuf, contenant 64 pavés, 17 liv. 18 sols, sans les terrasses; celle de relevé-à-bout, y compris 6 pavés neufs, 4 liv. 12 sols; la toise courante de tranchées de fontaines, de 3 pieds de largeur sur 2 de profondeur, avec les terrasses et 3 pavés neufs, 4 liv. 8 sols; le raccordement d'un seuil de porte cochère ou de devanture de boutique, y compris 4 pavés neufs, 4 liv.; celui d'une trappe, avec 3 pavés neufs, 3 liv. 15 sols et celui d'un seuil d'allée ou d'une borne, avec 2 pavés neufs, 40 sols (1).

(1) Le nombre des bornes était considérable avant l'établissement des trottoirs ; elles variaient beaucoup de grosseurs et de formes. On en remarquait quelques-unes, dans les anciens quartiers, qui avaient servi autrefois de montoirs pour les cavaliers et qu'on appelait, à cet effet, des *bornes-mules*. Leur présence indiquait d'ailleurs que le propriétaire jouissait de certains privilèges, tels que d'avoir une chapelle dans sa maison, une place au caveau de l'église, etc.

Tous ces prix comprenaient un dixième pour bénéfice et faux frais, au lieu d'un vingtième.

L'entrepreneur devait d'ailleurs produire une attestation des particuliers constatant qu'il avait exactement fourni les quantités de pavés neufs prescrites, et il ne pouvait leur présenter ses mémoires qu'après les avoir fait viser par le Trésorier de France, remplissant les fonctions de Commissaire du Pavé de Paris.

Pénot-Lombard succéda à la veuve Outrequin. Il obtint également l'entreprise sur sa simple soumission, attendu, portaient les lettres patentes qui intervinrent à ce sujet, le 30 juin 1767, que depuis nombre d'années il l'avait conduite avec capacité et probité : lui aussi fit agréer sa femme pour sa caution.

Le détail estimatif dressé par les Ingénieurs montait à 410,000 liv. C'est à ce prix que le marché fut conclu.

La surface à entretenir avait fait de nouveaux progrès : elle atteignait 666,903 toises 4 pieds 7 pouces. Cependant la quantité des ouvrages à exécuter demeurait telle qu'elle avait été précédemment fixée ; mais, la fourniture des pavés neufs augmentait de 48 grands milliers, attendu que le déchet prévu dans les relevés-à-bout était du huitième de la surface au lieu du neuvième, et que, d'un autre côté, il y aurait plus de repiquages à effectuer.

Les pavages neufs faits dans le cours du bail continuèrent à figurer dans l'entreprise ; mais, cette fois, on ajoutait que ce n'était qu'à la condition que l'adjudicataire les aurait exécutés lui-même. On lui donnait ainsi, pour ces travaux, une sorte de privilège semblable à celui dont il jouissait déjà pour les raccordements des seuils, bornes, etc., avec cette différence, toutefois, que l'entretien des pavages neufs opérés par d'autres que par lui restait à la charge des particuliers qui les avaient commandés, tandis que les raccordements qui se trouvaient dans le même cas, entraînaient une pénalité et devaient être refaits par l'entrepreneur, quand ils laissaient à désirer.

On ajoutait encore que la dépense de ces premiers pavages incombant aux riverains, il ne serait pas juste que l'entrepreneur eût à supporter des non-valeurs et des frais de recouvrement. Dès lors, il n'était tenu de les commencer qu'après que six ou au moins quatre des contribuables s'étaient engagés à acquitter la totalité du prix des ouvrages, sauf leur recours contre les autres. On argue des dispositions de cet article, qu'ont reproduit les deux baux suivants même ceux qui ont été passés sous la République, pour décider que les frais du premier pavé des rues constituaient, dans Paris, avant 1790, une charge inhérente à la propriété foncière. Il est vrai que si cet article n'impose pas la charge dont il s'agit, il en consacre au moins l'existence. Nous revenons au § 9 sur cette importante question.

C'est à la construction du nouveau pont de Neuilly, dont l'adjudication eut lieu quelques mois après, que furent appliquées les 300,000 liv. laissées à dessein, sans emploi, en 1767. Une autre somme de 300,000 liv. fut encore prélevée, pour ces mêmes travaux, sur les fonds d'entretien du pavé de Paris, à raison de 50,000 liv. par an, à partir de la même année exclusivement, le tout en vertu d'un arrêt du Conseil, du 6 juillet 1768, en sorte que ce service contribua dans la dépense du grand ouvrage dont il s'agit pour une somme totale de 600,000 liv., en considération de ce qu'une partie des chemins qui y conduisent appartenait à la banlieue (1). Mais,

(1) Les fermiers généraux fournirent de leur côté une pareille somme, ce qui porta à 1,200,000 liv. les ressources extraordinaires affectées au pont de Neuilly. On a exprimé le regret que Perronet n'eût pas fait connaître ce que l'opération avait coûté. Jusqu'en 1791, époque où les travaux étaient depuis longtemps terminés et où, s'il restait encore à acquitter quelques dépenses accessoires, elles devaient être bien minimes, les payements faits à l'entrepre-

afin que ces dispositions n'eussent pas pour résultat de laisser en souffrance l'exécution de plusieurs travaux que le Roi reconnaissait indispensables *pour l'avantage du commerce*, des lettres patentes, du 5 mars 1769, élevèrent le prix du bail passé au sieur Pénot-Lombard à 510,000 liv. par an, pour tout le temps de sa durée, si bien que, prélèvement fait de l'allocation destinée au pont de Neuilly, il resta un supplément de 600,000 liv. à employer à des travaux extraordinaires. Au nombre des grandes opérations qui profitèrent de ce fonds, nous citerons : l'ouverture du chemin de Pantin, pour 124,714 liv. 4 sols 1 den.; le pavage de l'avenue des Champs-Élysées, entre la place Louis XV et la première grille, pour 54,281 liv. 13 sols 10 den.; le convertissement de l'empierrement du chemin de Choisy, pour 40,354 liv. 15 sols 7 den.; le pavage de trois rues du faubourg Saint-Antoine servant au passe-debout, pour 35,297 liv. 7 sols 6 den.; celui du chemin de Vaugirard, depuis le rempart jusqu'à l'entrée du village, pour 23,781 liv. 13 sols 8 den.; la création de chemins nécessaires à l'exploitation des carrières de Lozert et du Cuvier-Châtillon, pour 21,961 liv. 1 sol ; l'établissement de bornes milliaires sur les chemins de la banlieue, pour 11,419 liv. 11 sols 3 deniers, etc.

Nous n'avons à citer ici aucun autre fait remarquable passé durant ce bail, si ce n'est la publication de deux nouvelles ordonnances des Trésoriers de France, l'une, du 30 avril 1772, relative à la police générale des chemins de la généralité de Paris, l'autre, du 2 août 1774, concernant la police des ateliers et la conservation des ouvrages publics : nous avons déjà cité la dernière, au § 5.

1777. Pénot-Lombard, qui avait pris pour associés Anne-Joseph Pénot-

sieur Raimbaux et à son successeur se sont élevés en totalité, d'après l'état dressé par l'ingénieur Demoustier, à 2,652,462 liv. 11 sols 2 den. Cette somme peut certainement être considérée comme représentant le montant de la dépense. Le rachat du péage qui existait sur l'ancien pont avait d'ailleurs été payé 200,000 liv., suivant un arrêt du Conseil du 6 mars 1763.

Lombard, son fils, et Claude-Jean de Sainte-Croix, son gendre, eut encore le crédit de se faire donner l'entreprise du pavé de Paris, sans qu'elle eût été mise au concours, ainsi qu'il résulte des lettres patentes du 27 décembre 1776, et ce, au prix de l'estimation faite par les Ingénieurs, qui, cette fois, montait à 510,341 liv. 12 sols 11 den., pour une surface de 717,912 toises 2 pieds 8 pouces à entretenir (1).

Le bail de 1756 et le suivant portaient que les culs-de-sac et les rues fermées ne faisaient pas partie de l'entreprise; celui de 1777 en excepta aussi les revers des chaussées des faubourgs, qui, n'ayant pas été faits en pavés d'échantillon, étaient restés à la charge des propriétaires riverains.

Le cahier des charges était rédigé dans les mêmes termes que le précédent, on y avait seulement ajouté que les entrepreneurs se pourvoiraient d'un nombre suffisant de commis et de chefs d'ateliers remplissant soigneusement leurs devoirs et se conduisant bien; qu'ils payeraient régulièrement leurs ouvriers, auraient soin de conserver les meilleurs et de renvoyer ceux qui, péchant par paresse, défaut d'intelligence ou inconduite, ne voudraient pas se corriger.

Il leur était encore prescrit de faire chaque année 2,500 toises de pavages neufs, dont l'exécution nécessiterait 1,000 toises cubes de terrasses; le règlement des accotements des routes de la banlieue devait, en outre, en exiger 1,500. La quantité des relevés-à-bout demeurait fixée à 65,000 toises; enfin, le nombre de pavés neufs à employer montait à 960 grands milliers. Les carrières de Pontoise en

(1) Depuis plusieurs années, chaque bail était accompagné d'un devis estimatif des travaux projetés. Nous n'avons pu trouver que celui de 1777. Il nous a paru utile à consulter, tant sur la composition des prix que sur ce qu'on appelait les charges du bail; c'est pourquoi nous l'avons annexé à cette notice.

fournissaient 240, celles de Belloy 180 et celles de Lozert 200. On en tirait 340 du rocher Cuvier-Châtillon, dans la forêt de Fontainebleau.

Le prix du bail subit plusieurs augmentations successives dues aux circonstances suivantes :

Sur la demande du commerce et des fermiers généraux, on avait achevé, en 1776, le chemin de passe-debout allant de Saint-Mandé à Charonne et dépensé, pour cet objet, une somme de 50,000 liv. que ces derniers avaient avancée. Des lettres patentes, du 16 septembre 1777, ordonnèrent qu'elle leur serait remboursée sur les fonds du Pavé de Paris, dont le montant fut, en conséquence, porté à 560,341 liv. 12 sols 11 deniers.

D'autres lettres patentes, du 9 juin 1780, avaient décidé que deux nouvelles rues, dénommées Sainte-Croix et Neuve-des-Capucines (aujourd'hui rue Caumartin prolongée et rue Joubert), seraient pavées aux frais du Trésor royal. Comme il s'agissait d'une dépense de 28,192 liv. 4 sols 1 den., pareille somme fut aussi ajoutée à celle qui était destinée à l'entretien.

En vertu d'un arrêt du Conseil, du 1ᵉʳ avril de la même année, on y ajouta encore 14,249 liv. 1 sol 6 den., pour la réfection d'une partie du mur du quai de Passy, appelé alors route de Versailles.

En 1783, d'autres travaux extraordinaires, tels que la pose de bornes sur le même quai, le changement des pentes du pavé de la voirie de Montfaucon, le remblai d'un terrain réuni à la voie publique, aux Moulineaux, etc., nécessitèrent une nouvelle addition : elle fut de 6,901 livres.

Des lettres patentes, du mois de mai 1784, ayant prescrit la démolition des échoppes établies dans Paris, il fallut pourvoir au pavage des emplacements qu'elles avaient occupés : une somme de 12,711 liv. 14 sols 8 den. fut appliquée à cette dépense.

En définitive, les suppléments de crédits s'élevèrent, pendant la période de 1777 à 1785 inclusivement, à la somme de 112,054 liv. 0 sol 3 deniers.

Il paraît qu'en ce temps-là, lorsque les officiers de la voirie étaient envoyés pour déterminer la direction et le nivellement des rues que l'on demandait à ouvrir, ils trouvaient souvent ces rues déjà formées et même pavées. Une ordonnance du Bureau des Finances, du 23 juin 1779, rappela les défenses faites à ce sujet par plusieurs déclarations du Roi et enjoignit à l'entrepreneur du Pavé, sous telles peines qu'il appartiendrait, de ne commencer, à l'avenir, les travaux qui le concernaient qu'après s'être assuré que les particuliers qui le chargeaient de les exécuter s'étaient mis en règle.

Il paraît également que, pour complaire à certains personnages influents, on avait compris dans les baux concernant l'entretien des ouvrages à la charge du Roi, plusieurs communications particulières et même des rues de l'intérieur des villes, bourgs et villages qui ne faisaient pas partie des grandes routes. Un arrêt du Conseil, du 18 novembre 1781, ordonna qu'elles en seraient retirées. Si cette mesure, qu'avait provoquée le ministre Joly de Fleury et que ses successeurs semblèrent regretter, eut un résultat appréciable pour le service des Ponts et Chaussées, dans les généralités du royaume (1), elle n'en présenta qu'un minime pour celui du Pavé de Paris. En effet, le retranchement porta uniquement sur quelques voies sans importance, toutes situées dans la banlieue et dont la surface n'était que de 15,930 toises (2).

La recommandation faite aux entrepreneurs de ne prendre à leur service que des gens honnêtes ne trouva que trop sa justification.

(1) La surface des petits embranchements pavés ou empierrés que l'on retira des baux des grandes routes s'éleva à 662,142 toises. L'entretien annuel en était évalué à 79,756 livres.

(2) La suite donnée à l'arrêt du 18 novembre 1781 témoigne que déjà toutes les rues de l'intérieur de la Capitale étaient considérées comme faisant partie des grandes routes, puisque ce n'est qu'à l'extérieur qu'on en trouva n'ayant pas ce caractère. Une lettre de M. de la Millière, adressée, le 27 décembre 1781, en réponse à celle par laquelle le Commissaire du Pavé de Paris lui avait demandé des instructions à ce sujet, le fait suffisamment entendre.

Les pavés venant des carrières de Belloy étaient, à leur arrivée, déposés, en partie, le long des routes de la banlieue sur lesquelles ils devaient être employés, et là, après avoir été reçus et comptés, ils étaient réunis en tas. Des voituriers peu délicats se permettaient d'en enlever de ces tas pour les ajouter à ceux qu'ils amenaient de nouveau et se faisaient ainsi payer deux fois. Par une ordonnance du 30 juin 1780, le Bureau des Finances infligea aux auteurs de ces fraudes une amende de 30 liv. et fit défenses à tous voituriers, fabricants de pavés et autres d'en commettre de pareilles à l'avenir sous peine de punition exemplaire. On trouve un arrêt du Conseil, du 20 octobre 1780, prescrivant au Bureau des Finances de juger, en dernier ressort, le procès instruit contre un autre voiturier prévenu de crime de faux dans le transport et la livraison de pavés. Enfin, le même Bureau sévit également contre un chef d'atelier convaincu d'avoir détourné près d'un millier de ces matériaux. Il le condamna, le 22 août 1783, à être attaché au carcan sur le port Saint-Paul, avec un écriteau portant les mots : *Chef d'atelier infidèle et vendeur de pavés à son profit.* Il le bannit, en outre, pendant neuf ans de la ville et généralité de Paris et lui fit payer une amende de 300 livres.

Les entrepreneurs s'étaient engagés à tenir sans trous, rouages ni flaches, c'est-à-dire dans une sorte de perfection absolue, toutes les parties de pavages qui ne seraient pas relevées à bout. Mais comme, pour obtenir ce résultat, le cahier des charges se contentait de leur prescrire l'emploi d'un nombre déterminé d'ouvriers, du moment qu'ils avaient satisfait à cette dernière condition, ils prétendaient qu'on n'avait plus rien à leur demander, quel que fût d'ailleurs l'état de la voie publique. Le même système était en usage sur les routes de la généralité. M. de la Millière, qui, en prenant possession de la direction des Ponts et Chaussées, l'avait trouvé depuis longtemps établi, le désapprouvait complètement et se proposait de le changer lors du renouvellement des baux. En attendant, il exigea que les entrepreneurs du Pavé de Paris souscrivissent l'engagement, ce

— 154 —

qu'ils firent, le 7 avril 1783, d'employer aux réparations simples ou journalières autant d'ateliers qu'il serait nécessaire, en conservant toutefois la liberté de les distribuer comme ils le jugeraient convenable pour le bien du service. De cette manière, si l'entretien était reconnu mal fait, ils en devenaient responsables.

Malgré les prescriptions des nombreux réglements que nous avons cités, on introduisait encore dans les ouvrages beaucoup de pavés de mauvaise qualité qui s'égrenaient promptement et formaient autant de trous. Le public s'étant plaint de cet abus, qu'il attribuait à un défaut de surveillance, l'Inspecteur général répondit pour sa justification : « Il n'est pas toujours aisé de connoitre les pavés
« tendres avant qu'ils aient servi; souvent ils paroissent durs et le
« sont effectivement d'abord; mais ensuite, frappés et secoués par
« un grand nombre de chocs de voitures, leurs parties s'ébranlent et
« se désunissent, alors ils deviennent tendres. La gelée occasionne
« aussi une semblable désunion qui s'aperçoit sensiblement, mais
« plus tard. »

Aucun des marchés précédents n'imposait aux entrepreneurs l'obligation d'éclairer les ateliers qui restaient ouverts pendant la nuit. Nous supposons, en conséquence, que, le cas échéant, on se contentait d'en défendre les approches au moyen de barrières. Ce n'est que dans le cours du bail de 1777 que l'on commença, croyons-nous, à y mettre des lumières que la Police se chargeait de fournir (1). En vertu d'une décision ministérielle du 2 mars 1780, le service du Pavé de Paris lui payait, à ce sujet, un abonnement annuel de 1,200 livres.

Bail de 1785. L'usage si fréquemment suivi dans la généralité de Paris de traiter

---

(1) Longtemps après la Révolution, la Police a encore fourni les lampions destinés à cet usage. Ils étaient délivrés gratuitement par les commissaires de quartier sur les réquisitions faites par les chefs d'ateliers, à la fin de chaque journée. (Ordonn. du 22 mai 1822.)

de gré à gré et sans concours pour l'exécution des travaux des Ponts et Chaussées, avait, comme aujourd'hui, ses partisans et ses adversaires (1). Nous n'examinerons pas les avantages ou les inconvénients de l'un et de l'autre systèmes, nous dirons seulement que M. de la Millière avouait qu'il n'était pas opposé à l'acceptation de soumissions isolées, lorsqu'elles étaient présentées par des entrepreneurs choisis et éprouvés, et que c'était par condescendance pour l'opinion générale qu'il proposait d'en revenir aux marchés au rabais. Il aurait pu ajouter que, depuis quelque temps, l'autre mode donnait lieu à des observations de la Chambre des Comptes, observations que, par un abus inconcevable, on cherchait à éviter avec des semblants d'adjudication.

M. de la Millière trouvait aussi que ce n'était pas assez d'un seul entrepreneur pour la grande quantité d'ouvrages qu'il y avait à exécuter dans Paris, et il aurait voulu en faire quatre lots, un par quartier, afin d'avoir, en outre, des points de comparaison sur la nature de cet important service et sur le degré de perfection dont il pourrait être susceptible; mais, on lui fit à ce sujet plusieurs objections basées notamment sur la difficulté de partager en autant de parties les carrières en exploitation et les emplacements destinés à entreposer les matériaux, à leur arrivée. Alors, il se contenta de demander une division en deux lots, comprenant, l'un, les quartiers

(1) Cet usage n'existait pas seulement dans la généralité de Paris; de Fer de la Nouerre écrivait en 1786, dans son traité de la *Science des Canaux navigables :* « Lorsque M. Turgot supprima les corvées dans la généralité de
« Limoges et qu'il leur eut substitué ces travaux à prix d'argent, il voulut que
« les adjudications des ouvrages fussent données au rabais ; mais il reconnut
« bientôt l'inconvénient d'un tel régime et finit par donner, par *adjudication*
« *simulée*, les entreprises à des gens instruits et d'une probité connue. Ces
« nouveaux entrepreneurs, certains d'un bénéfice raisonnable, se gardèrent de
« chercher à être infidèles ; ils étaient d'ailleurs continuellement ramenés à
« leur engagement par la crainte d'être renvoyés et de perdre un état qu'ils
« avaient intérêt de conserver. »

Saint-Honoré et Saint-Germain, l'autre, les quartiers du Marais et Saint-Marcel. Un arrêt du Conseil, du 5 mai 1785, agréa ses propositions et l'autorisa à passer l'adjudication en n'y admettant que des entrepreneurs dont la capacité et la solvabilité fussent suffisamment reconnues.

La surface à entretenir était, dans le premier lot, de 426,296 toises 1 pied 4 pouces et dans le second, de 330,919 toises 4 pieds 5 pouces, soit en tout de 757,215 toises 5 pieds 9 pouces, dont 722,375 toises 5 pieds 9 pouces en pavés de grès et le reste en blocage et cailloutis.

Le devis répétait les conditions du dernier bail; mais, conformément à la mesure prise en 1783, il n'indiquait plus le nombre d'ateliers qu'exigeraient les réparations simples. Chaque entrepreneur devait en établir assez pour que son lot fût toujours dans le meilleur état possible.

L'administration ne disposait plus, comme autrefois, des pavés de rebut ; elle les abandonnait aux entrepreneurs à raison de 6 deniers la pièce (1).

Il était expliqué que l'entretien des plantations, d'ailleurs en petit nombre, qui existaient dans la banlieue, serait opéré en régie; ceux-ci, comme on l'avait fait jusqu'alors, devaient en avancer les frais.

Quant aux quantités d'ouvrages et de fournitures de pavés que prévoyait le devis, elles étaient les suivantes :

---

(1) Lorsqu'elle disposait de ces vieux matériaux elle en gratifiait souvent quelque localité des environs. Un arrêt du Conseil, du 26 juin 1746, accorda aux habitants de Tremblay le pavé de rebut à provenir des rues du quartier Saint-Martin pour paver celles de leur village.

	1er LOT	2e LOT	TOTAUX
	toises	toises	toises
Pavages neufs.	1,500	1,000	2,500
Relevés-à-bout.	48,000	37,000	85,000
Terrasses de pavages neufs.	600	600	1,200
Terrasses d'accotements	800	700	1,500
	gr. mil. de pavés	gr. mil. de pavés	gr. mil. de pavés
Grands milliers de pavés.	800	700	1,500
Savoir : de Pontoise.	210	180	390
Belloy.	150	130	280
Lozert.	160	130	290
Fontainebleau.	280	260	540

Le grand millier contenant 1,122 pavés, les 1,500 grands milliers répondaient à 1,683,000 pavés.

L'Inspecteur général avait évalué la dépense annuelle à la somme de 610,000 liv. Le sieur Penot-Lombard fils se rendit adjudicataire du premier lot, moyennant 329,000 liv., et le sieur Durandeau, du second lot, à raison de 242,500 liv. Le rabais était en conséquence de 38,500 liv. Il parut très exagéré, attendu le soin qui, prétendait-on, avait présidé à la composition des prix. Sur l'observation qui leur en fut faite, les soumissionnaires craignirent effectivement de s'être trop avancés et sollicitèrent la résiliation du marché, en alléguant que c'était par erreur et faute d'avoir bien compris les dispositions du cahier des charges qu'ils avaient fait un si fort rabais. Dès lors, il intervint, le 12 juillet 1785, un arrêt du Conseil qui prescrivit de remettre l'entreprise au concours à leurs risques, périls et fortune. Nous pensons qu'il n'y eut encore, cette fois, qu'un simulacre d'adjudication, car les travaux furent concédés, le 1er août, aux prix mêmes de l'estimation, savoir : ceux de la première partie, pour 340,000 liv., au nommé Gilles Lécluse, et ceux de la seconde partie, pour 270,000 liv., au nommé Jean Outrequin de la Boulonnière, qui s'en démit en faveur du sieur Chéradame (1). Quoi qu'il en soit, l'adjudication fut définitivement homologuée par des lettres patentes du 30 décembre 1785.

Les deux précédents soumissionnaires se trouvaient donc débiteurs, par chaque année du bail, d'une somme de 38,500 liv. résultant de leur folle enchère. Mais, par un autre arrêt du 11 août 1785, le Roi, tout en daignant venir à leur secours, jugea nécessaire, pour le bien du service et pour l'exemple, de leur faire supporter la peine de leur imprudence, du moins en partie, et modéra à 6,000 liv. pour l'un et à 4,000 liv. pour l'autre, les sommes que rigoureusement ils auraient eu à acquitter.

Ces 10,000 liv. ont servi à payer des ouvrages extraordinaires de pavages. D'autres crédits sont encore venus s'ajouter à celui qui était destiné à l'entretien, tels que : 84,680 liv. pour l'ouverture du chemin allant du Point-du-Jour à Saint-Cloud (2); 12,287 liv. (provenant de la vente d'arbres morts), pour le perfectionnement de plusieurs chaussées en empierrement et 8,000 liv., fournies par le service des fortifications, pour l'amélioration de la rue Contrescarpe, près des fossés de la Bastille. La totalité des fonds dépensés pendant les cinq premières années du bail s'est, en conséquence, élevée à 3,154,967 livres.

Le tarif arrêté en 1760, pour les raccordements, avait besoin

(1) Chéradame était alors entrepreneur du nettoiement et n'appartenait pas, comme Léclase, à la communauté des paveurs. Cependant, il avait obtenu un brevet qui lui conférait le privilège de l'un des trois paveurs suivant la Cour. Sur la requête des jurés du métier, le Prévôt de l'Hôtel du Roi lui interdit, par une sentence du 12 décembre 1787, de faire, pour le compte des particuliers, aucuns travaux dépendant de la profession qu'il s'était attribuée, à peine de saisie, amende et confiscation.

(2) C'est le chemin dénommé, plus tard, l'avenue de la Reine et qui, depuis 1813 est une route départementale.

d'être mis en harmonie avec les prix de la nouvelle adjudication. Le Bureau des Finances y procéda le 7 mars 1786. Chaque pavé neuf était alors payé 5 sols 3 den.; la toise carrée de pavage neuf, 22 liv. 13 sols 11 den.; celle de relevé-à-bout, 5 liv. 8 sols 8 den.; la toise courante de tranchée de fontaines, 5 liv. 6 sols 9 den.; le raccordement d'une porte cochère ou d'un seuil de boutique, 5 liv. 8 sols 8 den.; celui d'une trappe d'égout ou de conduite, 5 liv. 3 sols; le raccordement d'un seuil d'allée ou d'une borne, 2 liv. 15 sols; la réparation d'un trou d'écoperche, 15 sols; celle d'un trou d'étais, à proportion de son étendue, comme un relevé-à-bout.

Tous ces prix comprenaient, de même que ceux du tarif précédent, un dixième de bénéfice pour l'entrepreneur. En comparant entre eux les deux tarifs, on trouve que le prix d'une toise carrée de pavé neuf avait augmenté de plus d'un quart en 25 ans.

De ce que l'exécution des travaux de pavage à opérer sur la voie publique appartenait aux seuls entrepreneurs de l'entretien, les petits paveurs leur déniaient le droit de faire ceux de l'intérieur des propriétés particulières. Ils avaient pour eux l'article 19 de leurs nouveaux statuts. Ils trouvèrent donc mauvais de leur voir paver les bureaux établis aux nouvelles barrières de Paris, pour la perception des droits d'entrée. Avant de statuer sur leur réclamation, le Conseil d'État, par un arrêt interlocutoire du 21 juin 1788, mit les entrepreneurs en demeure de fournir leurs contredits. L'abolition qui eut lieu, peu de temps après, des maîtrises et des jurandes, dut mettre fin à la contestation.

Cependant la Compagnie, qui venait d'obtenir le privilège d'élever, à l'aide de pompes à feu, les eaux de la Seine, se mit à ouvrir de nombreuses tranchées, pour la pose des conduites destinées à leur distribution. L'administration se préoccupa vivement des inconvénients qui résultaient de toutes ces fouilles, pour la liberté et la sûreté de la circulation. Dans un rapport du 29 janvier 1789, l'Inspecteur général du Pavé rappela qu'ils seraient évités à l'avenir si l'on plaçait les conduites dans des galeries voûtées, ainsi que l'avait proposé Outrequin, trente ans auparavant. La Compagnie convenait que ce moyen serait, sans contredit, le meilleur, mais elle était effrayée de la dépense qu'il occasionnerait. Il n'y a, disait-elle, qu'un corps municipal aussi puissant que celui de Paris, capable d'une pareille entreprise. On sait que c'est seulement de nos jours qu'elle a reçu un commencement d'exécution.

On sait aussi qu'un des premiers soins de l'Assemblée nationale fut d'introduire de grandes réformes dans toutes les branches des services publics, et surtout d'alléger les charges de l'État, soit en supprimant ou diminuant certaines dépenses, soit en laissant aux administrations locales le soin d'y pourvoir. De ce nombre était l'entretien du pavé de Paris. Dès le 18 novembre 1789, son Comité des finances émit l'avis de comprendre cet objet parmi plusieurs autres dont le montant serait provisoirement réduit d'un quart; bien qu'un décret du 26 février suivant eût accueilli cette proposition, elle n'eut pas de suite, du moins quant à l'entretien du pavé, dont le crédit ordinaire fut maintenu, pour l'année 1790, au même taux que celui de l'année précédente, ainsi qu'il résulte de l'*État du Roi*, arrêté au Conseil royal des Finances, le 12 décembre 1790, et que nous annexons à cette notice, à titre de spécimen.

Mais d'autres dispositions furent prises pour l'année 1791; le même Comité, chargé d'élaborer le budget, disait à l'Assemblée nationale, le 6 juin 1790, par l'organe de Lebrun, son rapporteur :
« Viennent ensuite les dépenses de la Police de Paris, celles de
« l'illumination de Paris à Versailles, du Guet et de la Garde de
« Paris et du Pavé de cette ville. Tous ces objets sont et doivent
« être désormais étrangers au Trésor public et devenir des dépenses
« municipales. Sans doute la Police de la première ville de France,
« d'une ville dont nous devons désirer de faire la première ville de
« l'Europe, intéressera toujours le royaume entier. C'est par l'ordre

« qu'on y fera régner que les étrangers y seront attirés et verse-
« ront des richesses qu'à son tour elle répandra dans le reste de
« l'Empire. Sous ce point de vue, elle mérite l'intérêt des pro-
« vinces ; et ce ne serait point de leur part une erreur de calcul,
« que de faire des sacrifices à sa prospérité ; mais, c'est en économie
« sur ses dépenses, et c'est en diminution sur sa contribution, que
« Paris doit trouver des compensations du fardeau dont il sera
« chargé. »

Sur sa proposition, l'Assemblée nationale adopta immédiatement un décret ainsi conçu : « A compter du 1er janvier prochain, les « dépenses de la Police de Paris, du Guet et Garde et du Pavé de « Paris, seront retranchées des dépenses publiques et placées à la « charge de la municipalité. » Le Roi sanctionna ce décret par des lettres patentes du 25 mars 1791 et le convertit ainsi en loi.

En même temps qu'elle augmentait les charges de la Ville, l'Assemblée nationale diminuait ses revenus, par la suppression des droits d'entrée, dont une partie lui était attribuée, et lui ôtait ainsi les moyens de se suffire à elle-même. Nous verrons, dans l'appendice, quelles furent, quant à l'entretien du pavé, les conséquences de ses embarras financiers.

En attendant, nous donnons dans le tableau suivant un résumé de tous les baux dont nous venons de faire la revue. Ce tableau est beaucoup plus complet que celui que M. Minard a produit en 1825, à l'appui de son projet du canal de l'Yvette ; il est d'ailleurs beaucoup plus exact, attendu que cet ingénieur n'a indiqué, pour chaque bail, que le montant de l'adjudication et a omis de tenir compte des augmentations allouées postérieurement, et qui souvent, on a pu le voir, étaient considérables.

TABLEAU DES BAUX

passés pour l'entretien du Pavé de Paris, depuis le 1ᵉʳ janvier 1603 jusqu'au 31 décembre 1790.

NOTA. — On a négligé les fractions de livres.

DATES	COMMENCEMENTS	DURÉE	ADJUDICATAIRES	PRIX MOYEN par an	DÉPENSE totale
				livres.	livres.
4 décembre 1604	1ᵉʳ janvier 1605	4 ans	Claude Voisin	13,405	53,620
15 décemb. 1608	1ᵉʳ janvier 1609	20 ans	Claude Voisin et consorts	23,150	463,505
8 janvier 1629	1ᵉʳ janvier 1629	5 ans 9 mois	Pierre Lebrun et consorts	36,600	219,450
27 mai 1634	1ᵉʳ octobre 1634	2 ans 8 mois	Étienne Picard	49,060	136,627
24 mars 1633	25 mars 1633	7 mois 15 jours	Léonard Aubry et consorts	32,000	50,000
14 novemb. 1633	15 novemb. 1633	4 ans 10 m. 15 j.	id.	65,000	272,500
10 septemb. 1643	1ᵉʳ octobre 1643	9 ans 2 mois	id.	46,535	427,500
23 janvier 1653	1ᵉʳ janvier 1653	13 mois	Léonard Aubry	47,000	50,917
3 février 1654	5 février 1654	3 mois	Jacq. Thurin, régis.	42,349	10,527
5 mai 1654	1ᵉʳ mai 1654	3 ans	Léonard Aubry et consorts	59,620	178,861
4 avril 1657	1ᵉʳ mai 1657	2 ans	id.	88,871	177,713
3 mars 1659	1ᵉʳ mai 1659	1 an	id.	165,271	165,271
28 avril 1660	15 mai 1660	6 ans 7 m. 15 j.	Nicolas Bontemps	75,000	495,475
31 mars 1667	1ᵉʳ janvier 1667	14 ans	Léonard Aubry et consorts	152,873	2,140,295
6 mars 1681	id. 1681	9 ans	Charles de France	120,991	1,088,950
28 mars 1690	id. 1690	11 ans	id.	123,636	1,360,000
9 mars 1701	id. 1701	10 ans	Claude Leroy	94,803	948,030
1ᵉʳ juin 1711	id. 1711	9 ans	Claude Girard	156,667	1,410,000
21 février 1720	id. 1720	10 ans	Pierre Rivoy et Jean Gizart	208,000	2,080,000
15 février 1730	id. 1730	9 ans	Pierre Rivoy	237,778	2,140,000
22 avril 1738	id. 1738	9 ans	Pierre Outrequin	285,706	2,571,355
23 février 1747	id. 1747	9 ans	id.	336,546	3,029,910
25 mai 1756	id. 1756	12 ans	id.	374,000	4,487,000
30 juin 1767	id. 1768	9 ans	Pénot-Lombard	510,000	4,590,000
27 décemb. 1776	id. 1777	9 ans	Pénot-Lombard père et fils et de Sainte-Croix	522,792	4,705,129
30 décemb. 1785	id. 1786	5 ans	Gilles Lécluse et Jean Chéralame	430,993	2,154,967

§ 8.

Indépendamment des travaux qu'exigeait l'entretien de la voie publique, de temps en temps, on en exécutait d'autres qui avaient pour objet son amélioration. Ces derniers, sur lesquels nous n'avons que peu d'observations à faire, consistaient principalement à combler les lacunes qui existaient dans le pavage, à disposer l'inclinaison des ruisseaux de manière à faciliter l'écoulement des eaux et à adoucir les rampes trop rapides de certaines rues. Ils étaient donnés à l'entrepreneur de l'entretien, aux prix et conditions de son marché, et dirigés par les agents du Pavé de Paris; la dépense s'en imputait ordinairement sur les fonds de ce service. Cependant, nous avons vu que, pendant plusieurs années, le Trésor royal, sous Louis XIV, y pourvut largement.

Les changements apportés au relief de la voie publique obligeaient souvent à modifier la hauteur des seuils des propriétés riveraines. Un simple exposé des faits fera connaître quels étaient, dans ce cas, les usages de l'administration.

La construction du collège Mazarin ayant entraîné la suppression d'un grand égout qui passait près de là, il fallut renverser les pentes de plusieurs rues du faubourg Saint-Germain, afin de donner une autre direction aux eaux que recevait cet exutoire. L'arrêt du Conseil qui intervint, à ce sujet, le 24 novembre 1662, portait que les propriétaires et locataires des maisons bordant lesdites rues souffriraient l'abaissement ou le relèvement des seuils de portes, là où le remaniement du pavé le nécessiterait, et que la dépense en s   é payée par Sa Majesté.

Au contraire, lorsqu'on se proposa de substituer un nouveau mode d'écoulement aux eaux d'une partie du quartier du Temple, un autre arrêt du Conseil, du 15 mars 1717, enjoignit aux propriétaires des héritages devant lesquels le pavé serait remué, de faire, chacun en droit soi, le rétablissement de l'accès de sa maison sans pouvoir réclamer aucune indemnité ou dédommagement, attendu l'intérêt public.

Enfin, les marguilliers de Sainte-Marguerite s'étant plaints de ce qu'il existait sur la place de cette église un bas-fond où se rendaient toutes les eaux de la rue Saint-Bernard, ce qui présentait de graves inconvénients pour l'édifice religieux, un arrêt du Conseil, du 24 avril 1736, décida que les retranchements et rapports de terres, boissements de seuils et autres opérations nécessaires pour diriger les eaux de cette rue vers celle du faubourg Saint-Antoine, seraient supportés par les propriétaires riverains, mais que la dépense en demeurerait à la charge des marguilliers.

On allait même encore plus loin, quand il s'agissait de travaux autres que ceux d'assainissement. Ainsi, on sait que, dès l'année 1634, il était déjà question de raser la butte Saint-Roch et qu'après avoir reculé devant cette grande opération, réalisée de nos jours, on se contenta plus tard d'aplanir légèrement l'un des versants de cette butte, afin de pouvoir prolonger la rue Sainte-Anne (qui n'était qu'une impasse) jusqu'à celle des Petits-Champs et ouvrir les rues Traversière et des Moulins. L'arrêt du Conseil, du 23 juillet 1669, en vertu duquel on se mit à l'œuvre, ordonnait : 1° que les riverains de la rue Sainte-Anne feraient faire les transport et vidange des terres devant les héritages qu'ils occupaient; 2° que les propriétaires de la butte feraient aussi niveler le terrain sur lequel devaient passer les deux rues projetées, et 3° que les pentes des rues l'Évêque, des Orties, des Moineaux, d'Argenteuil, du Hasard et Villedo seraient changées et qu'à cet effet les détenteurs des héritages y aboutissant seraient tenus de faire baisser les devantures de leurs maisons et de rétablir le pavé suivant les points qui leur seraient fixés, même de faire vider les terres qui étaient sur lesdits héritages, pour les rendre de niveau.

C'est en se fondant sur ce précédent que le Bureau des Finances autorisa les riverains de quelques rues, telles que celles de Cléry, Beauregard, Notre-Dame-de-Bonne-Nouvelle, de Condé, de l'Observance, etc., à en réduire les pentes à leurs frais, par des ordonnances des 30 août 1669, 16 septembre 1672, 12 juillet 1674, etc.

§ 9.

Après avoir expliqué comment s'effectuaient l'entretien et l'amélioration du revêtement de la voie publique, nous traiterons de son premier établissement.

Nous avons montré que, jusqu'au commencement du XVIIe siècle, les habitants de Paris étaient tenus de maintenir le pavé en bon état devant leurs maisons, excepté dans certaines rues et places qui pouvaient être considérées comme appartenant alors à la grande voirie. L'obligation de conserver impliquait nécessairement l'obligation de créer; l'une et l'autre étaient compensées par les avantages que procurait la contiguïté de la voie publique, elles dérivaient d'ailleurs de cette loi romaine, *Construat*, etc., que nous avons déjà citée au § 2. Le règlement le plus ancien qui s'explique catégoriquement à ce sujet, est une ordonnance de Charles VI, du 20 janvier 1402. Ce prince commence par s'y plaindre, ainsi qu'il l'avait fait dans celle de 1399, de ce que, sous le prétexte de prétendus privilèges, quelques religieux et écoliers remettaient, de jour en jour, à refaire, suivant l'usage traditionnel, les chaussées qui existaient en face de leurs immeubles; puis il ajoute: *Et aussy sont plusieurs autres gens de petit estat et autres, refusans de faire paver et contribuer qu'il esconvient au pavé nécessairement faire devant leurs hostels et édifices esquels nez oncques paremens.* Il signale les graves inconvénients résultant de cette négligence et enjoint au Prévôt de Paris de contraindre les retardataires à exécuter les réparations nécessaires. *Et aussy*, dit-il, *les chaussées que vous verrez estre à faire de nouvel en nostre dicte ville de Paris, en quelque lieu que ce soit, supposé ores que oncques n'y ait eu chaucée.*

La charge du premier pavage ne pouvait pas être affirmée en des termes plus précis.

Par son ordonnance du 14 juin 1510, dont les dispositions s'appliquaient à toutes les villes du royaume, et par conséquent aussi bien à celle de Paris qu'aux autres, Louis XII voulut également que chacun fût obligé de faire le pavé devant sa maison *autant qu'elle contiendroit et de l'entretenir*.

Enfin, nous avons déjà vu que dans son édit du mois de novembre 1539, concernant l'assainissement de la Capitale, François Ier avait ordonné à toutes personnes quelconques *de faire paver à pente raisonnable, chacun en droit soi, et d'entretenir le pavé en bon état et les rues nettes*.

Le but de ces prescriptions étant de rendre la circulation plus commode et le nettoiement plus facile, le magistrat qui présidait à la Police était particulièrement chargé de leur exécution. Il usait surtout de l'autorité qui lui avait été dévolue, à cet effet, dès que la salubrité se trouvait compromise.

Vers le milieu du XVIe siècle, lorsque les questions d'intérêt privé relatives au pavage des rues étaient encore jugées au Châtelet et, par appel, au Parlement, des particuliers cherchèrent à s'exonérer d'une partie de la charge dont ils étaient tenus. Ce dernier varia beaucoup dans les décisions qu'il rendit à ce sujet : le 30 mars 1511, il imposa la dépense du premier pavé aux riverains seuls (rue de Seine-Saint-Germain); le 22 janvier 1551, il la partagea par tiers, entre le seigneur haut justicier, la Ville et les habitants du quartier (rue du Four-Saint-Germain); le 14 août 1566, il mit le seigneur haut justicier hors de cause et condamna le seigneur censier à payer une moitié des travaux et les riverains l'autre moitié (rue des Bons-Enfants). Bien qu'il eût rendu ce dernier arrêt *en robes rouges* (1), sa manière de voir n'en changea pas moins. En effet, le 17 juin 1588, il ordonna que la dépense incombât à chacun des deux seigneurs, sauf leur recours tant à l'égard l'un de l'autre que contre la Ville et les riverains (rue du Ponceau). Enfin, le 24 février 1612, il n'admit pas que les riverains pussent actionner le seigneur censier, mais il réserva leurs droits contre le seigneur haut justicier (rue Sainte-Catherine) (2).

Une jurisprudence si incertaine venait probablement de ce que, faute de notions précises sur les rapports féodaux entre les seigneurs et leurs vassaux, la Cour s'attachait à ce que les parties tinssent respectivement compte des avantages plus ou moins directs et plus ou moins éloignés que les travaux devaient leur procurer, et qu'elle se trouvait embarrassée pour les apprécier, dans chaque espèce.

Quoi qu'il en soit, l'administration, sans se préoccuper de ces divergences d'opinions, restait toujours fidèle à son principe. On trouve, en effet, des lettres de cachet adressées, le 30 juin 1586, par Henri III au Lieutenant civil du Prévôt de Paris, pour l'inviter à commander à tous les propriétaires du faubourg Saint-Germain devant les maisons desquels le pavé était rompu, de le faire réparer dans deux mois, et *paver les rues qui ne l'étoient pas encore*.

Quand la solution de ces mêmes questions eut été remise aux tribunaux administratifs, c'est-à-dire au Bureau des Finances et au Conseil d'État, on appliqua constamment la règle en vertu de la-

---

(1) On appelait ainsi les arrêts que les chambres assemblées, avec solennité et dans leurs habits de cérémonie, prononçaient sur des matières de droit dépouillées de circonstances particulières, afin de fixer la jurisprudence sur les questions qu'elles soulevaient.

(2) Pour éviter des difficultés de cette nature, le Prieur de Saint-Denis-de-la-Châtre, seigneur censier, ayant ouvert, en 1544, une rue sur son terrain, imposa aux particuliers auxquels il vendit les parcelles qui la bordaient, l'obligation de paver, chacun en droit soi.

quelle la dépense du premier pavé était à la charge exclusive des riverains (1). C'est ainsi que l'on agit, en 1609, pour les rues Dauphine, Christine et d'Anjou; en 1618, pour la rue du Colombier; en 1623, pour la rue de la Bonne-Morue, aujourd'hui des Champs-Élysées; en 1637, pour la rue Baillif; en 1638, pour la rue Cassette, etc. Cependant, par suite des guerres civiles et des malheurs des temps, cette même règle tomba plus tard en oubli et, dans plusieurs quartiers, on trouvait encore un grand nombre de rues non pavées. Celles qui l'étaient se distinguaient, par cela seul, de leurs voisines, sans autre désignation, et l'on disait : la rue Pavée-Saint-André, la rue Pavée-Saint-Sauveur, la rue Pavée-au-Marais, la rue Pavée de la place Maubert, etc.

Aussitôt que Louis XIII eut affecté des ressources suffisantes à l'entretien du pavé, il prit en considération les propositions que lui avait adressées le Commissaire général Visiteur qu'il venait d'instituer, propositions que nous avons mentionnées, page 78 ; en conséquence, il ne voulut plus qu'il y eût dans Paris de rues en terrain naturel. Il s'en expliqua dans un arrêt du 26 mars 1639, qui, malgré son importance, ne paraît avoir été cité nulle part. C'est ce qui nous détermine à le transcrire ici en entier.

« Le Roy ayant ordonné le rétablissement et entretenement du

(1) Une exception aurait eu lieu pour la rue Gaillon, aujourd'hui Saint-Roch. Un arrêt du Conseil du 31 mars 1612 portait que, conformément à leurs offres, les bourgeois et habitants du faubourg Saint-Honoré contribueraient, avec les autres intéressés, dans la dépense de son premier pavé, en sorte que cette dépense n'aurait pas été uniquement à la charge des riverains. Mais l'arrêt n'a pas reçu d'exécution. On trouve, en effet, que le Bureau des Finances ordonna, le 10 mars 1671, le pavage de cette rue Saint-Roch, sur la demande de partie des riverains, aux frais de tous, et rejeta la réclamation de l'un d'eux, qui prétendait ne devoir rien payer parce que sa maison n'avait sur la rue qu'une porte de derrière. Les travaux furent adjugés le 21 avril suivant.

« pavé de la ville et faubourgs de Paris et voulant, par même moyen,
« pourvoir aux plaintes qui lui ont été faites des incommodités que
« reçoit le public, à défaut que les propriétaires de plusieurs mai-
« sons, tant de la dite ville que faubourgs, même des héritages qui
« sont le long des chaussées des dits faubourgs, n'ont fait paver au
« devant des dits héritages, clos de murailles et des dites maisons, a
« ordonné et ordonne que dans quinzaine, à compter du jour de la
« publication qui sera faite du présent arrêt, par affiches et cri public
« en la dite ville et faubourgs, les propriétaires des maisons bâties
« sur l'un et l'autre coté des rues, qui n'ont encore été pavées,
« seront tenus, pour cette fois seulement, faire paver sans aucune
« discontinuation au devant des dites maisons, savoir : pour celles
« qui sont situées en dedans de la dite ville, telle quantité de toises
« qu'il conviendra pour chacun revers des dites rues (1), et pour les
« maisons et héritages des faubourgs étant le long des grandes rues
« et chaussées, deux toises seulement de largeur sur la longueur, et
« pour ce faire employer du pavé de l'échantillon de 8 à 9 pouces, avec
« bon sable. Autrement, et à faute de ce faire, dans le dit temps et
« icelui passé, les dits ouvrages seront faits et parfaits par les entre-
« preneurs du dit rétablissement, à raison de 6 liv. 10 sols la toise dont
« ils seront payés par les dits propriétaires qui à ce faire seront
« contraints en vertu de l'exécutoire qui leur en sera délivré, après
« la réception des ouvrages et ce, par saisie et vente de leurs biens-
« meubles et arrêts des loyers des dites maisons et héritages que les
« locataires seront tenus leur payer jusqu'à concurrence de ce qui
« leur sera dû, en quoi faisant, ils en demeureront d'autant quittes
« et déchargés envers les propriétaires et autres. »

L'arrêt était revêtu d'une commission datée du même jour, et a été
publié, dans tout Paris, le 7 avril suivant. En vertu de ce même
arrêt, le Bureau des Finances fit successivement exécuter le pavage

(1) Le ruisseau, dans la plupart des rues, était alors établi au milieu de la
voie, et les parties situées de chaque côté s'appelaient des revers.

de près de cent rues tant anciennes que nouvelles. On y procéda tantôt d'office, et tantôt sur la demande des riverains, lors même que tous n'y étaient pas consentants. On encourageait d'ailleurs ceux qui s'exécutaient spontanément. En effet, un arrêt du Conseil, du 7 juillet 1644, exempta des taxes imposées sur les propriétaires qui étaient contrevenus aux défenses de bâtir dans les faubourgs, *ceux qui avoient payé leur part du pavé des rues*. Comme l'adjudicataire de l'entretien n'aurait pu se charger de tous ces pavages, chacun d'eux fit l'objet d'un marché spécial, conclu au rabais et dont les agents de l'administration suivaient l'exécution. Les particuliers y trouvaient le double avantage de n'avoir pas à se préoccuper de la réception des travaux et de les payer le moins cher possible.

Le même Bureau, en vue d'éviter aux intéressés une dépense trop lourde, permit de paver quelques petites rues des faubourgs avec des cailloux et moellons; mais l'économie ne fut qu'illusoire, attendu qu'un autre arrêt du Conseil prescrivit, le 14 septembre 1669, de remplacer ces derniers matériaux par du pavé de grès, à mesure que des réparations seraient nécessaires, et décida que les riverains payeraient la moitié des frais de la substitution, l'autre moitié restant à la charge de l'administration.

On ne trouve plus de règlement enjoignant d'une manière générale de mettre sans retard du pavé là où il n'y en avait pas encore : on laissait les riverains libres de choisir eux-mêmes le moment opportun; mais, il est intervenu un grand nombre d'arrêts du Conseil pour assurer l'exécution immédiate du premier, lorsque l'intérêt de la circulation et de la salubrité le réclamait impérieusement, tels que ceux des 3 et 30 août 1656 et 25 juillet 1676, concernant plusieurs rues du Marais, du faubourg Saint-Germain et du faubourg Saint-Antoine.

On lit dans le premier : « Sur ce qui a été représenté au Roy, en
« son Conseil, par les propriétaires des maisons sises au Marais du
« Temple, proche la porte Saint-Louis, spécialement ceux des rues

« de Poitou, Vieille-du-Temple, d'Angoumois, Saintonge, Péri-
« gueux, de Normandie et Saint-Claude... que la plus grande partie
« des dites rues, n'étant achevées de paver, cela ôte et empêche non-
« seulement la liberté de l'abord et passage de la porte Saint-Louis ;
« mais aussi cause des amas d'immondices qui y croupissent et
« forment des cloaques qui rendent une telle puanteur et infection
« que les bourgeois et habitans du dit quartier du Marais en souf-
« frent de très grandes incommodités et maladies, en sorte qu'ils
« sont sur le point de déserter et abandonner leurs demeures, s'il
« n'y est promptement remédié. A ces causes, etc. »

Le second commence ainsi : « Sur ce qui a été représenté au Roy,
« en son Conseil, par les propriétaires des maisons des rues de l'Uni-
« versité et du Bac, au faubourg Saint-Germain et des rues adjacen-
« tes, qu'ils reçoivent de grandes incommodités par le défaut de pavé
« en partie des dites rues de l'Université et du Bac, en ce que les
« eaux et immondices ne pouvant être évacuées en aucun lieu y
« croupissent et rendent de grandes puanteurs et infections, même
« en temps d'hiver, qui empêchent le passage et l'abord des dites
« rues. A ces causes, etc. »

Le troisième, après avoir visé un procès-verbal du Lieutenant de
Police constatant l'état d'insalubrité des rues y dénommées, faute
d'être complètement pavées, ou parce que leur pavé était recouvert
de boues et d'immondices, porte.: « Les propriétaires des maisons
« et héritages faisant face sur la dite rue de la Raquette, dans toute
« sa longueur et sur les rues de Baffroy, Pincourt et de Lappe,
« chacun en droit soi, seront tenus de faire ôter et enlever, dans
« quinzaine, pour tout délai, les terres qui sont au dessus de l'an-
« cien pavé des dites rues ; contribuer, suivant les règlemens de
« police, chacun à proportion de ce qu'il aura sur les dites rues,
« pour la dépense du premier pavé, aux lieux où il n'y en a point
« encore eu, et pour le rétablissement du pavé qui a été ci-devant
« fait... » (On écrit maintenant Roquette, Basfroi et Popincourt.)

Si, faute d'être nivelée et pavée, une rue ancienne interceptait l'écoulement des eaux pluviales de celles dont le sol dominait le sien, le pavage en était également ordonné d'office, aux frais des riverains, comme on le voit par un arrêt du Conseil, du 19 janvier 1740, relatif à la rue Verte, aujourd'hui du Chemin-Vert, qui, par suite de la pente naturelle du terrain, était assujettie à recevoir les eaux des rues des Amandiers et de Popincourt.

Mais, si le pavage intéressait un service public, l'administration se chargeait d'une partie des frais, comme elle le fit pour la section de la rue Saint-Maur, dénommée anciennement rue Blanche, qui servait à l'exploitation d'une voirie à boue située à l'angle des rues de Popincourt et de Ménilmontant; un arrêt du Conseil, du 25 août 1769, décida que les riverains ne contribueraient que pour un tiers dans la dépense de son pavage et que le surplus serait imputé sur les fonds de la Police et sur ceux de l'entretien du pavé.

Lorsque la rue était déjà pavée et qu'en l'absence de pentes bien réglées, les eaux y restaient stagnantes, les riverains devant profiter les premiers de l'amélioration de l'état de choses, s'engageaient à payer les travaux projetés dans ce but, ainsi qu'il apparaît d'un arrêt du Conseil, du 11 septembre 1742, concernant la rue du Faubourg-Poissonnière.

Le pavage était immédiatement obligatoire dans les rues de formation nouvelle. C'est ce qui résulte d'un arrêt du Conseil, du 4 décembre 1720, autorisant la création de tout un nouveau quartier, au delà du rempart du nord, entre la Ville-l'Évêque et la Grange-Batelière. Après avoir dit que les propriétaires n'y pourraient faire construire que le long des rues qui seraient établies pour la sûreté publique, cet arrêt, que confirmèrent des lettres patentes du mois de mars suivant, ajoutait que chacun d'eux, en droit soi, ferait le premier pavé et le tiendrait net.

On sait que, dans la crainte que si Paris ne devenait trop peuplé il ne fût difficile d'y maintenir une bonne police, la déclaration royale du 18 juillet 1724, que nous avons citée, page 131, avait expressément défendu d'y ouvrir de nouvelles voies. Néanmoins, apprend Perrot, dans son *Dictionnaire de Voirie*, pour peu qu'une rue parût utile au public, on obtenait facilement la permission de la créer (1). Les Trésoriers de France jugèrent convenable de faire à ce sujet des représentations qui ne furent pas écoutées. La multiplicité des nouveaux quartiers qui se forment, de tous côtés, dans les faubourgs de Paris, malgré les défenses toujours subsistantes, entraine, disaient-ils, la ruine entière du pavé, attendu que les fonds destinés à son entretien ne sont pas augmentés à mesure qu'on ajoute à sa superficie.

Comme les idées de l'administration s'étaient modifiées depuis 1724, une autre déclaration, du 10 avril 1783, supprima ce que la première avait de trop absolu, tout en imposant la nécessité d'une autorisation préalable émanant du Roi, sous peine de 3,000 liv. d'amende.

Une des clauses insérées dans les lettres patentes qui intervenaient, à cet effet, était toujours que le premier pavé serait exécuté aux frais des impétrants.

Mais si, au lieu d'être dû à l'initiative privée, le percement était prescrit dans un but d'utilité autre que celui de la viabilité, l'obligation de paver n'était plus imposée aux riverains. C'est ce qui eut lieu pour la rue destinée à faciliter aux habitants du faubourg Saint-Honoré l'accès du Colisée qu'on venait d'établir aux Champs-

---

(1) L'autorisation n'en était pas moins considérée comme une faveur dont profitaient particulièrement les riverains. C'est pourquoi elle n'était délivrée, en vertu d'un édit du mois de décembre 1770, que moyennant une rétribution appelée *le Marc d'or*, qu'a remplacé, plus tard, le droit du Sceau. La rétribution était de 300 livres.

Élysées (1). Le duc de la Vrillière, Ministre de la Maison du Roi, écrivait, à ce sujet, à l'Inspecteur général du Pavé, le 26 janvier 1770 :
« Je crois devoir vous observer que l'ouverture de la rue du Co-
« lisée ayant été regardée comme nécessaire pour la commodité pu-
« blique et ordonnée, en conséquence, *de propre mouvement*, les
« propriétaires des terrains situés sur cette rue ne doivent point être
« tenus de contribuer à la construction du pavé (2). Je pense aussi
« que, pour ne pas s'engager dans une trop grande dépense, on pour-
« roit renoncer à paver, dans le moment présent, la partie de la
« rue Marignan qui ne facilite en rien l'arrivée du Colisée, mais il
« est indispensable de paver celle du Colisée et de commencer le
« plus tôt qu'il sera possible : je ne vous dissimulerai même pas que
« je prends intérêt au succès de ce nouvel établissement et que vous
« me ferez plaisir de ne pas perdre un instant pour avancer cet
« ouvrage (3). »

Des considérations d'une autre nature firent encore sortir de la règle générale ; ce qui s'est passé pour la rue Richer en offre un exemple. Des lettres patentes du 9 mars 1782 avaient ordonné qu'elle recevrait immédiatement 36 pieds de largeur. Lorsqu'elle eut acquis

(1) Le Colisée, a dit de La Tynna, dans son *Dictionnaire des rues de Paris*, était un établissement délicieux qui attirait tout Paris. Musique, danse, feux d'artifice, joûtes, courses de chevaux, boutiques de curiosités, de modes, de bijoux, cafés, spectacles, etc., tout y était charmant.

Il a été fermé en 1773 et démoli l'année suivante parce qu'il menaçait ruine.

(2) On leur avait d'ailleurs imposé l'obligation de fournir gratuitement le terrain nécessaire à la création de la rue, qui n'était alors qu'une simple ruelle, dite des Gourdes.

(3) Nous devons dire que la recommandation du Ministre n'eut pas de résultat, attendu que, bien que des lettres patentes du 10 avril 1779 eussent confirmé l'arrêt du Conseil intervenu neuf ans auparavant, la rue du Colisée demeura à l'état de ruelle. C'est vers l'année 1825 seulement que les riverains se décidèrent à prendre alignement. Le pavage fut alors exécuté à leurs frais. La Ville se chargea de la traverse de l'avenue de Neuilly et y consacra une somme de 2,940 francs.

le terrain nécessaire, l'administration se ravisa et décida que cette largeur serait réduite à 30 pieds. Une bande de 6 pieds de largeur fut en conséquence laissée libre du côté du nord. Un arrêt du Conseil, du 29 août 1785, imposa aux particuliers, dont les propriétés lui étaient contiguës, l'obligation d'en faire l'acquisition pour avoir droit de vue et d'accès sur la rue; il ajoutait que les riverains du côté opposé seraient tenus de payer *la dépense entière du pavage*, attendu qu'ils se trouvaient être les seuls qui n'eussent pas contribué à sa formation.

Si l'administration traitait à l'amiable, avec des particuliers, pour des percements qui lui paraissaient désirables, ceux-ci pouvaient, bien entendu, stipuler que, par exception, ils seraient dispensés d'en payer le pavage, comme cela est arrivé pour les rues servant d'accès au marché Beauvau, en 1779; au théâtre de la Comédie-Française, en 1781; au couvent des Capucins, aujourd'hui lycée Fontanes, en 1782; à la Halle aux draps, en 1783, etc.

Nous remarquons qu'en procédant au premier pavage d'une rue, les riverains étaient tenus, comme ils le sont encore de nos jours, d'assurer l'écoulement des eaux ménagères et pluviales, au moyen de branchements d'égouts, quand il ne pouvait avoir lieu à la surface, ainsi qu'on le voit dans l'arrêt du Conseil, cité plus haut, relatif à la rue de la Roquette, et dans une ordonnance du Bureau des Finances, du 21 novembre 1777, concernant les rues de Lancry et des Marais.

Il paraît que dans les faubourgs et la banlieue, où les immeubles n'avaient généralement qu'une médiocre valeur, les propriétaires hésitaient à faire paver, à cause des frais à payer tant pour l'obtention de l'arrêt du Conseil nécessaire à cet effet, que pour l'adjucation à laquelle procédait ensuite le Bureau des Finances. Afin d'aplanir ces difficultés, le Roi, par une décision du 26 janvier 1740, autorisa le Trésorier de France qui avait la direction du Pavé, à délivrer lui-même, et sans qu'il en coûtât rien, la permission d'exécuter les travaux, qui, après être terminés, passaient à l'entretien, sans autre formalité que celle de la réception.

Suivant le règlement du 26 mars 1639, pour être admis à cet entretien, un premier pavage devait être effectué en pavés d'échantillon. Il a été fait une exception pour la rue Plumet. Les riverains, au nombre desquels se trouvait le premier président du Parlement de Paris, ayant fait observer qu'elle n'était pas susceptible d'une grande fréquentation et que d'ailleurs leurs propriétés n'avaient qu'une minime importance, un arrêt du Conseil, du 10 septembre 1748, les autorisa, sans tirer à conséquence, à ne la faire paver qu'en pavés de rebut.

Revenons maintenant aux lettres patentes portant permission d'ouvrir une rue. Indépendamment de l'expédition adressée au Parlement, pour qu'il en fît observer le contenu, une copie en était envoyée directement au Bureau des Finances, comme étant chargé de concourir à leur exécution; mais, dans les derniers temps, cette copie ne lui était plus remise, en sorte qu'il n'apprenait l'existence de l'autorisation que lorsque l'impétrant venait solliciter la délivrance de l'alignement ou du nivellement de la voie. Les Trésoriers de France virent dans ce procédé une mortification ajoutée, disaient-ils, à beaucoup d'autres et contre lesquelles ils ne cessaient de réclamer. En conséquence, ils résolurent, dans leur mauvaise humeur, de laisser désormais sans réponse les demandes de cette nature. C'est ce qu'ils firent, en 1781, pour la rue de Houssay. Mais le Parlement, qui avait déjà enregistré le privilège obtenu par ce propriétaire, leur enjoignit d'en faire autant, sinon que les opérations d'alignement et de règlement des pentes du pavé auraient lieu sans leur intervention et vaudraient comme s'ils y eussent concouru. Les officiers du Bureau des Finances eurent beau protester en s'étayant de l'édit du mois de mars 1693, et en alléguant, parmi plusieurs considérations, qu'agissant, dans ces matières, en qualité de Commissaires du Conseil, c'était du Conseil seul qu'ils devaient tenir leur mission, les mêmes faits se reproduisirent en 1784, à l'occasion du percement de la rue de Courty.

Depuis l'année 1768, on ne mettait plus en adjudication les travaux d'un premier pavage ; l'exécution, ainsi que nous l'avons dit, en revenait de droit à l'entrepreneur de l'entretien, suivant une des clauses de son bail. Il a été dérogé à cette disposition lorsque les Quinze-Vingts furent transférés au faubourg Saint-Antoine. L'emplacement qu'ils avaient occupé entre la rue Saint-Honoré et la place du Carrousel ayant été vendu par le Domaine, à la charge par les acquéreurs d'y ouvrir plusieurs rues (1), ceux-ci se firent autoriser, par des lettres patentes du 16 décembre 1779, à les faire paver par des ouvriers de leur choix ; mais ils n'eurent pas lieu de s'applaudir de cette faveur : lorsqu'ils présentèrent les travaux à la réception, ils furent trouvés si défectueux qu'il fallut les refaire presque en entier.

Dans les commencements, lorsque des riverains d'une rue ouverte par succession de temps en sollicitaient le pavage, l'administration accédait à la demande sans avoir égard au nombre des dissidents ; mais elle reconnut bientôt qu'il n'était pas juste que la minorité fît la loi. Dès lors, elle admit en principe de n'autoriser les travaux que si les demandeurs représentaient, par l'étendue de leurs façades, les deux tiers au moins des parties intéressées. Lorsqu'elle avait des doutes à ce sujet, elle se faisait renseigner par l'Inspecteur général du Pavé, comme le montre un arrêt du Conseil, du 21 août 1745, relatif à la rue Saint-Romain.

On s'écarta de cette tradition pour la rue Notre-Dame-des-Champs ou d'Enfer. Les Chartreux, propriétaires de tout un côté, ayant refusé de se joindre à ceux qui en provoquaient le pavage, et parmi lesquels figurait l'abbé Terray, qui, peu de mois après, devint Contrôleur général des Finances, l'Inspecteur général était d'avis de

(1) Ces rues, au nombre de six, n'existent plus depuis quelques années.

surseoir; mais Trudaine père, alors Intendant des Ponts et Chaussées, lui répondit, le 5 août 1769 : « La règle de n'ordonner le pavé
« que lorsque les trois quarts des propriétaires le demandent n'est
« fondée que sur un ancien usage; il n'y a pas de loi précise à ce
« sujet, et, comme, dans le cas présent, si l'on observait rigoureu-
« sement cet usage, les Chartreux seraient les maîtres d'empêcher
« le pavé d'une rue qui est utile aux autres propriétaires et au pu-
« blic, je crois que l'on peut très bien s'en écarter, et je ne vois pas
« beaucoup de difficultés à expédier l'arrêt. » En conséquence, les
travaux furent ordonnés aux frais de tous les riverains, le 24 du
même mois.

Quelques années après, le duc d'Orléans ayant sollicité le pavage
de la rue de Chartres, qui longeait son parc de Monceaux, un arrêt
du Conseil, du 2 août 1788, obtempéra à son désir; mais, attendu
qu'il représentait seulement le tiers des riverains, il eut à sa charge
tous les frais de l'opération.

Les trois derniers baux disposaient, comme nous l'avons vu, que
l'entrepreneur ne serait obligé de commencer le pavage d'une rue que
si un certain nombre de contribuables lui en assurait le payement.
Le but de cette clause étant de sauvegarder ses intérêts, il était naturellement appelé à discuter la solvabilité des répondants, et les travaux n'étaient ordonnés que s'il s'en trouvait satisfait. Quelquefois,
un ou deux propriétaires offraient d'avancer toute la dépense. Dans
ce cas, ils se faisaient subroger aux droits de l'entrepreneur, afin de
pouvoir exercer utilement un recours contre leurs voisins, ainsi
que l'apprennent les arrêts du Conseil des 25 novembre 1752, 14 décembre 1768, 8 juin 1776, 6 mai 1777, etc., concernant les rues Saint-
Maur, de Grammont, Taitbout, Chabanais, etc.

Il existait donc une sorte de solidarité entre tous les riverains.
Aussi, quand un propriétaire refusait de payer sa contribution et
que le produit de la vente forcée de son immeuble ne suffisait pas
pour couvrir la dette, les autres propriétaires étaient obligés de com-

bler le déficit : c'est ce que décida un arrêt du Conseil, du 21 mars 1746, relatif à la rue du Chemin-Vert.

Les sommes dues à l'entrepreneur étaient d'ailleurs privilégiées. Les arrêts du Conseil portaient, en effet, qu'il serait payé par préférence à tous créanciers, même fonciers, comme pour les propres deniers et affaires de Sa Majesté.

La condition à laquelle était alors subordonnée l'exécution des travaux fait voir que l'arrêt du Conseil du 26 mars 1639 était tombé en désuétude, ou du moins qu'on attendait, pour faire procéder au pavage, que les riverains en fissent la demande, excepté toutefois si l'intérêt de la salubrité le rendait immédiatement nécessaire. Nous avons cité des exemples où, dans ce cas, il était exécuté d'office.

Lorsqu'il s'agissait de paver pour la première fois une rue ancienne ou nouvelle, il intervenait un arrêt du Conseil qui homologuait le devis, en prescrivait l'exécution et servait de titre à l'entrepreneur. A partir de l'année 1774, ces arrêts, au nombre de plus de cinquante, imposèrent presque toujours aux riverains une dépense à laquelle ils étaient restés étrangers jusqu'alors : celle du premier relevé-à-bout, quand il serait ordonné (1). L'administration, instruite par l'expérience qu'un premier pavage, tant bien fait soit-il, est généralement susceptible de tassements qui en exigent le remaniement presque complet, jugea convenable de n'en prendre désormais l'entretien à sa charge qu'après qu'il se trouverait parfaitement assis. Une exception a été faite expressément pour les rues d'Anjou-Saint-Honoré, le 19 octobre 1778; de Bondy, le 1er février 1786; du Fer-à-Moulin, le 6 décembre 1788, etc.; mais *par grâce et sans tirer à conséquence pour l'avenir*. Nous reviendrons, dans l'appendice, sur cette question du premier relevé-à-bout. En attendant, disons que

(1) C'est pour la rue de la Halle-aux-Veaux qu'on a commencé à agir ainsi (arrêt du 20 mai 1774).

la nouvelle mesure n'a jamais été suivie d'effet, sous l'ancien régime, du moins à notre connaissance.

Dans les rues des quartiers excentriques et soumises à peu de fréquentation, telles que celles de Rochechouart, des Boulets, de Fontaine-au-Roi, de Notre-Dame-des-Champs, etc., on ne demandait aux riverains de né paver provisoirement qu'une largeur de 12 à 15 pieds, leur laissant à faire le reste, quand le besoin s'en ferait sentir, comme n'ayant rempli qu'une partie de leurs obligations ; le Roi lui-même, dans les rues des faubourgs servant de prolongement aux grandes routes, ou par lesquelles arrivaient certaines denrées et dont, pour ces motifs, il avait l'entretien, n'établissait qu'une chaussée dont la largeur variait à raison des exigences de la circulation et remettait également aux riverains le soin de paver, plus tard, les accotements ou revers.

A ce propos, arrêtons-nous un instant sur un arrêt du Conseil dont les dispositions demandent quelques explications : celui du 15 janvier 1638, portant que les propriétaires qui, malgré les défenses souvent renouvelées, avaient bâti sans permission dans les faubourgs, notamment dans ceux de Saint-Antoine et de Saint-Honoré, seraient contraints d'ajouter, à la chaussée du milieu, des revers pavés *qu'ils entretiendroient soigneusement pour la commodité des passants, tandis que la dite chaussée seroit tenue en bon état, par les Prévôt des Marchands et Échevins, ainsi qu'elle l'avoit été ci-devant.* Il ne faut pas oublier qu'on était alors sous l'empire de la déclaration du 9 juillet 1637, qui avait prescrit de revenir, pour la réparation du pavé, à ce qui se pratiquait avant l'année 1609 ; mais les choses ayant été remises, vers la fin de 1638, sur le pied où cette déclaration les avait trouvées, il n'y avait plus à réclamer, soit de la Ville, soit des particuliers, l'entretien d'aucun pavage régulièrement exécuté. Aussi, voyons-nous que l'arrêt de 1639, transcrit ci-dessus, ordonnait d'une manière générale aux riverains des grandes rues des faubourgs de paver, *pour cette fois seulement*, et en pavés d'échantillon,

les revers des chaussées, sur une largeur de deux toises, *faisant
entendre*, par les mots que nous soulignons, qu'ils seraient déchargés
de leur entretien ultérieur.

Ces dernières dispositions ont successivement été appliquées à un
grand nombre de rues, entre autres à celles de Sèvres, en 1658; de
Charonne, en 1683; du Faubourg-Montmartre, en 1693; de Chaillot,
en 1705; de Saint-Lazare, en 1734; de la Chaussée-d'Antin, en
1772, etc. Lorsque les riverains obtenaient, par exception, l'autorisation de ne revêtir les revers qu'en pavés de rebut, la réparation
s'en faisait à leurs frais, ainsi qu'il résulte d'une ordonnance du
Bureau des Finances, du 17 octobre 1766, concernant la rue du Fau-
bourg-du-Temple. En général, ils entretenaient eux-mêmes les
revers des chaussées là où ils étaient restés en terrain naturel ou
n'étaient pas pavés en pavés d'échantillon, comme l'apprend une
autre ordonnance du même Bureau, en date du 5 avril 1785, relative
à la rue de Clichy.

C'est de nos jours seulement que, malgré l'exemple donné depuis
longtemps par la ville de Londres, nous avons remplacé, presque
partout, les revers des chaussées par *des trottoirs*. Cependant, sans
sortir de la Capitale, les Parisiens pouvaient apprécier les avantages
de cette heureuse innovation, puisque, dès le commencement du
XVII° siècle, elle avait été introduite sur le Pont-Neuf (1), et plus
tard sur le Pont-Royal. De son côté, à mesure qu'elle faisait construire de nouveaux quais, la Ville ne manquait pas d'établir, le
long des parapets, des trottoirs qu'on appelait alors des banquettes
et dont l'entretien restait à sa charge.

Quant aux rues, la première qui en ait reçu est celle de l'Odéon,
et ce, en 1781, afin de protéger les piétons que devait attirer la nou-

(1) Il est vrai que le public ne jouissait guère des trottoirs de ce pont, attendu
que Louis XIII avait autorisé ses grands valets de pied à les louer moyennant
une redevance, pour y étaler toutes espèces de marchandises, et que ce fut en
1756 seulement qu'un arrêt de Conseil du 3 avril fit cesser cet abus.

velle salle de la Comédie-Française à laquelle elle conduisait. Dans le même but et en conformité d'une ordonnance du Bureau des Finances, du mois d'août 1782, on avait planté, à droite et à gauche de la rue de Tournon, et à une certaine distance des maisons, une rangée de bornes derrière lesquelles les passants se trouvaient en sûreté. Une autre ordonnance du même Bureau, en date du 21 mars 1783, avait prescrit d'en faire autant aux abords du théâtre des Italiens. Les étroits chemins réservés ainsi à l'usage exclusif des personnes à pied, n'étaient rien moins que des trottoirs ; cependant ils en usurpaient le nom. Nous avons vu ceux de la rue de l'Odéon ; ils étaient soutenus par une bordure en pierre de taille et revêtus de minces pavés de grès posés sur une forme de chaux et ciment. On avait eu la malencontreuse idée de mettre, le long de la bordure, une file de bornes qui avaient l'inconvénient de rétrécir l'espace abandonné aux voitures et que, au dire de l'auteur du *Tableau de Paris*, les cochers évitaient avec soin dans la crainte d'accrocher. Le Ministre des Finances avait décidé, le 10 avril 1781, que ces trottoirs seraient entretenus aux frais des Bâtiments du Roi, ainsi que l'étaient déjà ceux des ponts.

La rue de Louvois est la seconde qui ait été traitée à l'instar de la rue de l'Odéon. Comme l'on songeait à y établir aussi un théâtre, l'article 5 des lettres patentes qui en autorisaient le percement, disposait que les propriétaires riverains seraient tenus de construire, le long de leurs maisons, un trottoir qui aurait 4 pieds de largeur et 10 à 12 pouces au moins de hauteur, avec une bordure de pierres propre à le soutenir; qu'il serait, en outre, couvert d'un pavé uni et défendu par de petites bornes posées à une certaine distance les unes des autres.

Presqu'en même temps, M. Jean-Joseph De Laborde, créateur d'une grande partie du quartier de la Chaussée-d'Antin, sollicitait lui-même l'autorisation de construire également des trottoirs dans une rue qu'il se proposait d'y ouvrir, la rue Le Pelletier. Cette autorisation lui fut accordée par d'autres lettres patentes du 8 avril 1786, dans les mêmes termes que pour la rue de Louvois. Ce n'est qu'après la Révolution que d'autres particuliers suivirent cet exemple (1).

Le moment paraît venu d'expliquer comment se comptaient les ouvrages de pavages neufs, après que leur exécution eut appartenu exclusivement à l'entrepreneur de l'entretien.

La main-d'œuvre et la fourniture des matériaux étaient payés aux prix de son bail; mais ceux du transport à pied-d'œuvre, depuis le lieu du dépôt, pour les pavés, et de la carrière, pour le sable, s'établissaient suivant les distances parcourues; ils étaient, en conséquence, susceptibles de beaucoup de variations. Il en était de même de l'enlèvement ou de l'apport des terres servant à disposer convenablement le sol à recevoir le pavé. La dépense du tout était répartie entre les riverains au prorata de l'étendue de leurs façades, sans qu'on se préoccupât de savoir si la masse du déblai ou du remblai avait été plus considérable sur un point que sur un autre, attendu que le nivellement qui les avait nécessités profitait à chacun d'eux. Par la même raison, si ce nivellement entraînait quelque dommage, l'indemnité allouée au propriétaire qui l'avait souffert demeurait également une charge commune, ainsi que cela eut lieu, en 1778, pour la rue de la Tour-d'Auvergne.

Il résultait de ce mode de procéder que le prix de la toise superficielle des pavages neufs pouvait différer sensiblement d'une rue à l'autre, bien que les ouvrages fussent exécutés simultanément.

Le bénéfice passé à l'entrepreneur était d'ailleurs le même que pour les raccordements, c'est-à-dire du dixième, en considération

(1) Chose remarquable, un autre M. De Laborde, probablement le descendant du premier, a été, avec M. Chabrol, l'ardent promoteur de l'établissement des trottoirs dans Paris. Nous y reviendrons dans l'appendice.

de ce qu'il attendait plus longtemps son payement que lorsqu'il travaillait pour le compte du Roi et qu'il était souvent obligé de faire des frais pour l'obtenir.

Quand un premier pavage faisait l'objet d'un marché particulier, ou lorsque l'exécution en revenait de droit à l'adjudicataire de l'entretien, la règle était que le prix n'en pouvait être réclamé qu'après que les travaux avaient été acceptés par les agents de l'administration. Si cependant quelque circonstance indépendante de la volonté de l'entrepreneur s'opposait à ce qu'il les mît immédiatement en état de réception, les riverains étaient tenus de lui payer provisoirement les trois quarts du montant des ouvrages. C'est ce qui a été décidé par un arrêt du Conseil, du 13 février 1742, pour les rues Basse-du-Rempart et du Chemin-Vert.

Nous lisons dans un rapport de l'Inspecteur général du Pavé, en date du 14 janvier 1774 (1), que lorsqu'une rue ancienne s'élargissait par le reculement d'un mur de face ou de clôture, il était d'usage que le terrain ainsi *retranché* de la propriété riveraine, pour être réuni à la voie publique, fût pavé aux frais du particulier qui en avait fait l'abandon. Comme les élargissements s'opéraient ordinairement par voie d'alignement et au moyen d'emprises à peu près égales sur les deux côtés, il paraissait juste, en effet, que, conformément à la règle en vertu de laquelle le premier pavage d'une rue incombe aux riverains, ces derniers fussent chargés, chacun en droit soi, de supporter la dépense de celui qui adhérait à leurs propriétés et n'était, en quelque sorte, que le complément du précédent. Mais, si les emprises étaient plus fortes d'un côté que de l'autre, l'application de l'usage dont nous parlons eut blessé l'équité, puisqu'elle aurait eu pour conséquence de faire paver par certains riverains plus de la moitié de la largeur assignée à la rue, et par d'autres, moins de cette moitié. Aussi, dans le cas que nous citons

(1) Il s'agissait de décider par qui devaient être pavés plusieurs terrains retranchés, rue Trainée.

et afin de ramener l'égalité des charges, on réunissait, par la pensée, les terrains à prendre, tant de droite que de gauche, et chaque riverain payait, dans l'étendue de sa façade, la moitié du pavage du tout. C'est dans ce sens que doit être interprété un arrêt du Conseil, du 4 mai 1734, relatif à la rue de Bercy. Si, au contraire, le terrain nécessaire à l'élargissement n'était fourni que par un seul côté de la rue, les propriétaires du côté opposé partageaient également avec les autres la dépense de son pavage, comme le portait un arrêt du Conseil, du 27 avril 1779, pour la rue de l'Égout, aujourd'hui de Provence. Enfin, lorsque l'élargissement était urgent et que, dans le but de l'obtenir immédiatement, l'administration traitait avec quelques-uns des riverains pour l'occupation de leurs immeubles, en tout ou en partie, les autres étaient appelés à contribuer dans une certaine proportion au payement de l'indemnité de dépossession et du pavage du terrain incorporé à la voie publique, attendu les avantages que la double opération leur procurait, ainsi qu'on le fit pour la rue de la Perle, élargie au moyen d'une emprise effectuée sur deux propriétés riveraines. L'indemnité de dépossession ayant été fixée à 12,186 liv. 13 sols et la dépense du pavage à 2,014 liv. un arrêt du Conseil, du 15 février 1672, décida que le tiers de ces deux sommes serait supporté par les expropriés et le surplus par les autres riverains. Ceux-ci ayant trouvé la charge bien lourde, la Ville intervint et s'engagea à payer le tiers de la contribution qui leur était réclamée. Un second arrêt, du 13 septembre suivant, les mit en demeure, sous peine de perdre le bénéfice de cette faveur, de s'acquitter dans un délai de huit jours (1).

(1) Lorsque le rescindement s'opérait sur une maison, il arrivait souvent que le propriétaire, malgré les défenses portées par l'édit de décembre 1607, conservait clandestinement les anciens berceaux de caves qui allaient se trouver sous la voie publique. Les nombreuses poursuites exercées, à ce sujet, par les Trésoriers de France attestent combien il était difficile de réformer un pareil abus. Afin d'y parvenir plus sûrement, ils prescrivirent aux Commissaires de la Voirie, le 20 janvier 1758, de constater la situation des caves appartenant à des constructions soumises à retranchement, en même temps

Certaines circonstances firent quelquefois modifier les pratiques que nous venons d'exposer. Ainsi, l'administration de l'Hôpital général ayant intérêt à l'élargissement d'une ruelle, dite de la Muette, aujourd'hui du Fer-à-Moulin, conduisant à sa maison de Scipion, offrit le terrain nécessaire pour lui donner provisoirement une largeur de 24 pieds, qu'elle paverait à ses frais, à la condition que les riverains du côté opposé, qui n'étaient autres que les administrateurs de l'Hôtel-Dieu, reculeraient de 6 pieds, lorsqu'ils prendraient alignement et paveraient, à leur tour, le vide qui en résulterait ; on ne les faisait donc contribuer que pour un cinquième dans la totalité du pavé de la rue, au lieu de la moitié. Ces propositions ayant été acceptées, des lettres patentes, du 14 mars 1783, les homologuèrent immédiatement.

Si nous sortons maintenant de Paris et de ses faubourgs pour entrer dans la banlieue, nous trouverons qu'on y suivait des règles différentes relativement au premier pavage des rues, attendu que celles-ci servaient ordinairement d'accès soit à l'église, soit à la Maison Commune, soit à une grande route et que, dès lors, la généralité des habitants en retirait un avantage incontesté. Cependant, un arrêt du Conseil, du 20 janvier 1756, déclara que le pavage des rues de Choisy-le-Roi incombait aux riverains, et que c'était par exception que Sa Majesté voulait bien contribuer dans la dépense, à raison, probablement, de ce qu'elle résidait souvent au château de ce lieu. Mais à Belleville, plusieurs rues ont été pavées aux frais de tous les propriétaires fonciers de la paroisse et non uniquement par les riverains (arrêt du 5 mars 1758). A Noisy-le-Sec, le pavage de la Grande-Rue a aussi été effectué par les propriétaires de biens fonds ; toutefois, le service du Pavé de Paris leur est venu en aide pour la moitié de la dépense (15 juin 1760). Il en a été de même pour la rue qui traverse le village de Bagnolet (9 mai 1765). A Pantin, au con-

qu'ils feraient leur rapport sur la demande d'alignement. Dans le cas où l'entrée de ces caves leur serait refusée, l'ordonnance les autorisait à se faire prêter main-forte pour qu'ils pussent remplir leur mandat.

traire, si le service du Pavé de Paris a également payé la moitié de la dépense du pavage de la rue dite de La Villette, les riverains en acquittèrent le surplus (21 août 1761). A Charonne, la rue Saint-Germain a aussi été pavée par les propriétaires fonciers, après que le même service eut pris les terrasses à sa charge (9 mai 1766), etc. Ce n'est que pour la rue Blomet, à Vaugirard, que l'on s'est exactement conformé aux principes établis dans Paris; les riverains seuls ont supporté la dépense du premier pavé et on leur a même imposé celle du premier relevé-à-bout (13 décembre 1789).

Nous compléterons ce que nous avions à dire du premier pavage des voies publiques par quelques mots sur celui des places et des quais.

Il n'existait autrefois, à Paris, aucune règle précise concernant le pavage des places servant à sa décoration ou à l'usage commun des habitants. En 1371, le Prévôt de Paris décida que les fripiers appelés à occuper, les jours de marché, une place aux Halles, seraient tenus de la paver. Une ordonnance de police de l'année 1374 nous apprend que la place Maubert avait été pavée aux frais des riverains. Charles VI, le 13 mai 1416, fit enjoindre aux officiers de la Ville d'avoir à faire paver la place du Châtelet. En 1669, le Roi mit également à leur charge le pavage de la place Vendôme, nommée alors Louis-le-Grand. Le prince de Condé a fait paver, en 1775, la place du Palais-Bourbon. Enfin, celle de l'Odéon a été pavée, en 1781, sur les fonds du Trésor royal. Ce n'est qu'après la Révolution, comme on le verra dans l'appendice, qu'on appliqua à Paris les dispositions de l'ordonnance de Louis XII, du 14 juin 1510, en vertu desquelles les villes doivent supporter la dépense du pavage des places publiques, sauf à y faire contribuer les propriétaires riverains, sur une largeur déterminée (1).

(1) Lorsque, pour obéir aux prescriptions de saint Louis, on concédait, sur certaines places, *aux pauvres filles à marier*, un espace pour y vendre, leur vie durant, des légumes, des fruits, etc., on imposait à l'impétrante l'obligation d'en nettoyer et entretenir le pavé (ordonnance de Voyer de Paris, du 27 août 1634, place Saint-Jean; du Bureau des Finances, du 26 juillet 1646, place des Halles).

Quant aux quais, la Ville était chargée, de temps immémorial, du soin de les construire et de les paver, de même que les ports et abreuvoirs, par suite de l'obligation qui lui incombait de faciliter l'embarquement et l'arrivage des denrées et marchandises transportées par eau, ainsi que l'attestent les comptes rendus, à différentes époques, par les détenteurs des deniers municipaux, et, en dernier lieu, l'arrêt du Conseil du 17 avril 1736, relatif au quai Saint-Bernard. Les registres de l'Hôtel de Ville apprennent qu'elle jouissait, à cet effet, du produit de plusieurs impôts (1).

§ 10.

Nous allons maintenant parler des personnes qui, en différents temps et sous différents titres, ont eu l'administration du service et la conduite des travaux.

Rappelons que lorsque Philippe-Auguste eut conçu le projet de faire paver les principales rues de sa Capitale, il remit le soin de le réaliser au Prévot de Paris. Suivant les lettres patentes du 1er mars 1388, à ce magistrat seul, à cause de son office, appartenait *la cure et le gouvernement de cette ville*; il lui incombait donc, entre autres devoirs, celui de la tenir toujours *nette et bien parée*. Aussi, avons-nous vu que jusqu'à la fin du XVe siècle, il appliquait son attention à ce qu'il en fût ainsi, en publiant, de temps en temps,

---

(1) Il existait anciennement sur le quai Malaquais une inscription portant : *Ludovico magno, Luparam absolvente, ripam hanc ut alterius dignitati responderet, quadro saxo vestiri. CC Præf. et Ædil. anno R. S. H. MDCLXX.*

(On sait que les deux C sont une abréviation de *Curaverunt*, et que les lettres R. S. H. représentent les mots *Reparatæ Salutis Humanæ*).

Jaillot, dans ses *Recherches sur Paris*, a prétendu que cette inscription avait trait au pavage du quai, ordonné par un arrêt du Conseil du 1er juillet 1669; mais il s'est trompé : l'arrêt concerne uniquement la construction de son mur, à laquelle procédait la Ville, pendant que le Roi finissait le Louvre.

des règlements à ce sujet et punissant lui-même les contrevenants. Pour l'aider dans cette tâche, il avait sous ses ordres les sergents du Châtelet et les commissaires de police. Ceux-ci jugeaient par eux-mêmes de l'opportunité des réparations et en prescrivaient, au besoin, l'exécution; ils recevaient les plaintes qu'excitaient les paveurs quand ils les entreprenaient sans nécessité, et, le cas échéant, ils en ordonnaient la discontinuation. Le Voyer de Paris, qui lui obéissait également, *pourvoyoit*, de son côté, *au pavement des rues*, en faisant boucher immédiatement les trous qui se formaient; il s'opposait d'ailleurs à ce que *nul ne fit de chaussée plus haute que celle de son voisin*.

Lorsque Henri IV eut organisé le service du Pavé de Paris, le Grand Voyer en eut l'entière direction, à l'exclusion du Prévôt de Paris; elle passa bientôt après aux Trésoriers de France, qui, à leurs fonctions d'administrateurs, joignaient, comme on sait, celles de juges. Ils désignaient, chaque année, quelques-uns de leurs collègues pour en suivre les détails; mais, en 1704, ces sortes de comités furent remplacés par un Commissaire nommé par le Roi et pris également dans leur sein.

Des lettres patentes, du 17 octobre 1764, énuméraient les attributions de ce dernier. Il veillait sur tous les travaux, tant ordinaires qu'extraordinaires du Pavé de Paris; tenait la main à l'observation des baux; indiquait les réparations à effectuer; faisait faire, en sa présence, les toisés et vérifications nécessaires; rapportait les procès-verbaux de réception destinés au payement des entrepreneurs; contraignait ceux-ci, leurs commis et ouvriers à remplir leurs obligations respectives; présidait à l'évaluation des indemnités de dommage ou de dépossession dues aux particuliers; donnait les permissions et alignements pour construire dans la banlieue; maintenait l'exécution des règlements concernant la police des chemins et la conservation des ouvrages publics; statuait immédiatement à cet effet, quand il y avait urgence; dans le cas contraire, saisissait le

Bureau des Finances des contraventions constatées soit par lui-même, soit par les divers agents assermentés; faisait enfin seul, audit Bureau, en sa qualité de Commissaire, les rapports des faits relatifs à son office.

Nous rappelons que, dans le but d'éviter des lenteurs et des frais, un arrêt du Conseil, du 26 janvier 1740, l'avait autorisé à statuer immédiatement sur les demandes des particuliers ayant pour objet de faire paver devant leurs maisons dans les faubourgs et la banlieue.

Son traitement était, dans l'origine, de 3,600 liv., indépendamment de celui qu'il recevait comme Trésorier de France; on le porta à 4,000 liv. à partir de 1721. Voici les noms des Commissaires qui ont successivement exercé jusqu'en 1790: Fornier de Montagny, Louis-Antoine Hénault, Louis-Guillaume de Mottes de Montgaillard, Étienne Mignot de Montigny, Nicolas-Jacques-Augustin Hébert de Hauteclair.

Les pouvoirs des Trésoriers de France se trouvèrent bien amoindris après qu'en établissant une administration centrale des Ponts et Chaussées, dont dépendait le Pavé de Paris, on eut mis à sa tête, sous l'autorité du Ministre des Finances, un Directeur général ou Intendant chargé du détail et que les ingénieurs qui, relevaient de cet administrateur, furent appelés à dresser les devis des ouvrages, à en diriger l'exécution et en faire la réception. Le Commissaire lui-même fut complètement effacé, et son rôle devint, en quelque sorte, purement nominal.

Quant aux agents qui, dans le principe, eurent pour mission de surveiller la confection des ouvrages et de fournir les éléments nécessaires à l'établissement de la dépense, nous apprenons, par la délibération du 22 juillet 1296, que lorsque les rues seules de *la Croisée* étaient pavées, la Ville confiait le soin de leur entretien à un inspecteur qui fût *prud'homme et de bonne vie*. Il distribuait les ateliers; obligeait les travailleurs à faire de bonnes journées; notait la quantité des matériaux qu'ils employaient et en rendait compte, tous les samedis, au *Clerc de la Marchandise*. La charge qu'il exerçait était donc essentiellement municipale. Elle devint domaniale après que, par suite de séditions populaires, la Prévôté des Marchands eut été supprimée. On choisissait alors, pour l'emploi d'inspecteur, celui des maîtres paveurs reconnu le plus apte à s'en acquitter convenablement. L'élection s'en faisait au Châtelet et était soumise à l'agrément du Roi. Le titulaire prenait la qualification de *Visiteur des pavemens* et relevait directement du Prévôt de Paris. Nous avons déjà dit, page 29, qu'il vérifiait si les pavés exposés en vente ou mis en œuvre avaient les dimensions voulues; il signalait, en outre, ainsi que le faisait son prédécesseur, les endroits qu'il était nécessaire de réparer; s'assurait que les ouvriers savaient leur métier, leur rappelait les règles dont ils ne devaient pas s'écarter et déférait au magistrat dont il était le subordonné les contraventions qu'ils commettaient.

Le Visiteur des pavements fut maintenu après le rétablissement de la juridiction de l'Hôtel de Ville; mais on ne lui demandait plus que d'être attentif à ce que les carreaux amenés à Paris fussent loyaux et marchands, attendu que la nouvelle municipalité s'en reposait, pour l'entretien de *la Croisée*, sur la vigilance du Maître des œuvres de ses bâtiments et qu'un autre homme de l'art, expert à titre d'office, pris également dans le corps de la maçonnerie, et qu'on nommait *le Maître des œuvres du Pavé du Roy* (1), surveillait les travaux payables sur le produit du barrage. Il cessa même tout à fait ses fonctions quand les paveurs reçurent des statuts; on sait, en effet, qu'elles furent alors dévolues aux syndics de leur communauté. Ceux-ci, à leur tour, n'eurent plus rien à voir au Pavé de Paris, du jour où il fit partie du domaine de l'État. Un inspecteur

---

(1) On lui donnait quelquefois le titre de *Paceur des barrages du Roy*

qui touchait une modeste rétribution de 50 liv. par mois, s'assurait que l'entrepreneur avait établi ses ateliers sur les points qui lui avaient été assignés, qu'ils étaient composés du nombre d'ouvriers prescrit et qu'ils n'employaient que des matériaux des qualités requises. Lorsqu'ils commettaient des infractions aux baux, il en informait celui ou ceux à qui l'administration du service était confiée. Le Maître des œuvres du Pavé du Roi était d'ailleurs appelé quand il s'agissait de dresser quelque devis, de constater l'achèvement d'un ouvrage ou de procéder à sa réception. Il n'avait qu'un faible traitement, mais on lui tenait compte de ses vacations. Depuis un édit du mois de mars 1636, il opérait conjointement avec un autre agent nommé *le Contrôleur du barrage*, dont l'office avait été créé par cet édit. En sa qualité d'homme de l'art, il avait une sorte de supériorité sur ce dernier, ainsi qu'il résulte d'une ordonnance du Bureau des Finances du 8 mars 1662, portant : « Sur le différend
« mu par devant nous, entre le Maître des œuvres du Pavé et le
« Contrôleur du barrage, ce dernier prétendant avoir les minutes
« des rapports et le Maître des œuvres le contraire, est ordonné que
« les dites minutes demeureront entre les mains du Maître des
« œuvres, lesquelles ne seront délivrées qu'après avoir été signées
« dudit Contrôleur, auquel en sera donné copie, s'il le requiert. »

Il y eut, pendant un moment, jusqu'à trois maîtres des œuvres du Pavé; ils exerçaient alternativement et furent tous supprimés en 1703. Leur charge leur coûtait de huit à dix mille livres. Nous ne pouvons résister au désir de transcrire ici une pièce qui témoigne combien ces officiers se donnaient d'importance.

« De l'ordonnance de nous, Jean Deschalleaux, Conseiller du
« Roy, Maître général des œuvres du Pavé des bâtimens de Sa Ma-
« jesté, Ponts et Chaussées de France, juge et garde de la juridic-
« tion royale établie au Palais, à Paris, pour le fait de la police des
« œuvres du Pavé des édifices et bâtimens qui se construisent en
« cette ville, faubourgs, banlieue, prévôté et vicomté d'icelle, et

« sur les jurés-maîtres paveurs et sur les maîtres paveurs non jurés,
« apprentis, compagnons paveurs et autres ouvriers concernant les
« dites œuvres du Pavé.

« Mandons au premier notre huissier audiencier, ou autres huis-
« siers sur ce requis, assigner à certain et compétent jour, à la re-
« quête de M⁰ Jean de Séjournant, procureur en la juridiction
« royale des bâtimens de Sa Majesté, Ponts et Chaussées de France
« et en notre juridiction, celui par nous nommé pour procureur de
« la communauté des maîtres paveurs de cette ville et fauxbourgs de
« Paris, les jurés présentement en charge et les maîtres paveurs de
« la dite communauté, à comparoir par devant nous, en notre audi-
« toire séant en la chambre de la dite juridiction royale des bâti-
« mens, au Palais, à Paris, pour être présens à la lecture des édits
« de Sa Majesté de notre création de général juge et garde en la dite
« juridiction des œuvres du Pavé, statuts, réglemens, déclarations
« et arrêts de nos seigneurs de la Cour du Parlement de Paris, por-
« tant confirmation et vérification des dits édits, ensemble l'arrêt de
« notre réception et installation en la dite charge et juridiction, pour,
« à l'avenir, exécuter par les dits maîtres paveurs et autres nos jus-
« ticiables, ce qui sera par nous ordonné, afin qu'ils ne puissent
« ignorer de notre dite création, réception et installation, et leur
« déclarer que faute de se trouver au dit jour, lieu et heure, ils
« demeureront, chacun en leur particulier, gagés envers Sa Majesté
« de dix livres d'amende.

« Fait en notre hôtel, le 18 février 1683.

« DESCHALLEAUX. »

L'édit de mars 1636 avait aussi créé, à titre d'office héréditaire, *un Conseiller du Roy, Commissaire général, Visiteur de l'entretene- ment du pavé et nettoyement de la ville, fauxbourgs et banlieue de Paris.* Malgré les pompeuses qualifications qu'on lui donnait, ce nouvel agent n'était, en quelque sorte, quant au pavé, qu'un adjoint à l'inspecteur institué par Sully en 1606(1). Son traitement, d'abord de 300 liv., fut porté plus tard à 2,300; il jouissait, en outre, de certains droits et profits. Un nommé *Anne de Beaulieu*, qui s'intitulait *Sieur de Saint-Germain*, acheta la charge 24,000 liv. et l'exerça jusqu'en 1651, époque de sa mort. Son fils étant trop jeune pour lui succéder, la veuve obtint l'autorisation de lui choisir provisoirement un suppléant. Quelque temps après la place fut supprimée.

A mesure que les travaux prirent de l'extension, on sentit la nécessité de multiplier les moyens de surveillance. A cet effet, jusqu'en 1700, le Roi donna successivement des lettres de provision à des commis intelligents, qui, ordinairement, étaient des architectes. Leurs émoluments variaient entre 1,000 et 1,500 liv.; de plus ils recevaient des frais de déplacement lorsque, ce qui arrivait souvent, on les envoyait en mission un peu loin de Paris. Nous citerons entre autres, parmi ces commis : *Claude Cunier, François Lecé, Mathurin Degast, Jacques Bornat, Nicolas Gourdin, Jean de Lassus, Jean Guillerand, Pierre de Senne, Toussaint Puleu* et *Augustin-César Lebègue*.

Un garde à cheval, était, en outre, détaché, depuis 1689, de la Prévôté de l'Hôtel, pour inspecter particulièrement les chemins de la banlieue. D'après les termes du serment que prêta au Bureau des Finances, le 14 février 1766, *Gilles Métoyer*, nouvellement pourvu de cet emploi (2), il veillait à ce que les entrepreneurs fournissent

---

(1) Néanmoins, les autres agents du Pavé, alors en exercice, craignant de s'en voir amoindris, s'opposèrent vivement à sa réception, mais ils furent déboutés par deux arrêts du Conseil privé du Roi. Les Trésoriers de France ne lui firent pas, non plus, un bon accueil; ils ne l'admirent à prêter serment qu'après de nombreuses remises, ce qui l'obligea à prendre des lettres de relief et de surannation. Ils lui défendirent de s'exprimer, dans ses rapports, à la première personne du pluriel et d'ajouter au titre de commissaire celui de général, bien que l'édit l'y autorisât.

(2) Il paya sa charge 2,000 liv. Il servait, de plus, une pension viagère de 600 liv. au garde qui la lui avait cédée.

les matériaux nécessaires pour la solidité et la perfection des ouvrages, maintenait les ouvriers dans la subordination requise, faisait relever les fumiers et immondices que les particuliers déposaient sur les accotements, et généralement recherchait et dénonçait toutes les contraventions aux règlements concernant la police de la voirie. Il rendait compte de ses visites, deux fois par semaine, au Commissaire du Pavé, et, comme il inspectait aussi les chemins de la généralité, il était payé sur les fonds des Ponts et Chaussées, et ce, à raison de 6 liv. par jour; mais l'uniforme qu'il portait, appelé *hoqueton*, lui était fourni par le service du Pavé (1). On ajouta plus tard à ses attributions la visite des carrières, et il reçut, en sus de ses journées, un traitement fixe de 300 livres.

Enfin, à côté des agents chargés du maniement des fonds destinés aux dépenses, il y en avait d'autres qui, en même temps qu'ils contrôlaient la gestion de ces comptables, étaient tenus d'avoir l'œil sur les travaux. Nous ne nous arrêterons pas sur les nombreux édits relatifs à la création de leurs offices, attendu que l'objet en était moins d'obtenir un état de choses profitable au service que de procurer de l'argent au fisc; cependant, nous dirons quelques mots de celui du mois de septembre 1708, dont les dispositions durèrent plus de 30 ans et servirent de base à une organisation de personnel qui subsista jusqu'en 1790.

En considération de ce qu'il était nécessaire de veiller de près sur les entrepreneurs, les contrôleurs dont nous venons de parler furent, par cet édit, mis sous l'autorité d'un officier qui prenait le titre d'Inspecteur général. De deux qu'ils étaient auparavant, l'un pour la ville et les faubourgs, l'autre pour la banlieue, leur nombre fut porté à quatre. L'Inspecteur général dressait, conjointement avec le Commissaire du Pavé, l'état des travaux à faire chaque année; il

---

(1) Il fallut le renouveler en 1772 : une somme de 779 liv. 7 sols 6 den. fut dépensée à ce sujet.

procédait tant à leur toisé qu'à leur réception et assistait à toutes les descentes ayant pour but de donner des pentes ou de faire des opérations analogues. Ses subordonnés ne contrôlaient pas seulement les recettes et les payements du Receveur du barrage, ils se transportaient, à tour de rôle, sur les ateliers, rendaient compte des malfaçons qu'ils remarquaient, visitaient tous les pavés à leur arrivée et étaient présents aux réceptions (1).

L'Inspecteur général touchait 2,000 liv. de gages, 8 deniers par livre de taxation sur le prix des ouvrages et 8 liv. par vacation. Les contrôleurs ne recevaient que 500 liv. de gages et un denier de taxation. Les vacations et la moitié des taxations étaient à la charge des entrepreneurs. On attribuait à l'Inspecteur un minot de *franc salé* (2) ; il jouissait du droit de *committimus* (3), portait la robe et siégeait au Bureau des Finances, où il avait voix délibérative dans toutes les questions de pavage (4). Les contrôleurs y prenaient aussi place, mais c'était à côté du greffier.

Un mémoire conservé dans les archives des Ponts et Chaussées apprend que ce poste d'Inspecteur général avait été créé à l'insti-

---

(1) L'Inspecteur général paya sa charge 60,000 liv.; les contrôleurs en furent quittes pour chacun 10,000 livres.

(2) On sait que ce droit consistait à enlever, dans les magasins de l'État, une certaine quantité de sel en payant seulement le prix du marchand, et par conséquent sans la taxe.

(3) On désignait ainsi le privilège de pouvoir plaider, en première instance, aux requêtes de l'Hôtel et du Palais, et d'y faire évoquer les causes où l'on avait intérêt.

(4) Duclos, l'auteur présumé d'un *Essai sur les Ponts et Chaussées*, trouvait inconvenant qu'un agent subalterne, qu'il appelait *un monstre de finance*, pût s'asseoir près des magistrats aux ordres desquels il était soumis. Il s'étonnait que les Trésoriers de France n'eussent pas protesté contre une mesure qu'il regardait comme injurieuse à leur dignité. Il oubliait que Desmaretz, qui en était le promoteur, avait hérité de son oncle Colbert d'une médiocre considération pour ces officiers.

gation de Fleuriau d'Armenonville, Directeur des Finances, pour en gratifier son secrétaire, François Delorne. Celui-ci mourut en 1731. Son fils, alors un enfant, obtint une dispense d'âge pour exercer; mais il mourut lui-même peu de temps après. Son beau-frère, François Pommyer, secrétaire du Roi, se fit nommer à sa place; comme il avait été *élevé pour la robe*, on lui imposa la condition de s'adjoindre un homme de l'art, en état de conduire les travaux. On ne trouva que ce moyen de concilier la faveur avec l'intérêt public. Mais cet adjoint, n'ayant ni autorité sur les contrôleurs, ni caractère pour verbaliser, ne rendait qu'un service très imparfait. Ces mêmes contrôleurs, qui auraient dû s'entendre au métier de paveur, avaient des professions diamétralement opposées; l'Inspecteur en titre ne pouvait d'ailleurs les diriger et ils n'écoutaient point l'homme de l'art; ils manquaient même ouvertement au Commissaire, en sorte, ajoute l'auteur du mémoire, que la régie du Pavé était aussi défectueuse dans sa pratique que vicieuse dans son établissement. Après s'être élevé avec force contre l'absurdité de rendre vénales des fonctions qui exigeaient une certaine aptitude et des connaissances spéciales, il concluait à l'abandon d'un si pernicieux système. Ce furent ces considérations qui amenèrent l'édit du mois de janvier 1739 par lequel Louis XV supprima tous ces offices, attendu, y disait-il, que l'expérience avait appris que les fonctions qui y étaient attachées ne pouvaient être remplies avec succès que par des hommes de la profession et que cette qualité se trouvait rarement unie à la faculté d'acquérir. De ce moment, les agents qui entrèrent dans le service du Pavé de Paris n'eurent plus de charges à acheter et furent pris dans le corps des Ponts et Chaussées. Les contrôleurs furent remplacés par des ingénieurs ordinaires qu'on nommait, à cette époque, des sous-ingénieurs, à la tête desquels était un ingénieur en chef, qui prit, comme son devancier, le titre d'Inspecteur général. Les sous-ingénieurs avaient de 1,200 à 1,500 liv. d'appointements et 1,800 liv., quand ils arrivaient au grade de sous-inspecteurs; leur supérieur en recevait 3,000. On lui en alloua 4,000, à partir de 1747, à raison du prolongement de la banlieue et de l'augmentation du prix du bail d'entretien. Le service financier fut alors entièrement séparé de la surveillance des travaux; les sous-inspecteurs n'eurent donc pas à s'immiscer dans la comptabilité du receveur et payeur du barrage; cette mission fut donnée à un agent spécial qui l'exerça jusqu'en 1788. On lui maintint le titre de contrôleur et son traitement n'était que de 400 livres.

Le premier ingénieur appelé à l'Inspection générale du Pavé, sous ce nouveau régime, fut Guillaume Bayeux, que commissionna un arrêt du Conseil du 24 février 1739 (1). Deux des anciens contrôleurs, Jacques-Louis de la Combe et Pierre Buisson de Saint-Marc, furent conservés jusqu'en 1751, pour les dédommager de ce que leurs offices leur avaient été rachetés au-dessous du prix d'acquisition. On leur conféra, à cet effet, le grade de sous-inspecteurs. Les deux autres, François Saulnier et Jean Rousseau, furent remerciés.

Bayeux étant quelquefois empêché, par son grand âge, de remplir sa tâche avec la même activité qu'auparavant, un autre arrêt du Conseil, du 4 mars 1752, lui adjoignit Claude Guillot Aubry, architecte du Roi, avec 2,000 liv. d'appointements (2). Il fut appelé en 1755, aux fonctions d'Inspecteur général des Ponts et Chaussées; son adjoint prit alors la direction du service et la conserva jusqu'à sa mort, arrivée en 1771. Un troisième arrêt, du 16 septembre de la même année, lui donna pour successeur Antoine Chezy, que nous

---

(1) Ils étaient trois frères du nom de Bayeux, et tous trois ingénieurs. Guillaume fut mis à la retraite en 1760, et mourut deux ans après. Sa veuve obtint une pension de 600 liv. sur les fonds du Pavé de Paris.

(2) Guillot Aubry était chargé depuis 1737 de l'entretien des bâtiments du Domaine, situés dans la ville et généralité de Paris; il était, en outre, contrôleur de l'Hôtel des Monnaies et chevalier de l'ordre de Saint-Michel.

trouvons encore en fonctions en 1790 (1). Afin de seconder ce dernier dans ses multiples opérations, un édit du mois de mai 1772 avait créé la place d'Ingénieur du Pavé de Paris, avec un traitement de 2,400 liv. Elle fut immédiatement occupée par Paul-Jean Plessis, l'un des sous-inspecteurs en exercice (2), et, plus tard, par Noël-Laurent Duchemin, l'un des sous-ingénieurs, qui devint Inspecteur général du service en 1791 et y resta jusqu'en 1804.

En conséquence, dans les dernières années qui précédèrent la Révolution, le personnel du Pavé de Paris était composé de :

	liv.
Un Trésorier de France, Commissaire, à	4,000
Un Inspecteur général, à	4,000
Un Ingénieur en chef, à	2,400
Quatre sous-inspecteurs ou sous-ingénieurs, à	7,200
Un Contrôleur du barrage, à	400
Un garde de la Prévôté de l'Hôtel, payé par les Ponts et Chaussées	mémoire
	18,000
On payait, en outre, à l'Inspecteur général 3,000 liv.	
A reporter	18,000

(1) Chezy avait été nommé sous-inspecteur en 1757 et ingénieur en 1763. Un arrêt du Conseil, du 25 septembre 1782, l'avait adjoint à Perronet, comme Directeur de l'école des Ponts et Chaussées. En l'an XII, le 6 messidor, dans une séance publique de l'Institut, Prony disait de lui qu'il avait été l'un de nos plus habiles ingénieurs et qu'on pourrait le mettre au petit nombre des hommes bien supérieurs à leur réputation. Il a fait, plus tard, dans sa notice sur Perronet, un pompeux éloge du *savant et vertueux Chezy*. Lesage a ajouté qu'il était un excellent géomètre, bon astronome, mais malheureusement d'une modestie extrême. Il est mort en 1798, âgé de 80 ans, et a laissé un fils qui s'est acquis une grande célébrité comme orientaliste.

(2) Plessis mourut en 1773. Le service du Pavé de Paris a servi longtemps une pension de 800 liv. à sa veuve.

	liv.
Report........	18,000
pour frais de voitures et 1,000 liv. pour frais de réceptions des ouvrages, ci...............................	4,000
Une gratification annuelle de 1,500 liv. était accordée au même; une autre de 1,000 liv. à l'ingénieur, et chaque sous-ingénieur ou sous-inspecteur en recevait une de 400 liv., soit en tout.................................	4,100
Total.....	26,100

Depuis 1771, l'usage était d'allouer aussi une gratification de 1,000 liv. au premier commis du bureau des Ponts et Chaussées (1). On en donnait une autre de 300 liv. au lieutenant de la maréchaussée du Bourg-la-Reine; enfin, on payait au sous-inspecteur chargé des alignements dans la banlieue une indemnité de déplacement de 300 livres (2).

Par suite d'un arrêt du Conseil, du 13 décembre 1740, les appointements des sous-inspecteurs et sous-ingénieurs étaient compris parmi les charges du bail d'entretien et payés, dès lors, par les mains des entrepreneurs, auxquels il en était tenu compte. A partir de 1777 inclusivement, ces appointements furent portés, chaque année, sur l'*État du Roi* pour être acquittés directement, comme ceux du Commissaire du Pavé et de l'Inspecteur général, par le détenteur des fonds affectés aux dépenses de l'ensemble du ser-

---

(1) Ce commis était Cadet de Chambine, qui, après la Révolution, se fit remplacer par son fils et devint Inspecteur général des Ponts et Chaussées.

(2) Ce sous-inspecteur, nommé Gabriel-Charles Gillet, entra au Pavé de Paris, en 1770, dès sa sortie de l'école des Ponts et Chaussées. Il fut quelque temps attaché au service ordinaire du Département, puis il revint à celui du Pavé, où il resta jusqu'en 1815, époque de sa mise à la retraite. Il n'était encore qu'ingénieur ordinaire, malgré 45 ans de services.

vice (1). Quant aux frais de voitures et de réceptions, on les considérait comme des dépenses éventuelles n'ayant aucun caractère de fixité, bien qu'elles se produisissent tous les ans; elles continuèrent, en conséquence, à figurer au nombre des charges du bail, et non du personnel, avec les gratifications et pensions diverses.

Les Trésoriers de France ayant souvent besoin d'un homme de l'art pour lever des plans et faire des rapports destinés à l'instruction des affaires sur lesquelles ils avaient à se prononcer, le Contrôleur général des Finances leur annonça, le 17 février 1755, que l'intention du Roi était que, dans ce cas, ils fissent choix d'un sous-inspecteur ou d'un sous-ingénieur; mais, comme jusqu'alors ces agents n'avaient pas été pourvus de commissions qui les fissent reconnaître en cette qualité, il ajoutait que chacun d'eux allait en recevoir une signée de sa main et demandait que, en la présentant, ils fussent admis à prêter serment. Ces commissions furent, en effet, délivrées; elles étaient ainsi conçues :

« Nous, Jean Moreau de Séchelles, Chevalier, Conseiller d'État et
« ordinaire au Conseil royal, Contrôleur général des Finances, avons
« commis et commettons le sieur..... pour, en qualité de.....
« pour la conduite des ouvrages de l'entretien du pavé de la ville,
« faubourgs et banlieue de Paris, y avoir et exercer sa dite com-
« mission aux appointements de..... pour chaque année, sous
« nos ordres et ceux de M. l'Intendant des Finances, ayant le dé-
« partement des Ponts et Chaussées, suivant les instructions qui lui
« seront données par le sieur Guillot Aubry, Inspecteur général du

(1) Depuis longtemps on avait reconnu de graves inconvénients dans l'usage de faire payer, par les mains des entrepreneurs, les appointements des employés chargés de la surveillance des travaux, et un arrêt du Conseil, du 21 juin 1729, l'avait supprimé dans la généralité de Châlons. A la suite de représentations de la Chambre des Comptes, la mesure avait été généralisée par un autre arrêt du Conseil, en forme de règlement, du 31 mai 1757. Comment l'avait-on maintenu au service du Pavé de Paris?

« Pavé de Paris, pour la suite des travaux dont l'inspection lui sera
« confiée; le tout en conformité de notre instruction générale du
« 16 décembre 1754 (1).

« Fait à Versailles, le...
« SÉCHELLES. »

Nous terminerons ce que nous avions à dire sur le personnel du service actif du Pavé de Paris, par l'autre instruction suivante, émanée de l'Intendant des Ponts et Chaussées et que les événements politiques qui surgirent bientôt après durent faire complétement oublier : on la considérait d'ailleurs comme n'étant que provisoire.

Instruction concernant le Service des Ingénieurs du Pavé de Paris.

« ARTICLE PREMIER. — L'Inspecteur général du Pavé de Paris,
« ou, à son défaut, l'Ingénieur en chef dudit département, indiquera,
« à la fin de chaque semaine, aux entrepreneurs, les rues et chemins
« de la banlieue où ils devront placer, pendant la semaine suivante,
« leurs ateliers, soit pour les relevés-à-bout, soit pour les répara-
« tions simples; à cet effet, les inspecteurs et entrepreneurs s'as-
« sembleront chez ledit Inspecteur général ou Ingénieur au jour
« qui leur sera indiqué.

« ART. 2. — La feuille contenant cette indication sera apportée
« à M. l'Intendant des Ponts et Chaussées, le lundi de chaque
« semaine, par l'Inspecteur général ou l'Ingénieur du département, et
« pareille feuille sera adressée au Commissaire du département.

(1) Cette instruction, que M. Vignon a publiée dans ses *Études historiques sur l'administration des voies publiques en France*, déterminait les grades, les fonctions et les appointements des employés subalternes des Ponts et Chaussées.

« Art. 3. — Il sera imprimé, en nombre suffisant, des feuilles
« à colonnes, conformes au modèle ci-joint, sur lesquelles les ins-
« pecteurs et sous-ingénieurs indiqueront l'état dans lequel ils au-
« ront trouvé les rues et chemins de leur quartier, qu'ils parcou-
« reront, à cet effet, en totalité, dans les mois de mars, juin, sep-
« tembre et décembre. Ils remettront les dites feuilles à M. l'Inten-
« dant des Ponts et Chaussées, ou, en son absence, au Commissaire
« du Pavé, le premier lundi des mois de janvier, avril, juillet et oc-
« tobre

« Art. 4. — Les inspecteurs ou sous-ingénieurs seront tenus de
« visiter, chaque jour, les ateliers travaillant dans leurs départe-
« ments, soit aux relevés-à-bout, soit aux réparations simples, et ils
« s'entendront mutuellement, suivant les instructions qui leur
« seront données par l'Inspecteur général ou l'Ingénieur.

« Art. 5. — Les dits inspecteurs ou sous-ingénieurs seront
« à l'avenir toujours en habit uniforme, excepté les fêtes et di-
« manches (1).

« Art. 6. — Ils se logeront, autant que faire se pourra, dans un
« des quartiers de leur département, et tous ceux qui seront suc-
« cessivement remplacés ne pourront s'établir ailleurs.

« A Paris, ce 26 mars 1787.

« La Millière. »

Les agents préposés au maniement des fonds applicables aux

---

(1) Il s'agissait de l'uniforme donné par un arrêt du Conseil, du 27 septembre 1772, au corps des Ponts et Chaussées qui le mit, pour la première
fois, lors du décintrement du pont de Neuilly. Chezy avait peur qu'en le
portant sur les ateliers les agents ne le dégradassent et ne fussent d'ailleurs
exposés aux railleries des petits-maîtres et aux insultes des tapageurs qui,
disait-il, se rencontrent trop souvent dans les rues de Paris; il avait proposé, en conséquence, de supprimer cet art. 5; mais son avis ne prévalut pas.

dépenses du Pavé de Paris pouvaient être considérés, jusqu'à un certain point, comme faisant partie du personnel de ce service; c'est ce qui nous engage à en dire quelques mots.

On sait que lorsque la majeure partie de ces dépenses était partagée entre le Roi et la Ville, Charles VI voulut que le produit de l'impôt dont celle-ci disposait à ce sujet ne fût jamais laissé entre les mains du fermier qui s'en rendait adjudicataire ; il devait être remis à un comptable chargé d'effectuer les payements qui seraient ordonnés. On observait les mêmes prescriptions pour les fonds affectés à celles qui regardaient le Roi.

Quand on imputa toutes ces dépenses sur les droits d'entrée du vin, le comptable en titre était l'un des Trésoriers généraux des Ponts et Chaussées de la généralité. On lui allouait une indemnité pour son surcroît de travail.

Plus tard, un édit du mois d'août 1638, après leur avoir assigné des ressources d'une autre nature, créa, à la place de ce comptable, trois offices de *Receveurs du barrage et Payeurs de l'entretenement du Pavé de Paris*(1). A la suite de plusieurs vicissitudes, dont le récit serait peu intéressant, ces offices furent, en 1718, réunis en un seul qu'éteignit l'édit du mois de mai 1772. Le Trésorier général des Ponts et Chaussées reprit alors les fonctions que remplissait le titulaire. Ce dernier était, en ce moment, le sieur Charles Pénot des Tournières, qui, après une courte interruption, avait succédé à son père, en 1757, lequel exerçait depuis 1720. Ainsi la charge était restée plus de 50 ans dans la même famille. Lors de sa suppression, les émoluments qui y étaient attachés s'élevaient annuellement

---

(1) Comme on ne put rembourser ce que le précédent receveur et son contrôleur avaient financé, à raison de la rémunération attachée à cette recette particulière, un arrêt du Conseil, du 2 mars 1639, décida qu'ils continueraient à jouir de cette rémunération, bien que n'exerçant plus. On voit par là combien les emprunts déguisés résultant de la vénalité des charges coûtaient cher au Gouvernement.

à 15,825 liv. Le sieur Pénot étant mort presque aussitôt, le Pavé de Paris servit, quelque temps, une pension de 4,000 liv. à sa veuve. Le prix de l'office a d'ailleurs été liquidé à la somme de 139,600 liv., que le même service a remboursée aux héritiers en douze annuités montant ensemble, en principal et intérêts, à 177,635 livres.

§ 11e *et dernier.*

Jusqu'à présent nous n'avons rien dit des boulevards, attendu qu'ils étaient complétement étrangers au service du Pavé de Paris; mais après la Révolution, ils furent réunis à ce service. Il paraît donc nécessaire de parler ici de leur premier établissement.

C'est à la guerre, à ce fléau qui d'ordinaire n'entraîne à sa suite que des ruines, que la Capitale est, en quelque sorte, redevable d'un de ses plus beaux ornements. En 1536, Charles-Quint, profitant de ce que François Ier était occupé à la conquête de la Savoie, entrait en Provence, tandis que, de son côté, le comte de Nassau, son allié, pénétrait en Picardie et que, après avoir pris Guise, il assiégeait Péronne et menaçait Paris, dont, *par Dieu et par le Diable*, il avait juré de s'emparer. L'alarme y devint alors très grande. Le cardinal de Bellay, qui y commandait, en qualité de Lieutenant général du Roi, s'empressa d'organiser de rapides moyens de défense. A cet effet, il fit entrer immédiatement d'abondantes provisions dans la ville, puis creuser des fossés et élever des remparts de la porte Saint-Antoine à la porte Saint-Honoré, à l'aide d'un nombre considérable de pionniers et de manœuvres que les bourgeois, les églises et les communautés religieuses furent obligés de fournir.

Ces préparatifs devinrent inutiles; les ennemis, loin de s'avancer encore, ayant subitement repassé la frontière. Les ouvrages que l'on venait de créer n'en furent pas moins conservés. Plus tard, les limites de Paris ayant été reculées et ces remparts abandonnés, la

Ville conçut le projet d'en faire une promenade publique. Pour obtenir ce résultat, il fallait combler les fossés, aplanir des buttes, acquérir des terrains et démolir plusieurs portes dont deux furent remplacées par des arcs de triomphe. Les travaux commencèrent en 1670 et furent exécutés par parties, en vertu d'autorisations contenues dans des arrêts du Conseil des 7 juin de ladite année, 17 mars 1671, 4 novembre 1684 et 7 avril 1685. Tous les murs de soutènement, les terrasses et les plantations, qui comportaient quatre rangées d'arbres, étaient terminés en 1704.

Une belle médaille a aussi été frappée à l'effigie de Louis XIV, en mémoire de cette grande entreprise. Elle représente au revers la Ville de Paris, entre les portes Saint-Denis et Saint-Martin, sous la figure d'une femme couronnée de tours et tenant sur une main un navire; près d'elle est une corne d'abondance, symbole de la félicité des peuples, et au-dessous le fleuve de la Seine. La légende porte les mots : ORNATÂ ET AMPLIFICATÂ URBE. L'exergue marque la date de 1670.

On put juger, à mesure de l'avancement de ces travaux, de l'heureux effet qu'ils produiraient, quand ils seraient terminés. Dès lors, on conçut le projet de doter la rive gauche de la Seine d'un semblable rempart ou boulevard, en allant d'une porte à l'autre. Un arrêt du Conseil, du 15 juillet 1673, ordonna même qu'il serait immédiatement commencé entre les portes Saint-Bernard et Saint-Victor; mais on reconnut bientôt que, pour le mettre en rapport avec celui du Nord, il fallait lui donner plus de développement. Le plan en fut en conséquence modifié. Ce second boulevard commençait alors sur le bord de la rivière, en face de l'Arsenal, pour finir également sur le bord de la rivière, devant l'emplacement du pont de la Concorde, en décrivant une grande courbe. L'exécution en fut successivement autorisée par des arrêts du Conseil des 18 avril 1704, 23 août 1707 et 1er décembre 1715; mais le terrain qu'il devait occuper ne se trouvant pas libre, comme il l'était presque généralement sur la rive droite,

les travaux furent souvent arrêtés. En rendant compte de leur situation au Bureau de la Ville, le Prévôt des Marchands annonçait que les lenteurs tenaient à ce qu'il fallait détruire, en tout ou en partie, des maisons religieuses, des hôtels magnifiquement construits et quantité de maisons particulières, ce qui donnait lieu à de vives oppositions et exigerait le payement d'indemnités considérables. Pour éviter ces inconvénients, il était d'avis de porter le boulevard plus loin qu'il n'avait été projeté, de manière à renfermer dans son enceinte les bâtiments qui, de ce côté, terminaient tous les faubourgs, parce qu'alors on ne passerait que sur des terrains de peu de valeur, la plupart étant vagues ou cultivés en marais. La proposition ayant été agréée, un nouveau plan fut étudié et le boulevard du Midi fut enfin exécuté, dans la direction où nous le voyons, en conséquence d'un arrêt du Conseil du 9 août 1760, dans lequel on lisait : « Le Roy s'étant fait représenter, en son Conseil, les diffé-
« rents projets anciennement faits pour la construction d'un nou-
« veau rempart au midi de sa bonne ville de Paris et voulant lever
« toutes les difficultés qui ont retardé, jusqu'à présent, un établis-
« sement aussi utile, tant pour la facilité des abords que pour
« l'agrément et la décoration de cette partie de la dite ville, Sa Ma-
« jesté, toujours portée à donner aux habitants de sa dite bonne
« ville de nouvelles marques de son attachement à leurs per-
« sonnes, toutes les commodités possibles et à embellir, de plus en
« plus, la Capitale de son royaume, auroit donné ses ordres aux
« Prévôt des Marchands et Echevins de la dite ville, en conséquence
« desquels ils auroient fait dresser un plan des alignements les plus
« convenables à donner au dit rempart, relativement à l'état actuel
« des rues et des édifices de cette partie de la dite ville et un devis
« estimatif des ouvrages de terrassement, d'art, plantations d'arbres
« et autres à y faire, ensemble des indemnités à payer aux diffé-
« rents propriétaires des terrains, murs et bâtiments sur lesquels
« doit passer l'alignement du dit rempart, et étant nécessaire de

« pourvoir à tout ce qui peut en accélérer la confection; vu le
« plan, etc.... »

Les travaux furent confiés, comme nous l'avons dit, page 143, au sieur Outrequin, entrepreneur du Pavé de Paris. Une partie du boulevard ne reçut provisoirement que deux rangées d'arbres; les deux autres rangées furent ajoutées en vertu d'un second arrêt du Conseil du 19 mai 1767. Celui-ci prescrivit aux riverains de céder gratuitement tous les *terrains nus* dont cette addition exigeait l'occupation, attendu les avantages qu'ils retiraient de l'opération.

Le devis comprenait l'établissement d'une chaussée en empierrement dans l'allée du milieu, entre les Invalides et la barrière Saint-Jacques. De ce dernier point à la route de Fontainebleau, le boulevard étant exposé à être fréquenté par le gros roulage, la construction d'un pavage y parut nécessaire. La Ville demanda à l'administration des Ponts et Chaussées de contribuer dans la dépense, mais on lui objecta la pénurie du Trésor, et elle n'obtint rien.

Le boulevard du Nord était surtout l'objet de soins particuliers. Dès l'année 1751, la Ville avait décidé que la grande allée en serait arrosée pendant les chaleurs, que ses contre-allées seraient sablées et qu'il y serait placé des bancs. Plus tard, une chaussée en empierrement y avait été établie çà et là. La Ville avait fourni la pierre meulière et participé, en outre, pour moitié dans la dépense des travaux; l'autre moitié avait été payée par les riverains. Il s'agissait de généraliser la mesure et de vaincre, au besoin, la résistance de ceux des particuliers qui pourraient refuser leur concours. Il intervint alors, le 10 avril 1772, un arrêt du Conseil portant que la chaussée serait continuée sur toute la longueur du boulevard, par le même moyen et dans les mêmes conditions qu'elle avait déjà été exécutée dans quelques parties.

L'année précédente on avait un peu élargi la section du même boulevard comprise entre les portes Saint-Denis et Saint-Martin, qui se trouvait très rétrécie (1). Plus tard, en vertu de lettres patentes du mois de mai 1777, on a supprimé de grands ouvrages de fortification qu'on avait laissé subsister jusqu'alors près de la porte Saint-Antoine, et au pied desquels passait un égout découvert. Ce qui a permis de régulariser cette autre partie du boulevard et d'ouvrir plusieurs rues, notamment la rue Amelot. Le produit de la vente des matériaux de démolition a été employé à substituer une chaussée pavée à la chaussée d'empierrement.

D'après un marché à forfait passé en 1787, avec le sieur Jean Chéradame, la Ville payait annuellement une somme de 38,100 liv. pour l'entretien des boulevards du Nord et du Midi (chaussées, contre-allées et plantations). On leur déniait alors le caractère de voies publiques, et on ne les considérait que comme de simples promenades. Une garde spéciale avait d'ailleurs été instituée pour l'exécution de plusieurs ordonnances rendues par le Prévôt des Marchands, concernant leur conservation et leur police, ordonnances que le Maire de Paris renouvela le 19 février 1790.

Quant aux boulevards qu'on appela extérieurs jusqu'au jour où Paris s'étendit jusqu'aux fortifications, nous n'avons que très peu de choses à en dire, attendu qu'ils étaient à peine terminés au moment de la Révolution. On sait qu'ils avaient été entrepris par les fermiers généraux, en même temps que le mur d'enceinte, en vertu d'une décision royale du 23 janvier 1785.

Pour empêcher la fraude des droits d'entrée, et peut-être aussi pour arrêter les accroissements continuels de la Capitale, cette décision avait défendu de faire aucune construction dans une zone de 50 toises de largeur à partir de ce même mur. Sur ces 50 toises on en prenait 15 pour le boulevard, en sorte que le terrain en bor-

(1) C'est en 1828 seulement que cette amélioration a été complétée.

dure sur lequel il n'était pas permis de bâtir en avait 35 de profondeur. L'interdiction avait été rendue publique par une ordonnance du Bureau des Finances du 16 janvier 1789. Comme elle constituait une servitude très préjudiciable aux riverains, elle souleva de vives réclamations et, bien que renouvelée deux fois, elle n'était qu'imparfaitement observée et finit par être rapportée. Nous y revenons dans l'appendice (1).

Quoique les boulevards extérieurs fussent situés en dehors des nouvelles limites qui venaient d'être assignées à Paris, une loi des 21 mai-27 juin 1790 les avait soumis à l'administration municipale. Après la suppression des droits d'entrée, leur achèvement et leur conservation étaient, en conséquence, devenus également une des charges de la Ville. A la différence des boulevards intérieurs, ils furent constamment traités comme de grandes voies de circulation. L'entretien seulement de leurs chaussées avait aussi été donné au sieur Chéradame, par le Contrôleur général des Finances, le 20 janvier 1790, pour neuf années commençant le 1ᵉʳ avril, à raison de 3 liv. 19 sols 9 den. par chaque toise de relevé-à-bout et de 1 liv. 9 sols 1 den. par chaque toise de réparations simples, y compris le régalage des accotements. La dépense en revenait annuellement à près de 65,000 livres.

---

(1) Un arrêt du Conseil, du 7 août 1714, avait autorisé la Ville, dans un but d'embellissement, à faire démolir, moyennant indemnité, les bâtiments qui pourraient se trouver à moins de 30 toises du rempart, depuis la porte Saint-Honoré jusqu'à la porte Saint-Antoine. En conséquence, des lettres patentes du mois de mars 1721, concernant, entre autres choses, la création du quartier de la Chaussée d'Antin, défendaient de ne construire qu'à cette même distance et obligeaient à se conformer, pour la hauteur et la symétrie des bâtiments, aux dessins qui seraient marqués. Ces dispositions restèrent aussi sans effet.

ANNEXES

Détail estimatif

pour une année d'entretien du pavé de Paris, qui doit commencer le 1ᵉʳ janvier 1777 et finir le 31 décembre 1785.

	toises pi. po.
La superficie du pavé et des chaussées de la ville, faubourgs et banlieue de Paris, comprise au dernier bail d'entretien, consiste en............	670,724 0 5
Le pavé fait pendant le cours du dit bail, pour être mis à l'entretien du Roi, monte à............	47,188 2 3
Total............	717,912 2 8
Dont, en chaussées de blocage.... 19,466 0 0 Et en chaussées d'empierrement... 19,858 0 0	39,324 0 0
Reste en superficie de pavés de grès............	678,588 2 8

Chaque année, il en sera relevé à bout 65,000 toises, savoir : en grès, 62,000 ; en blocage, 3,000.

La quantité de pavés nécessaires pour une année est de 960 grands milliers, savoir : de Lozert, 200 ; de Pontoise et environs, 240 ; de Belloy, 180 ; de Fontainebleau, 340.

Détail du prix de chaque millier, rendu à Paris :

livres sols | livres

Pavé de Lozert.

	livres	sols		livres
Fabrication	60	0		
Terrasses	32	15		
Voiture	132	0	232 liv. 10 sols	
Frais de commis	6	0	et pour 200	
Entretien des chemins	0	15	milliers	46,500
Charge du pavé au dépôt	1	0		

Pavé de Pontoise.

	livres	sols		livres
Fabrication et terrasses	70	0		
Voiture par terre	40	0		
Id. par eau	69	0	199 livres	
Débardage	10	0	et pour 240	
Frais de commis	6	0	milliers	47,760
Entretien des chemins	3	0		
Charge au port	1	0		

Pavé de Belloy.

	livres	sols		livres
Fabrication et terrasses	66	0		
Frais de commis	6	0		
Charge dans les voitures	1	0	195 liv. 10 sols	
Voiture	121	0	et pour 180	
Entretien des chemins	0	10	milliers	35,190
Charge au dépôt	1	0		

A reporter....... 129,450

Pavé de Fontainebleau.

	livres	sols		livres
Report				129,450
Fabrication et terrasses	75	0	} 181 livres et pour 340 milliers	
Voiture du rocher à la rivière	45	0		
Voiture par eau	41	0		
Débardage	10	0		61,540
Frais de commis	5	0		
Entretien des chemins	1	0		
Charge au dépôt	1	0		
Total pour 960 grands milliers				190,990

	sols	deniers
Ainsi, le prix de chaque millier est de 198 liv. 18 sols 11 den. 1/2, et de chaque pavé, de	3	6 7/12
Pour le transport du dépôt à l'atelier, évalué à 1,200 toises de distance moyenne, une voiture à 3 chevaux, louée 12 liv., portera 80 pavés et fera 5 voyages par jour; chaque pavé reviendra à	0	7 2/12
Prix d'un pavé rendu sur l'ouvrage	4	1 3/4

Sable.

On employera 1/4 de sable de rivière et 3/4 de mine.

Le sable de rivière coûte 15 sols 6 den. le tombereau de 15 pieds cubes, y compris le loyer d'un chantier, à raison de 800 liv. par an, et celui de mine 5 sols 6 den. pour fouille, passage à la claie et indemnité de terrains, ce qui fait 8 sols pour le prix moyen d'un tombereau. Le transport est évalué à 1,500 toises de distance moyenne. Une voiture à deux chevaux, louée 8 liv., portera 15 pieds cubes et fera 4 voyages par jour, le tombereau reviendra à 40 sols pour le transport et en tout à 43 sols, ce qui fera, pour le prix d'un pied cube de sable, rendu sur l'ouvrage, 3 sols 2 den. 5/12.

Pavé neuf.

Détail d'une toise de pavé neuf.

	liv.	sols	den.	liv.	sols	den.
64 pavés, à 4 sols 1 den. 3/4........	13	5	4	»		
27 pieds cubes de sable, à 3 sols 2 d. 5/12	4	6	5	»		
Main-d'œuvre......................	1	0	0	»		
Commis à la suite des voitures.....	0	1	0	»		
Total pour une toise.	18	12	9	»		
et pour 2,500 toises..........				46,593	15	0

Relevés-à-bout en grès.

Détail d'une toise carrée.

	liv.	sols	den.	liv.	sols	den.
8 pavés par toise, à 4 sols 1 den. 3/4.	1	13	2	»		
6 pieds cubes de sable, à 3 sols 2 den. 5/12..........................	0	19	2 1/2			
Main-d'œuvre.....................	1	0	0	»		
Enlèvement des rebuts et mauvaises formes......................	0	4	8	»		
Frais de commis..................	0	0	9	»		
Entretien jusqu'à la réception.						
1 pavé pour 3 toises.............	0	1	4 7/12			
1 pied cube de sable pour 6 toises...	0	0	6 5/12			
Total pour une toise..	3	19	8 1/2			
et pour 62,000 toises........				247,095	16	8
A reporter.......				293,688	11	8

	liv. sols den.	liv. sols den.
Report.....		293,683 11 8

Relevés-à-bout en blocage.

Détail d'une toise carrée.

	liv. sols den.
1/36 de toise cube de meulière, à 35 liv. rendu sur l'ouvrage......	0 19 5 1/2
Sable comme dessus...................	0 19 2 1/2
Main-d'œuvre......................	1 0 0 »
Enlèvement des rebuts et mauvaises formes........................	0 4 0 »
Frais de commis et entretien jusqu'à la réception.................	0 2 8 »
Total pour une toise....	3 5 4 »

Nota. — Quoiqu'il paraisse une économie de 14 sols 4 den. par toise de relevé-à-bout en blocage, en comparaison du pavé de grès, cependant, si l'on considère que le blocage ne se contient pas, qu'il faut le relever et réparer beaucoup plus souvent que le pavé de grès, on reconnaîtra, au contraire, qu'il y a à retrancher sur le bénéfice. C'est pourquoi on pense qu'il vaut mieux remplacer en grès le rebut du blocage, afin de convertir insensiblement tout le blocage en grès. Alors il faut compter la toise de relevé-à-bout en blocage au même prix que celle du pavé en grès, 3 liv. 19 sols 8 den. 1/2, et pour 3,000 toises........ 11,956 5

Réparations simples.

5 ateliers, pendant toute l'année, seront employés pendant 250 jours, déduction faite des dimanches,

A reporter....... 305,644 16

	lir. sols den.
Report......	305,644 16 8

fêtes et jours de gelées et de mauvais temps. Un 6ᵉ atelier sera employé, depuis le 1ᵉʳ mai jusqu'au 1ᵉʳ novembre, pendant 140 jours de travail, déduction faite des jours où l'on ne travaille pas, en tout, par an, 1390 journées d'ateliers. Il y a 636,054 toises superficielles de pavé à réparer, compris 23,000 toises pour la moitié de l'augmentation qui pourra se faire dans le courant du bail et déduction faite des relevés-àbout et empierrement. On estime qu'il faudra un pavé neuf pour deux toises, ce qui fait, par an, 318,027 pavés neufs à fournir, ou 236 pavés par jour par chaque atelier.

Détail de la dépense d'un atelier par jour.

	lir. sols den.
236 pavés, à 3 sols 4 den. 7/12........	41 17 6
4 voies de sable, à 8 sols.............	1 12 0
Pour transport du pavé, du sable et l'enlèvement des mauvaises formes et pavés de rebut, 2 voitures, à 8 liv. par jour................	16 0 0
Commis à la suite des voitures.....	1 0 0
Un chef d'atelier.....................	2 10 0
6 compagnons, à 40 sols...........	12 0 0
7 manœuvres, à 25 sols............	8 15 0
Un dresseur.........................	1 10 0
Entretien et fourniture d'outils.....	1 10 0
Total pour un jour d'atelier.	86 14 6
A reporter......	305,644 16 8

	liv. sols den.	liv. sols den.
Report.....		303,644 16 8
Et pour 250 jours, 31,687 liv. 5 sols, et pour 5 ateliers.....................		108,406 5 0

Détail de la dépense du 6ᵉ atelier, pour un jour.

236 pavés, à 3 sols 6 den. 7/13.....	41 17 6	
4 voies de sable, à 8 sols..........	1 12 0	
2 voitures, comme aux autres ateliers	16 0 0	
Un commis à la suite.............	1 10 0	
Un chef d'atelier................	2 10 0	
7 compagnons, à 40 sols..........	14 0 0	
7 manœuvres, à 25 sols..........	8 15 0	
Un dresseur....................	1 10 0	
Entretien et fourniture d'outils.....	1 10 0	
Total....	89 4 6	
et pour 140 jours....		12,491 10 0

Chaussées d'empierrement.

Détail d'une toise superficielle.

On emploie communément 5 pieds 5 pouces cubes de petits cailloux pour la réparation annuelle de 3 toises carrées d'empierrement, à 3 sols le pied cube rendu sur l'ouvrage, pour une toise........ .... 0 5 6

Enlèvement les boues et terres, piochage de l'ancien caillou et ré-

A reporter...... 0 5 6   426,542 11 8

	liv. sols den.	liv. sols den.
Report.....	0 5 6	426,542 11 8
galement du nouveau...............	0 0 6	
Frais d'entretien et de commis...	0 0 4	
Total pour une toise...	0 6 4	
et pour 19,858 toises.........		6,288 7 4

Terrassemens.

1,500 toises cubes de terrasses à fouiller et transporter, pour le règlement des accotemens des routes de la banlieue, estimées provisoirement à 3 liv. 10 sols la toise.................... .... 5,250 0 0

1,000 toises cubes à fouiller et transporter, pour régler les pentes et faire les encaissemens de 3,000 toises de pavé neuf, estimées provisoirement à 4 liv. 10 sols la toise................................. 4,500 0 0

442,580 19 0

1/20 de bénéfice pour l'entrepreneur, y compris ses faux frais de bureaux, commis, voitures et autres faux frais.. 22,129 1 0

464,710 0 0

Plantation et entretien des arbres.

La quantité des arbres appartenant au Roi, sur les routes de la banlieue de Paris, est de 18,401, savoir : au-dessus de 20 pouces de tour, 14,110 et au-dessous, 4,291.

A reporter....... 464,710 0 0

	liv. sols den.	liv. sols den.
Report.....		464,710 0 0

Détail pour l'entretien d'un gros arbre.

Ébourgeonnement...............	0 0 4	
Échenillage	0 0 9	
Total.......	0 1 1	
et pour 14,110...............		764 5 10

Détail pour l'entretien d'un petit arbre.

Deux labours..................	0 1 6	
Ébourgeonnement et échenillage..	0 0 10	
Regarniture d'épines...........	0 0 3	
Total.......	0 2 7	
et pour 4,291...............		554 5 1

Remplacement.

On plante communément 400 arbres pour remplacer ceux qui sont morts, coupés ou arrachés par les voituriers ou autres passants.

Détail d'un arbre.

	liv. sols den.	
Fouille du trou pour déraciner l'arbre mort....................	0 15 0	
Arrachage et transport du nouvel arbre........................	1 2 0	
Plantation et rapport de bonne		
A reporter.......	1 17 0	466,028 10 11

	liv. sols den.	liv. sols den.
Report.....	1 17 0	466,028 10 11
terre qu'il faut souvent amener à la brouette....................	0 15 0	
Épinage et fil de fer...........	0 5 0	
Total.......	2 17 0	
et pour 400 arbres.............		1,140 0 0

Entretien des charmilles de la route de Versailles.

Détail d'une toise.

Pour la fouille, deux fois par an.	0 0 7	
Pour tondre................	0 0 6	
Pour remplacer ce qui manque...	0 0 6	
Total.......	0 1 7	
et pour 1,768................		139 19 4

Charges ordinaires du bail.

Frais de greffe................	1,493 17 0	
Frais d'adjudication et d'enregistrement...................	450 0 0	
Droit de fortage au gouverneur du château de Fontainebleau.........	300 0 0	
A l'Inspecteur général, pour la réception des ouvrages............	1,000 0 0	

Appointements.

A M. Duchemin, inspecteur.....	1,800 0 0	
A M. Legrand, sous-ingénieur...	1,500 0 0	
A M. Gillet, id.	1,500 0 0	
A M. Dupuis, id.	1,500 0 0	
A reporter.....	9,543 17 0	467,308 10 3

	liv. sols den.	liv. sols den.
Report.....	9,543 17 0	467,308 10 3

Pensions.

A Mme des Tournières...........	4,000 0 0	
A Mme Saurin.................	2,400 0 0	
A Mme Bayeux............,..	600 0 0	
A Mme Lacombe..............	500 0 0	
A Mme Plessis............,...	800 0 0	

Gratifications.

A Mme Petit......	120 0 0	
A l'Inspecteur général.........	1,500 0 0	
A l'Inspecteur et aux sous-ingénieurs....	1,600 0 0	
A M. de Chambine............	1,000 0 0	
A M. Faure, lieutenant de maréchaussée, au Bourg-la-Reine.......	300 0 0	
Abonnement avec les fermiers généraux, pour les droits rétablis sur le pavé, pour Paris et la banlieue.....	11,169 5 8	
Frais de voitures accordés à l'Inspecteur général....	1,500 0 0	
Somme à valoir pour gratifications aux ouvriers blessés, indemnités de carrières, réparations de ponts et autres ouvrages imprévus; recherches de matériaux, levés de plans, nivellemens, etc...	8,000 0 0	
	43,033 2 8	43,033 2 8
Total général...............		510,341 12 11

Fait à Paris, le 10 septembre 1776.

L'Inspecteur général, *Signé*, Chezy.

Vu par nous, Commissaire député par le Roi, pour la direction générale du Pavé de la ville, faubourgs et banlieue de Paris, le 19 décembre 1776.

Signé, MIGNOT DE MONTIGNY.

Nous soussignés, Jean-Pierre Pénot-Lombard, Anne-Joseph Pénot-Lombard fils et Claude-Jean de Sainte-Croix, entrepreneurs du Pavé de la ville, faubourgs et banlieue de Paris, nous soumettons envers Sa Majesté, sous le bon plaisir de M. Trudaine, Conseiller d'État ordinaire au Conseil royal et Commissaire Intendant des Finances, de nous rendre adjudicataires de l'entretenement du pavé de la ville, faubourgs et banlieue de Paris, pour neuf années consécutives, dont la première commencera le 1ᵉʳ janvier 1777, aux charges, clauses et conditions portées dans le devis et détail estimatif ci-dessus, moyennant le prix et somme de 510,311 liv. 12 sols 11 den., pour chacune des dites neuf années, et nous consentons que s'il se fait moins d'ouvrages qu'il n'est porté par le devis, il nous en soit fait une diminution, que s'il s'en fait plus, ils nous seront payés par augmentation, le tout conformément aux conditions portées au dit devis.

Signé, Pénot-Lombard père, Pénot-Lombard fils, de Sainte-Croix.

Bon pour 510,311 liv. 12 sols 11 den. à Jean-Pierre Pénot-Lombard, Anne-Joseph Pénot-Lombard fils et Claude-Jean de Sainte-Croix.

Paris, ce 20 décembre 1776.

Signé, TRUDAINE.

PAVÉ DE PARIS

Procès-verbal de réception des ouvrages de l'année 1780.

Sur la requête présentée à nos seigneurs les Présidents, Trésoriers de France, Généraux des Finances et Grands Voyers en la généralité de Paris par Jean-Pierre Pénot-Lombard, Anne Pénot-Lombard fils et Claude-Jean de Sainte-Croix, entrepreneurs du Pavé de la ville, faubourgs et banlieue de Paris, suivant le bail à eux fait par arrêt du Conseil du 27 décembre 1776, pour neuf années consécutives et sans interruption, à commencer du 1er janvier 1777, régistré au Bureau des Finances, le 21 du dit mois de janvier; la dite requête tendant à ce qu'il plût à nos dits seigneurs leur accorder la réception des ouvrages en pavé neuf, relevés-à-bout et de simple entretien, tant en pavé qu'en chaussées de cailloux de la dite ville, faubourgs et banlieue de Paris, dont les dits sieurs Lombard père et fils et de Sainte-Croix étaient tenus pendant l'année 1780; qu'ils représentent avoir été bien et duement faits, suivant et conformément à l'état indiqué pour la dite année, sauf les changements qui leur ont été prescrits par l'ordonnance verbale de M. Mignot de Montigny, Conseiller du Roi, Trésorier de France, Commissaire député par Sa Majesté, pour la direction générale du Pavé des ville, faubourgs et banlieue de Paris;

Nous Antoine Chezy, Ingénieur du Roi pour les Ponts et Chaussées, Inspecteur général du Pavé de la ville, faubourgs et banlieue de Paris, commis par arrêt du Conseil du 16 septembre 1771, nous sommes transporté dans les rues de Paris et sur les chaussées de la banlieue, où les ouvrages ont été faits, où étant accompagné des dits sieurs Lombard père et fils et de Sainte-Croix, nous avons procédé, en présence de M. Mignot de Montigny, Trésorier de France, Commissaire député par Sa Majesté pour la direction générale du Pavé de la ville, faubourgs et banlieue de Paris, à la vérification des ouvrages ainsi qu'il suit :

Relevés-à-bout.

(Suit la nomenclature des rues et chaussées relevées à bout.)

	toises	pi.	po.
Récapitulation : Quartier du Marais............	27,187	4	11
Quartier Saint-Honoré..........	33,692	0	2
Quartier Saint-Germain.........	10,205	2	3
Quartier Saint-Marcel	5,171	2	11
Total général......	76,256	4	3
Suivant le bail, il en devait être fait...........	65,000	0	
L'ouvrage fait en excédant est donc de.........	11,256	4	3
L'excédant à compenser de l'année dernière était de..	7,128	0	4
L'excédant total est par conséquent de..........	18,384	4	7

Pavé neuf.

	toises	pi.	po.
Établissement d'une nouvelle chaussée, en face de l'Hôpital général, superficie....................	189	1	5
La partie de chaussée de Bagneux, comprise entre la route d'Orléans et le chemin qui conduit aux carrières..	353	2	0
Total à reporter.....	542	3	5

	toises	pi.	po.
Report......	542	3	5
Suivant le bail, il devait en être fait...........	2,500	0	0
Différence en diminution.....................	1,957	2	7

	liv.	sols.	den.
Lesquels, à 18 liv. 12 sols. 9 den. la toise, valent et sont compensés par 9,153 tois. 4 pi. 8 po. des 18,384 tois. 4 pi. 7 po. de relevés-à-bout excédant d'autre part, lesquels 9,153 tois. 4 pi. 8 po., à 3 liv. 19 sols 8 den. 1/2, valent..................	36,481 36,481	12 12	3 3

	tois.	pi.	po.
Sur l'excédant ci-dessus de......	18,384	4	7
Il est employé en compensation...	9,153	4	8
Reste encore en excédant........	9,230	5	11

Terrasses.

	tois.	pi.	po.
Pour l'entretien des accotements des chaussées de la banlieue, il a été fouillé, transporté et régalé....	707	3	10
Pour l'établissement d'une nouvelle chaussée, entre la route d'Orléans et le chemin des carrières, à Bagneux...................................	73	2	0
Pour la construction du pont des Moulineaux, sur le nouveau Canal.....................................	199	3	6
Pour l'aqueduc du village d'Issy.................	45	1	4
Pour le changement du pavé de la porte Maillot.	16	2	2
Pour le baissement de l'entrée de l'égout de la rue Plumet..	81	4	5
A reporter....	1,123	5	3

	toises	pi.	pon.
Report.......	1,123	5	3
Place du Palais-Royal, à l'occasion des voûtes qui ont été démolies.............................	59	2	3
Quai de l'Hôpital, entre la barrière des Chantiers et le nouveau boulevard.........................	93	1	5
Pour la réparation des routes de chasse de la forêt de Fontainebleau................................	33	4	8
Pour la réparation du chemin allant du rocher Saint-Germain au port de la Cave..............	289	2	7
Pour le pavé de l'hospice de la Charité.........	36	2	7
	1,641	0	9
Suivant le bail, il devait en être fait...........	2,500	0	0
Différence en défaut....	858	5	3

	liv.	sols	den.
Lesquels, à 9 liv. 15 sols la toise, prix moyen, valent...	8,374	0	7
et sont compensés par 2,101 tois. 1 pi. de relevés-à-bout, qui, à 3 liv. 19 sols 8 den. 1/2, valent.....	8,374	0	7
Excédant d'autre part........... 9,230 5 11			
Employé ci-dessus en compensation.............................. 2,101 1 0			
Reste d'excédant de relevé-à-bout dont il faudra tenir compte à la réception prochaine.................. 7,129 4 11			

Ainsi, les entrepreneurs ont fait dans le courant de l'année 1780 la quantité de 65,000 toises de relevés-à-bout que nous avons trouvés en état de réception, bien et duement faits, conformément aux conditions du bail; ils ont fait aussi 2,500 toises cubes de terrasses portées par le bail; ils ont aussi exécuté la quantité de pavé neuf à laquelle ils étaient obligés; ils ont fait le surplus des ouvrages d'entretien tant en pavés qu'en chaussées de cailloux et blocage, enfin, ils ont acquitté les charges portées au dit bail.

Pourquoi nous estimons que le sieur Lombard et ses associés, comme adjudicataires de l'entretenement du pavé de la ville, faubourgs et banlieue de Paris, peuvent être valablement payés de la somme de 510,341 liv. 12 sols 11 den. sur pareil fonds fait dans l'État du Roi du Pavé de Paris de l'année 1780, le tout en conformité du présent certificat, que nous avons délivré au dit sieur Lombard et ses associés pour servir et valoir ce que de raison.

A Paris, ce 3 décembre 1781.

Signé, CHEZY.

En marge est écrit : Les ouvrages énoncés au présent rapport ont été vus, toisés et vérifiés en notre présence et jugés en état de réception, par nous Conseiller du Roi, Trésorier de France, Commissaire député par Sa Majesté, pour la direction générale du Pavé de la ville, faubourgs et banlieue de Paris, les jour et an énoncés ci-dessus.

Signé, MIGNOT DE MONTIGNY.

Plus bas est écrit : Collationné par nous commis greffier, soussigné au Bureau des Finances de la généralité de Paris.

Signé, DE SAINT-PÈRE.

Les Présidents, Trésoriers de France, Généraux des Finances et Grands Voyers en la généralité de Paris,

Vu la requête présentée par les sieurs Jean-Pierre Penot-Lombard, Anne-Jean Penot-Lombard et Claude-Jean de Sainte-Croix, adjudicataires par bail à eux fait, par arrêt du Conseil, du 27 décembre 1776, de l'entretenement du pavé de la ville, faubourgs et banlieue de Paris, pour neuf années consécutives, commencées au 1er janvier 1777, moyennant la somme de 510,341 liv. 12 sols 11 den. par chacune des dites neuf années, Maître François Thoynet, Trésorier général des Ponts et Chaussées du royaume, nous vous mandons que, des deniers de votre exercice de l'année 1780, vous payez comptant aux dits Jean-Pierre Penot-Lombard, Anne-Jean Penot-Lombard fils et Claude-Jean de Sainte-Croix, la somme de 182,341 liv. 12 sols 11 den. faisant, avec celle de 328,000 liv. à eux ordonnée à compte desdits ouvrages, celle susdite de 510,341 liv. 12 sols 11 den. pour l'entier et parfait payement des ouvrages du dit entretien, pendant l'année 1780, faisant la quatrième du bail, lesquels ouvrages ils ont bien et duement faits, suivant qu'il appert du procès-verbal de réception dont copie collationnée est des autres parts; rapportant laquelle, ces présentes et quittance suffisante, la dite somme de 182,341 liv. 12 sols 11 den. sera passée et allouée en dépense partout où il appartiendra.

Fait au Bureau des Finances de la généralité de Paris, le 28 décembre 1781. *Signé:* GISSEY, LAMBERT, MIGNOT DE MONTIGNY.

Par mes dits sieurs, de SAINT-PÈRE.

PAVÉ DE PARIS.

État du Roi pour l'exercice 1790.

Le Roi voulant régler les recettes et dépenses des fonds destinés pour l'entretenement du pavé de la ville, faubourgs et banlieue de Paris, appointemens des Commissaire, Inspecteur et autres employés au dit pavé, pendant l'année 1790, Sa Majesté, étant en son Conseil, a fait arrêter le présent État pour être exécuté par les Trésoriers de France du Bureau des Finances de la généralité de Paris, gardé et observé de point en point, selon sa forme et teneur, à peine, par les dits Trésoriers de France, d'en répondre en leurs propres et privés noms, et, pour cet effet, Sa Majesté leur ordonne d'en délivrer toutes les expéditions nécessaires à M. Randon de la Tour, l'un des administrateurs du Trésor royal chargé, entre autres, des dépenses du pavé de Paris, pendant la dite année 1790.

Recette. A cause des sommes à recevoir du Trésor royal, en exécution de la déclaration de Sa Majesté, du 17 octobre 1779 (1), registrée en la Chambre des Comptes, le 23 novembre suivant, du garde du Trésor royal en exercice, la somme de six cent vingt-sept mille trois cent soixante livres, pour les fonds destinés à l'entretenement du pavé de Paris, et autres dépenses, pendant l'année 1790, ci.. 627,360 liv.

---

(1) En vertu de cette déclaration, toutes les recettes et dépenses devaient passer désormais par les comptes du Ministre des Finances, afin qu'ils présentassent l'ensemble des revenus et des charges de l'État. En conséquence, le produit du barrage était versé au caissier du Trésor, qui, à son tour, le remettait au payeur du Pavé de Paris.

Dépense. A cause des appointemens du Commissaire du Conseil pour la direction générale du Pavé de Paris et de l'Inspecteur général du dit Pavé.

Au sieur Nicolas-Jacques-Augustin Hébert de Hauteclair, Trésorier de France, Commissaire député par Sa Majesté pour la direction générale du Pavé de Paris, commis par arrêt du Conseil du 5 juillet 1781 et lettres de commission expédiées en conséquence, la somme de trois mille six cents livres pour le net de ses appointemens en sa dite qualité de Commissaire du dit Pavé, à raison de 4,000 liv. pendant l'année du présent État, déduction faite du dixième ci.. 3,600 liv.

Au sieur Antoine Chezy, Ingénieur du Roi pour les Ponts et Chaussées, Inspecteur général du Pavé de Paris, commis par arrêt du Conseil du 16 septembre 1771 et lettres de commission expédiées en conséquence, la somme de trois mille cinq cent soixante livres, déduction faite du dixième et de deux sols pour-livres d'icelui, pendant l'année du présent État, de laquelle somme il sera payé, sur sa simple quittance, en vertu du dit arrêt, ci......... 3,560

Somme............ 7,160

Autre dépense, à cause des épices pour la Chambre des Comptes.

Pour épices et façon du compte de l'entretenement du pavé de Paris, qui sera rendu en la Chambre des Comptes, la somme de six cents livres, ci......... 600

Somme des charges de la recette.......... 7,760

Autre dépense, à cause de l'entretenement du pavé de Paris, pendant l'année 1790.

Pour la 5ᵐᵉ année du bail d'entretenement du pavé de la ville, faubourgs et banlieue de Paris, la somme de six cent dix mille livres à quoi monte le bail fait aux sieurs Lécluse et Chéradame, le 30 décembre 1785, registré au Bureau des Finances, le 24 février 1786, pour, avec neuf mille six cents livres, pour appointemens des Ingénieurs et Inspecteurs, faire la somme de six cent dix neuf mille six cents livres, ci................. 619,600 liv.

Les charges montent à sept mille sept cent soixante livres, ci. 7,760

Somme totale de la dépense pareille à la recette.. 627,360

Fait et arrêté au Conseil royal des Finances, tenu à Paris, le 12 décembre 1790 (1).   *Signé*, Louis.

Et plus bas: M. F. L. Duport. Delessart.

(1) Les États du Roi étant, en quelque sorte, les budgets de chaque service, auraient dû être arrêtés dès le commencement de l'exercice; mais il en était rarement ainsi, et tous ceux que nous avons vus portaient des dates bien postérieures au 1ᵉʳ janvier.

APPENDICE

Ainsi que nous l'avons annoncé, en terminant l'avant-propos, cet appendice présente le résumé des faits qui se sont produits de 1791 à 1840.

Il forme, en quelque sorte, le complément de l'ouvrage.

Avant d'exposer l'ordre que nous y avons suivi, nous rappellerons que le nouveau régime politique a introduit de nombreux changements dans plusieurs services de l'État. Ainsi, pour ne parler que des Ponts et Chaussées, leur administration est sortie des attributions du Ministre des Finances pour entrer dans celles du Ministre de l'Intérieur. A l'Intendant chargé autrefois d'en régler tous les détails a succédé un Directeur général exerçant le même emploi. Les pouvoirs publics ont été séparés; l'autorité instituée pour assurer l'exécution des règlements n'a plus eu à en réprimer les infractions, ce devoir a été laissé à l'autorité judiciaire, etc.

Le Pavé de Paris s'est peu ressenti de ces innovations. Le bail alors en vigueur a été maintenu, les entrepreneurs qui l'avaient souscrit ont été conservés, et presque tous les agents qui dirigeaient ou surveillaient les travaux sont restés à leur poste. Le changement le plus important a été de remplacer, par les magistrats investis des fonctions municipales, les Trésoriers de France qui avaient eu le soin de sa conservation. Néanmoins, bien que la banlieue en ait été détachée, son entretien a beaucoup souffert, dans les commencements, à raison de l'insuffisance des ressources qui y ont été affectées.

L'appendice est divisé en huit parties :

La première indique comment on chercha à remédier au mauvais état des voies publiques que le reculement des barrières renferma dans Paris.

Nous examinons, dans la seconde, les baux passés pendant la période que nous avions à parcourir et de quelle manière il a été pourvu au payement des dépenses.

Nous revenons, dans la troisième, sur les boulevards.

La quatrième traite des carrières et du règlement des indemnités d'extraction.

Nous reprenons, dans la cinquième, la question du premier pavage des rues et celle de son premier relevé-à-bout.

La sixième est entièrement consacrée à l'établissement des trottoirs.

Le personnel des agents attachés au service fait l'objet de la septième.

Enfin, la dernière contient une récapitulation générale des frais qu'a coûtés l'entretien ; mais, au lieu de nous arrêter à l'année 1840, nous allons jusqu'en 1880.

§ 1ᵉʳ.

Une des conséquences de la construction du mur d'octroi fut d'englober dans Paris une large zone de terrain entrecoupée de beaucoup de rues qui auparavant appartenaient aux localités voisines et dont la plupart réclamaient de nombreuses et urgentes améliorations (1). Ces voies, qu'on appelait alors des *rues de banlieue*, ont fait longtemps le désespoir de l'administration. « Plusieurs
« d'entre elles, portait un rapport des Ingénieurs, ne sont pas
« encore pavées, d'autres sont pavées, mais avec des matériaux de
« rebut ; quelques-unes ont une chaussée en pavés d'échantillon,
« mais elle est étroite et bombée, et les revers ou accotements qui
« l'accompagnent n'ont jamais été assujétis à des pentes réglées ni
« à des profils réguliers. S'ils sont pavés, ce n'est que çà et là. Ces
« pavages partiels, que les riverains ont fait construire avec éco-
« nomie et suivant leur seul caprice, ne sont d'ailleurs composés
« que de petits matériaux et ne présentent ni uniformité ni solidité.
« Il faut avoir parcouru ces quartiers isolés pour se faire une idée
« du triste état dans lequel ils se trouvent les trois quarts de l'année.
« Ici, sont des ravins creusés par les eaux pluviales ; là, des inéga-
« lités naturelles ou résultant des décombres que les gravatiers y
« déposent furtivement ; enfin, presque partout des ornières pro-
« fondes et dangereuses marquent la ligne de séparation de la
« chaussée d'avec les accotements contigus, des eaux sales y crou-
« pissent, faute d'écoulement, et corrompent l'air par des exhalai-
« sons pestilentielles (2). »

(1) Les mêmes faits se sont reproduits de nos jours, lorsque les limites de Paris ont été reculées jusqu'aux fortifications.

(2) Après la Révolution, la Ville, dérogeant à la règle qui laissait aux riverains le soin de réparer les rues et revers de chaussées pavés en matériaux de rebut, les a compris dans le bail d'entretien, mais cette mesure insolite n'a eu qu'une courte durée.

Le service du Pavé de Paris a élargi les chaussées qu'il entretenait déjà, quand elles eurent besoin d'être relevées à bout. De leur côté, à mesure que des constructions importantes remplacèrent les enclos, marais et chaumières dont ces rues étaient bordées, les riverains substituèrent du pavé d'échantillon au terrain naturel, ainsi qu'aux matériaux défectueux dont ils s'étaient servis. Toutefois, la transformation complète fut très longue à s'accomplir.

En attendant, le Préfet de la Seine prit, le 1er pluviôse an IX (21 janvier 1801), un arrêté contenant, en substance, qu'il serait dressé un tableau des rues pavées dont l'entretien était resté à la charge des riverains; que les Ingénieurs d'arrondissement constateraient journellement les dégradations qui surviendraient dans ces rues ; que si elles provenaient du fait particulier d'un propriétaire ou locataire, celui-ci serait mis en demeure de les faire réparer dans un bref délai, sinon qu'il y serait procédé d'office; que si, au contraire, les dégradations étaient attribuées à la circulation, tous les riverains seraient tenus de faire opérer les travaux nécessaires, sous peine d'y voir mettre des ouvriers à leurs frais; que, le cas échéant, le montant de la dépense serait réglé par l'Ingénieur en chef et que l'état de répartition serait rendu exécutoire par lui Préfet.

Pendant longtemps ce règlement fut successivement appliqué, sans réclamation à plusieurs rues. Mais comme, d'après l'arrêté consulaire du 12 messidor an VIII (1er juillet 1800), le Préfet de Police est chargé de tout ce qui intéresse la liberté et la sûreté de la voie publique, dans Paris, et notamment d'empêcher qu'il ne se commette des dégradations au pavé, ce magistrat crut qu'il lui appartenait, par voie de conséquence, de faire cesser l'état de détérioration du sol des rues, lorsqu'il paraissait dangereux pour les passants. En conséquence, il se substitua à son collègue et prit lui-même les mesures jugées nécessaires. La plus étendue des ordonnances qu'il rendit à ce sujet est celle du 22 mai 1822 (1). Son article 31 était ainsi

(1) Elle a été renouvelée deux fois, le 8 août 1829 et le 25 juillet 1862.

conçu : « Il est enjoint aux propriétaires des maisons et terrains
« longeant les rues ou portions de rues pavées, et dont l'entretien
« est encore à leur charge, de faire, chacun en droit de sa propriété,
« réparer les dégradations y existantes et d'entretenir constamment
« en bon état, chacun pour ce qui le concerne, le pavé desdites rues,
« en conservant ou donnant au sol les pentes convenables pour
« l'écoulement des eaux, en sorte que la sûreté de la circulation, ainsi
« que la salubrité publique, ne soient jamais compromises. »

Quant aux rues non pavées, la même ordonnance imposait également aux riverains, par son article 34, l'obligation d'en entretenir, en tout temps, le sol en bon état et de faire le nécessaire pour procurer aux eaux un écoulement facile.

La légalité de toutes ces dispositions a été affirmée dans les circonstances suivantes :

Des habitants de la rue Neuve-Saint-Denis, traduits devant le tribunal de simple police pour ne pas s'y être conformés, furent renvoyés des poursuites, attendu, disait-on, qu'aucune loi ne les astreignait à faire ce que l'on exigeait d'eux. Ce jugement émut l'administration; elle craignit qu'il ne portât atteinte au principe en vertu duquel le premier pavé des rues est considéré, à Paris, comme une charge inhérente à la propriété riveraine. En conséquence, elle crut convenable de le déférer à la Cour de cassation et présenta un long mémoire en faveur de ce même principe. Cette affaire a donné lieu au Conseiller rapporteur et au Procureur général de traiter à leur tour, avec quelques développements, la question relative au premier pavage des rues. L'arrêt intervenu le 17 mars 1838 déclare que l'ordonnance de police avait été légalement et compétemment rendue, et que, dès lors, le tribunal aurait dû en faire l'application.

Si l'administration pouvait demander que l'on tînt les rues de l'une et de l'autre catégories constamment viables, on lui déniait le droit de vouloir modifier, aux frais des riverains, l'état de choses existant, pour lui en substituer un meilleur. C'est ainsi que le Conseil de préfecture décida, le 12 mai 1813, qu'il n'y a ni raison ni loi qui puisse obliger un propriétaire à paver son revers quand l'utilité ne l'exige pas, pourvu toutefois qu'il l'entretienne de manière que la sûreté publique ne soit pas compromise; et, le 17 novembre 1813, qu'il n'y a pas lieu de contraindre un propriétaire à remplacer, par des pavés d'échantillon, ceux de rebut dont son revers est revêtu, à la condition, néanmoins, que ce revers ne cesse pas d'être en bon état.

L'administration paraît avoir acquiescé à cette jurisprudence.

En 1822, les Ingénieurs constatèrent qu'il y avait encore beaucoup de travaux à exécuter dans les rues de banlieue, afin qu'elles n'eussent rien à envier, sous le rapport de la viabilité, à celles du centre de Paris; la dépense en était évaluée à plus de quatre millions. Le Préfet de la Seine était d'avis que la Ville fit mettre successivement toutes ces rues en bon état, en commençant par les plus utiles, sauf à recouvrer le montant des frais sur les riverains, à mesure que ceux-ci bâtiraient des maisons. Il ne paraissait pas douter qu'elle n'eût les moyens légaux de rentrer dans ses avances; mais le Conseil municipal, qui ne partageait pas entièrement cette confiance, refusa d'inscrire au budget de 1823 un premier crédit de 80,000 fr. qui lui fut demandé à ce sujet, laissant, en conséquence, au temps le soin de faire cesser l'espèce de désordre auquel l'administration aurait voulu remédier immédiatement.

§ 2.

Fin du bail de 1786.

Le nouveau régime auquel il était question de soumettre l'entretien du Pavé de Paris, à partir du 1er janvier 1791, et qui ne put être mis à exécution qu'au 1er mai, suggéra aux maîtres paveurs l'idée de demander à être chargés de cet entretien, aux conditions du dernier bail. Ils prétendaient que, dans ce cas, il serait fait avec plus de soin, d'économie et de célérité. Usant du style déclamatoire depuis quelque temps à la mode, ils ajoutaient : « Les mœurs sont « le fondement de la liberté. L'âme corrompue en méconnaît les « charmes, la vertu seule les goûte et les apprécie. Cet amour des « mœurs et de la vertu, en se propageant dans toutes les classes, « en assure le bonheur. Celle des ouvriers est très nombreuse, l'en- « trepreneur qui en occupe trente les connaît tous, devine leurs « habitudes, leurs qualités, leurs défauts, étudie l'art de les main- « tenir ; la subordination les conduit à de bons principes ou en- « chaîne leurs vices ; la crainte de manquer d'ouvrage les maintient ; « ils s'attirent quelques marques d'estime, ils deviennent jaloux « d'en obtenir de nouvelles : ce sentiment bien dirigé est tout puis- « sant. Mais l'entrepreneur qui occupe cent ouvriers n'en connais- « sant aucun ne peut les surveiller et remet ce soin à des hommes « qui n'ont ni le même caractère, ni la même intention. »

La pétition ayant été communiquée à tous les districts, l'opinion générale y fut de maintenir le bail en vigueur. L'un d'eux, qui était présidé par un chef de bureau de l'administration des Ponts et Chaussées, prétendit qu'il fallait se tenir en garde contre ces belles phrases ; que le mot de liberté invoqué par les maîtres paveurs n'é- tait qu'un mot de ralliement employé par bien des intrigants pour persuader qu'on ne devait pas leur refuser d'injustes demandes. L'assemblée partagea son avis.

Après qu'une municipalité définitive eut été instituée à Paris, Jean-Sylvain Bailly, placé à sa tête, en qualité de maire, se préoccupa des moyens de faire face à la nouvelle dépense que la Ville allait supporter. A cette occasion, il fit remarquer à ses représentants, dans un rapport du mois de mars 1791, qu'il paraissait juste que les rues formant le prolongement des grandes routes fussent, comme dans les autres villes du royaume, entretenues aux frais du Trésor public.

Suivant l'état dressé, sur sa demande, par l'Inspecteur général du Pavé, les voies qui conduisaient des barrières au point central où devait être érigée la première borne milliaire et qui revêtaient, aux yeux de ce dernier, le caractère de traverses, présentaient une longueur totale de 25,690 toises, et leur surface, en ne leur supposant qu'une largeur égale à celle de la chaussée des routes correspondantes, c'est-à-dire 3 à 4 toises, était de 88,856 toises; enfin, la dépense de leur entretien était évaluée, au prix du bail de 1786, à 54,466 livres.

Bailly ajoutait que ces mêmes traverses avaient généralement une largeur plus grande que celle qui leur était attribuée, en sorte que la partie du pavé que le Trésor aurait à sa charge se trouverait *soulagée* par celle qui serait entretenue sur les fonds municipaux, et que la détérioration de cette dernière s'accélérerait au préjudice de la Ville, que d'ailleurs la direction tant des routes que des embranchements qui traversaient la Capitale était, pour ainsi dire, arbitraire, attendu que les voituriers suivaient, d'après leur convenance, telles ou telles voies pour se rendre d'une barrière à l'autre; il exposait, en outre, qu'il y aurait des inconvénients à faire de l'entretien de cette direction un objet distinct de l'entretien général du pavé. Par ces motifs, il était d'avis que la municipalité *réunît* le tout, à la condition que le Directoire du département prît des mesures pour lui faire allouer, chaque année, par l'État, une subvention de 54,466 livres.

Lorsqu'il faisait cette dernière proposition, le Maire ne connaissait pas encore l'instruction signée du Roi, le 17 avril 1791, sur l'exécution de la loi concernant le service des Ponts et Chaussées, instruction qui expliquait que chaque département aurait désormais à pourvoir à l'entretien des routes situées sur son territoire. C'était donc la caisse départementale qui, à l'exclusion de celle du Trésor, aurait acquitté les frais d'entretien des traverses de Paris. Aussi, le Directoire se montra-t-il peu disposé à accueillir la demande qui lui était faite.

Quelques jours après, le Maire revint devant le corps municipal et lui fit connaître que le pavé mis définitivement à la charge de la Ville présentait une surface de 529,919 toises et que, pour le tenir

	liv.	sols	den.
en bon état, elle aurait à dépenser annuellement	368,510	9	5
à quoi il convenait d'ajouter pour les boulevards, les banquettes des quais et des ponts, les ports et les abreuvoirs, environ....................	128,400	»	»
Total............	496,910	9	5

Il demanda donc qu'elle fût autorisée à s'imposer, de ce chef, sur le principal des contributions foncière et mobilière, le nombre de sous additionnels nécessaires pour réaliser cette dernière somme, ce qui lui fut accordé.

Un renchérissement considérable étant survenu dans les prix, tant de journées d'ouvriers que de transport des matières premières et des objets de consommation, celui de 22 liv. 13 sols 11 den., fixé en 1786, pour la toise de pavé neuf à la charge des particuliers, fut reconnu trop faible. Le Maire de Paris, alors Jean-Nicolas Pache, l'éleva à 32 liv. 6 sols 4 den., par un arrêté du 26 septembre 1793. La différence, comme on le voit, était de près de 50 %. Le tarif des ouvrages à la charge de la Ville subit une augmentation proportionnelle; mais, afin que la dépense totale ne dépassât pas trop les limites qui lui avaient été assignées, on réduisit beaucoup la surface des relevés-à-bout : au lieu de 65,000 toises, qui devaient être exécutées annuellement, on n'en fit que 27,094 en 1793, et 21,000 en 1794;

Cet expédient ne fut pas suffisant. Comme les nouvelles contributions se recouvraient mal, la Ville, qui devait acquitter, avec le produit des sous additionnels, ce qu'on appelait les dépenses locales, c'est-à-dire celles qui s'appliquaient aux travaux communaux, aux hôpitaux, aux cimetières, etc., se vit hors d'état de faire face aux charges du pavé. Le Gouvernement dut donc venir à son secours et lui avancer des fonds pour y pourvoir, tant que dura la première municipalité et celle de sinistre mémoire qui lui succéda, sous le nom de Commune.

Après le 9 thermidor, il s'empara complètement de l'administration de la Capitale, et les fonctions propres au pouvoir municipal y furent exercées, en vertu d'une loi du 14 fructidor an II (31 août 1794), par quelques-unes des commissions qui, pendant un certain temps, remplacèrent les différents ministres. On versait alors à la Trésorerie nationale le montant des sous additionnels et celle-ci se chargeait d'acquitter toutes les dépenses locales. Quant à l'arriéré, il était inscrit sur le grand-livre de la dette publique.

Le désordre et la confusion qui régnaient dans tous les services ne permettent pas de préciser ce qu'a coûté le pavé de Paris, les quatre dernières années du bail de 1786. Les documents dans lesquels on aurait pu trouver quelques renseignements à ce sujet ont d'ailleurs été détruits, en 1871, par l'incendie des bâtiments de l'Hôtel de Ville. Tout ce qu'on peut dire c'est que, pendant cette période, les dépenses restèrent bien au-dessous des prévisions et que la voie publique fut constamment en mauvais état, faute d'un entretien suffisant. D'un autre côté, les nombreuses fouilles qu'exigea la pose des conduites appartenant aux nouvelles eaux contribuèrent singulièrement à empirer cet état. Mais, au milieu des graves évènements qui se succédaient avec tant de rapidité, la facilité de la circulation était comptée pour peu de chose; les malheurs de ces temps néfastes avaient anéanti le commerce et l'industrie; on ne rencontrait presque plus de voitures, on sentait donc peu la nécessité d'avoir un bon pavé.

Bail de 1795. Le bail qui suivit celui de 1786 commençait le 1ᵉʳ janvier 1795, répondant au 11 nivôse an III, et finissait à pareil jour de l'an VI:

il ne durait ainsi que trois années. Le cahier des charges en avait été approuvé par une des commissions exécutives encore existantes, celle des Travaux publics. L'entreprise n'était plus divisée, elle se composait, en conséquence, d'un seul lot. Elle comprenait, de plus que la précédente, le pavé des halles et marchés, celui des ports et abreuvoirs et les trottoirs des quais et des ponts. A la demande de l'administration des domaines nationaux, on y avait ajouté les anciens cloîtres et les lieux privilégiés, attendu que les immeubles qui les bordaient étaient assujettis aux contributions publiques ; on y avait aussi admis les rues pavées autrement qu'en pavés d'échantillon, et même les revers des chaussées restés jusqu'alors à la charge des riverains, sous le prétexte que ceux-ci mettaient de la négligence à réparer ces revers, ce qui influait sur le bon état des bordures. Quant aux boulevards, ils continuaient à faire l'objet de marchés particuliers.

La surface totale à entretenir était évaluée par approximation à 560,000 toises, correspondant à 2,119,296 mètres, dont 5,000 toises faites à chaux et ciment. Elle devait être arrêtée définitivement par un mesurage contradictoire qui serait opéré dans les six mois de l'adjudication. Le cahier des charges était libellé comme le précédent, sauf quelques modifications dont nous signalerons les principales.

On relevait à bout, chaque année, un douzième de la surface à entretenir, soit près de 47,000 toises. Les pavés tendres et ceux qui présentaient moins de 30 pouces carrés à la tête étaient remplacés par des pavés neufs. Les pavés rebutés appartenaient, comme auparavant, à l'entrepreneur, mais le prix en était fixé en bloc à 20,000 liv. par an. Le nombre d'ateliers employés aux réparations simples ne restait plus indéterminé, il était de six au moins, que servaient 12 tombereaux attelés chacun de deux chevaux. Si des enfoncements demeuraient plus de deux jours sans être réparés, chacun d'eux donnait lieu à une amende de 50 liv. On cessait de préciser la quantité d'ouvrages neufs à faire annuellement; tous ceux qui seraient demandés devaient être exécutés. On prévoyait qu'un million de pavés neufs serait nécessaire chaque année et qu'ils proviendraient : 250 milliers de Pontoise, 166 de Belloy, 170 de Lozert et 414 de Fontainebleau. La moitié de cette fourniture devait être complétée au 1er floréal. Afin qu'il en fût ainsi, l'adjudicataire était obligé de recevoir des entrepreneurs sortants une pareille quantité de pavés et de les payer comptant d'après des prix convenus ou réglés par experts. Ceux qu'il laisserait à la fin de son bail devaient également être repris, aux mêmes conditions, par son successeur. On avait supprimé, comme n'ayant plus d'objet, les articles relatifs à l'entretien des plantations et des chaussées en empierrement, mais on avait conservé ceux qui conféraient un privilège à l'entrepreneur pour la réparation des tranchées de fontaines, l'exécution des raccordements et le pavage des rues nouvelles. On l'invitait aussi à ne prendre à son service que de bons ouvriers et des commis intelligents, et on ajoutait qu'il serait tenu de renvoyer, sur la réquisition des Ingénieurs, ceux qui seraient inexacts, inhabiles ou insubordonnés. Son cautionnement devait être de 100,000 livres en biens-fonds. Enfin, le dernier article était ainsi conçu : *Toutes les clauses comprises dans le présent cahier des charges sont de rigueur et ne pourront être réputées comminatoires.* Cette observation, qui a été répétée dans les quatre baux suivants, ne présentait, selon nous, aucun sens, à moins de supposer que jusqu'alors on n'avait pas pris au sérieux les conditions stipulées.

Les travaux furent mis en adjudication, le 14 nivôse, sur l'estimation de 1,150,477 liv. 17 sols 6 den. par an, valeur en assignats. Le sieur Jean-Louis Hélaine, ancien commis de Chéradame, s'en chargea, moyennant 1,033,500 liv. Le rabais était, en conséquence, de près de 6 %. Les prix qui avaient servi de base au détail estimatif furent, suivant l'usage, réduits dans la même proportion (1). Mais la valeur de toutes choses subissait alors de si grandes et de si brusques variations, par suite du discrédit du papier-monnaie et de la difficulté des arrivages, qu'il avait été stipulé que si, dans le cours de l'entreprise, les prix des matériaux et de la main-d'œuvre éprouvaient de notables augmentations ou diminutions, il en serait fait respectivement raison; en conséquence un bureau, dit de règlement, fixait, de temps en temps, le montant de ces prix. Nous voyons qu'en l'an IV un compagnon paveur employé aux relevés-à-bout était payé 250 liv. par jour; un dresseur, 207 liv. 2 sols 10 den.; un arracheur, 175 liv.; un piocheur, 157 liv. 2 sols 10 den.; un donneur de sable, 132 liv. 2 sols 10 den. Ceux qui travaillaient aux repiquages étaient un peu moins rétribués: le compagnon recevait 220 liv. et les autres ouvriers, à proportion. La toise superficielle de relevés-à-bout revenait à 171 liv. et les entretiens simples, à 324,177 liv. 10 sols par mois. Les décomptes montaient ainsi à des sommes fabuleuses qui, pour être ramenées à leur juste valeur, devraient être traduites en numéraire.

L'administration, sentant combien il importait que l'entretien du pavé de Paris ne fût pas interrompu, donna, autant que possible, des facilités à l'entrepreneur pour l'exécution de son marché. Elle fit mettre immédiatement à sa disposition les 500 milliers de pavés laissés par l'un de ses prédécesseurs ; le Directoire exécutif décida qu'aucun de ses chevaux ne pourrait être pris pour le service militaire, et le comité de Salut public réserva un certain nombre de carriers résidant à Fontainebleau parmi ceux qui avaient été mis en réquisition pour se rendre sur un autre point. Néanmoins, on fit à peine 15,000 toises de relevés-à-bout en 1795, en sorte que bien des rues restèrent en mauvais état. Le dé-

(1) On continuait à procéder aux adjudications, comme sous l'ancien régime, c'est-à-dire que les ingénieurs faisaient l'évaluation de la dépense totale d'après les prix courants des matériaux et de la main-d'œuvre; le rabais portait sur cette évaluation et descendait ensuite sur chacun des prix qui avaient servi à l'établir.

sordre devint encore plus grand, par suite de la rigueur de l'hiver; les conduites des pompes à feu, en grande partie en bois, en éprouvèrent tellement de dommage qu'il fallut refaire des fouilles et bouleverser, de nouveau, le pavé partout où elles passaient. Comme les travaux s'exécutaient avec beaucoup de lenteur et de négligence, le Ministre de l'Intérieur prescrivit, le 14 frimaire an IV, plusieurs mesures propres à faire cesser les inconvénients qui en résultaient.

Si, dès ce moment, les raccordements eurent lieu avec plus de soin qu'auparavant, l'état du pavé laissa toujours à désirer, attendu que la situation des finances ne permit pas d'augmenter la surface des relevés-à-bout, qui, au contraire, continua à rester au-dessous de ce qu'elle devait être.

Quoiqu'il fît peu d'ouvrages, l'entrepreneur n'en était pas mieux payé. Ne pouvant que rarement acquitter à vue les mandats dont il était porteur, la Trésorerie nationale lui remettait des bons d'une échéance éloignée. A ce sujet, le Ministre de l'Intérieur écrivait un jour à son collègue des Finances : « Les travaux relatifs à l'entre-« tien du pavé ne consistent qu'en journées de voitures et frais de « main-d'œuvre, tant pour la fabrication et l'apport du pavé que « pour l'extraction du sable. La dépense se compose donc unique-« ment de salaires pour lesquels il est impossible de faire usage de « rescriptions. » Il priait, en conséquence, son collègue de faire en sorte que l'entrepreneur fût payé comptant à l'avenir, sauf à lui délivrer des rescriptions lorsqu'il s'agirait de solder ses travaux.

Le même ministre qui, en succédant aux commissions exécutives, avait, à son tour, pris en main la direction immédiate des intérêts de la Ville, la remit aux administrateurs du département, par une induction tirée de la loi du 28 messidor an IV (16 juillet 1796), qui déclarait d'utilité générale un certain nombre de services considérés jusqu'alors comme étant d'un intérêt local. C'est là l'origine de l'organisation toujours en vigueur qui rattache à l'administration départementale, dans la ville de Paris, les fonctions propres au pouvoir municipal.

On voit, dans les comptes annuels qu'il rendait de sa gestion, que tant que dura le marché passé avec le sieur Hélaine et par conséquent jusqu'au 11 nivôse an VI (31 décembre 1797), le Département ne fit que pourvoir aux besoins les plus urgents du pavé de Paris, manquant des ressources nécessaires pour un entretien régulier. « C'est dans cette partie surtout, disaient ses administra-
« teurs, que nous avons éprouvé combien le défaut de fonds nuit
« à la bonté des ouvrages. Tout se fait négligemment ; on emploie
« des matériaux qu'il eût fallu rejeter, et l'on n'a pas le droit de
« trouver défectueux des travaux dont le payement se fait trop at-
« tendre. C'est ainsi que la pénurie pèse doublement et pour ce qu'on
« fait et pour ce qu'on ne fait pas. »

Malgré toutes les difficultés qu'il eut à surmonter, l'entrepreneur parvint à la fin de son bail. Il avait demandé qu'il fût prorogé de deux ans, afin de pouvoir réparer les pertes que, suivant lui, il avait éprouvées, tant par la dépréciation des assignats que par les grandes avances qu'il avait été obligé de faire. Le Ministre de l'Intérieur y avait consenti, mais, plusieurs maîtres-paveurs s'étant présentés pour soumissionner, il rapporta sa décision.

En conséquence, les administrateurs du Département arrêtèrent le cahier des charges d'un nouveau bail. L'entreprise resta la même, quant à l'étendue ; mais ils la divisèrent en deux lots, ainsi qu'elle l'avait été en 1786, afin de procurer au public un grand avantage par le rabais qui résulterait de la concurrence et par le zèle que chaque entrepreneur, excité l'un par l'autre, mettrait à remplir ses engagements. Dans le but de faire coïncider la fin de ce bail avec celle de l'année républicaine, on l'arrêta au dernier jour complémentaire de l'an VIII (22 septembre 1800); comme il partait

Bail de 1798.

du 23 nivôse an VI (1ᵉʳ janvier 1798), sa durée n'était pas tout à fait de trois ans ; mais il fut prorogé de plusieurs mois par tacite reconduction.

Les conditions différaient très peu des précédentes. La surface à entretenir était toujours évaluée, par aperçu, à 560,000 toises, sous réserve d'un métrage contradictoire à effectuer ultérieurement. Un douzième devait aussi en être relevé à bout, chaque année; mais on ajoutait, pour éviter toute contestation, que, s'il en était fait moins, les entrepreneurs ne pourraient prétendre à aucune indemnité. On leur abandonnait encore les pavés de rebut ; le prix en était porté toutefois à un sou la pièce; c'était le double de la valeur fixée en 1786. Enfin, les ateliers employés aux repiquages devaient être composés de 15 hommes et chaque entrepreneur était obligé d'en mettre journellement trois au moins en activité, de manière que le pavé fût constamment tenu en bon état. Toutes les autres prescriptions du dernier bail étaient maintenues.

La dépense du premier lot, comprenant les quartiers Saint-Honoré et Saint-Germain, était évaluée, par an, à 293,000 liv. Le sieur Jean-François Destors s'en rendit adjudicataire, le 27 nivôse, moyennant 190,000 liv. Le surlendemain, le second lot, composé des quartiers du Marais et Saint-Marcel, et dont la dépense annuelle avait été estimée 200,000 liv., fut adjugé au sieur Jean-Baptiste Biard pour 109,000 liv. La différence totale montait, comme on le voit, à 194,000 liv., c'est-à-dire à près de 40 %. Il paraît qu'un rabais si considérable venait de ce que, par suite de la rareté des denrées, les prix qui avaient servi à la rédaction du détail estimatif étaient très élevés et de ce que les adjudicataires comptaient qu'ils baisseraient beaucoup, les arrivages commençant à devenir plus fréquents. Mais leur espoir fut, en partie, déçu. Aussi, le sieur Biard, qui était moins avancé que son collègue, représenta à l'administration que lui appliquer les prix par lui offerts, serait consommer sa ruine. Pour alléger sa perte, le Ministre de l'Intérieur consentit à ce que le compte de ses travaux fût établi suivant les prix souscrits par le sieur Deslors, qui étaient un peu moins faibles que les siens.

Cependant, le Gouvernement voyant que, malgré tous ses efforts, les grandes routes étaient tombées dans un déplorable état, faute de ressources suffisantes, résolut de recourir, comme l'avait proposé en 1792 le ministre Roland, à un système de péage analogue à celui qui existait en Angleterre et dans quelques autres pays de l'Europe. Une loi du 3 nivôse an VI (23 décembre 1797) arrêta le tarif de ce péage et réglementa le mode de sa perception. En vertu de l'article 8 de cette loi, les voitures et les cavaliers étaient soumis à la taxe, non seulement en sortant de Paris, mais encore en y entrant, contrairement à ce qui existait pour les autres villes. Ils étaient alors censés, dans le premier cas, y avoir cheminé sur une longueur de quatre kilomètres et, dans le second cas, devoir y faire un pareil trajet. C'est d'après cette hypothèse qu'était fixée la somme à acquitter.

Les choses étaient ainsi réglées, lorsque les administrateurs du Département qui, depuis huit mois que s'exécutait le nouveau bail, n'avaient pu donner aucun acompte aux entrepreneurs, exposèrent cette fâcheuse situation au Ministre de l'Intérieur. Ils rappelèrent que l'universalité des rues de Paris appartenait depuis longtemps à la grande voirie, et que puisqu'elles étaient traitées à l'instar des grandes routes, quant au droit d'y circuler, il était juste qu'elles leur fussent assimilées, quant à leur entretien. Ils demandèrent, en conséquence, que la dépense en fût imputée sur le produit du nouvel impôt. Le Ministre adopta cette proposition en principe; mais il décida que la mesure ne partirait que du 1er germinal de l'an VI, laissant ainsi à la charge de la Ville tous les frais faits antérieurement.

A quelque temps de là une autre loi, celle du 27 vendémiaire an VII (18 octobre 1798), ayant autorisé l'établissement d'un octroi qui allait enfin sortir la Ville de ses embarras financiers (1), le Ministre de l'Intérieur pensa qu'il convenait de n'imposer désormais sur le droit de passe que les frais auxquels donnait lieu l'entretien des rues formant le prolongement des grandes routes; il invita, en conséquence, les administrateurs du Département à lui soumettre les bases d'un partage à effectuer dans ce sens. Mais ceux-ci objectèrent, ce qu'on a dit très souvent, que Paris étant le siège du Gouvernement et le centre auquel aboutissent toutes les relations des individus, sous le rapport du commerce, des arts et de l'industrie, il n'y avait pas lieu de faire la distinction demandée. D'ailleurs, ajoutaient-ils, presque toutes les rues de Paris sont des routes ou des embranchements de routes, sinon de convention, du moins de fait, suivant que les voitures de passage qui y arrivent par les nombreuses issues de sa circonférence ont, comme celles de l'intérieur, des motifs particuliers de suivre telle ou telle direction; il est donc impossible de préciser celles qui présentent le caractère de traverses.

Le Ministre se rendit à ces raisons, et une loi du 11 frimaire an VII (1er décembre 1798) venant de classer parmi les dépenses générales à la charge de l'État la confection, l'entretien et la réparation des grandes routes, il fit confirmer, par un arrêté du Directoire exécutif, du 29 germinal suivant, la décision qu'il avait prise. Comme cet arrêté paraît offrir de l'intérêt et qu'il est peu connu, nous en donnons la teneur.

« Le Directoire exécutif, sur le rapport du Ministre de l'Inté-
« rieur,

« Considérant que les différentes lois rendues sur la taxe d'en-
« tretien des routes en ont affecté le produit exclusivement et
« limitativement à l'entretien, aux réparations, confections et à

(1) La première année de son établissement, la recette de cet octroi a été de 7,005,252 fr. 25 c. Elle atteint, aujourd'hui, près de 10 millions.

— 251 —

« l'administration des grandes routes; que plusieurs rues de la
« Commune de Paris doivent, par leur position, être rangées dans la
« classe des grandes routes; que l'article 9 de la loi du 14 brumaire
« an VII qui porte que, dans toutes les Communes aux issues
« desquelles sont placées deux ou plusieurs barrières, il ne
« pourra être rien exigé à la barrière par laquelle un voyageur
« entrera dans la Commune et que la taxe ne sera perçue qu'en
« sortant et pour la route à parcourir jusqu'à la barrière suivante,
« contient une exception à cette disposition, à l'égard de la seule
« Commune de Paris, dans laquelle la perception de la taxe, à l'en-
« trée et à la sortie, établie par l'article 8 de la loi du 3 nivôse
« an VI, a été maintenue; que cette exception n'a pu être jugée né-
« cessaire que pour fournir aux dépenses de l'entretien du pavé de
« Paris dans celles des rues qui ne font pas absolument partie des
« grandes routes, mais qui en peuvent être regardées comme des
« embranchements;

« Considérant aussi que l'entretien et réparation des routes
« consistent non seulement à mettre en bon état leur superficie,
« mais encore à assurer leur solidité, en faisant les travaux né-
« cessaires à cet effet, dans les carrières qui sont pratiquées sous
« quelques-unes des dites routes et sous plusieurs rues de la
« Commune de Paris;

« Considérant enfin que, dans toutes les dépenses de l'administra-
« tion des grandes routes, sont comprises celles d'achats et de four-
« nitures de différents instruments de géométrie et de cartes géo-
« graphiques et topographiques nécessaires à l'instruction des
« Ingénieurs et au service, en général, des Ponts et Chaussées, et
« qui se déposent dans le lieu de la résidence de l'Ingénieur en
« chef de chaque département;

« Que, par conséquent, toutes les dépenses ci-dessus mentionnées
« font partie de celles auxquelles le produit de la taxe est destiné;

« Arrête : le Ministre de l'Intérieur ordonnancera sur le produit
« de la taxe d'entretien des routes toutes les dépenses relatives à
« l'entretien, réparation et confection du pavé de Paris, celles des
« travaux qui s'exécutent dans les carrières existantes sous les
« grandes routes et sous les rues de Paris, et celles pour fourni-
« tures des instruments et des cartes nécessaires à l'instruction des
« Ingénieurs, à l'administration et au service des Ponts et Chaus-
« sées ;

« Ces ordonnances seront visées par les commissaires de la Tré-
« sorerie nationale, conformément à la loi du 14 brumaire an VII.

« Le présent arrêté ne devra pas être imprimé. »

Nous ferons remarquer que la somme affectée annuellement au pavé des rues de Paris variait en raison des produits de la taxe dans le département, et de la part plus ou moins grande qu'y prenaient le service des routes et celui des boulevards.

Bail de 1801. Le cahier des charges du bail suivant ne contenait pas moins de 131 articles. Les Ingénieurs ayant mis un certain temps à le préparer, il ne put être approuvé par le Ministre de l'Intérieur que le 19 ventôse an IX. Sur l'invitation du même Ministre, on abandonnait la dénomination des anciennes mesures pour ne faire usage que de celles qui appartenaient au système décimal.

L'entreprise ne formait plus qu'un seul lot. Elle durait neuf années, commençant au 1er germinal (22 mars 1801). On en avait exclu le pavage des rues, cloîtres et revers de chaussées non exécuté en pavés d'échantillon, ainsi que celui des impasses et petites rues interdites à la circulation. L'entretien des boulevards continuait d'ailleurs à être adjugé séparément.

La surface à tenir en bon état n'était plus que de 2,103,202 mètres, dont 18,932 sur mortier de chaux et ciment et 113,887 sur forme de terre salpêtrée.

Le Préfet approuvait l'état des relevés-à-bout à effectuer chaque année. La quantité n'en était plus fixée. Elle pouvait être nulle et ne devait jamais dépasser le huitième de la surface totale à entretenir.

Pour chaque 20,000 mètres de relevés-à-bout à exécuter en pavés d'échantillon, sur forme de sable, l'entrepreneur établissait un atelier composé de 2 chefs, 12 compagnons, 2 apprentis, 2 dresseurs et 9 manœuvres.

Les relevés-à-bout des autres pavages étaient exécutés par des ateliers spéciaux.

On ne disait plus combien il entrerait de pavés neufs dans les premiers. L'entrepreneur devait remplacer tous ceux qui ne se trouveraient pas pleins et sans démaigrissement, ainsi que les pavés tendres ou qui n'auraient pas 0^m14 sur 0^m19 en tête avec 0^m20 d'épaisseur pour les grands passages, et 0^m12 sur 0^m16 en tête avec 0^m17 d'épaisseur pour les passages moins fréquentés.

On conservait ceux qui avaient de plus faibles dimensions lorsque les chaussées étaient construites en pavés de rebut. Dans ce cas, il était pourvu au déchet avec les vieux pavés provenant des autres chaussées.

Quant aux pavages sur forme de mortier de chaux et ciment, les pavés mis en remplacement de ceux que l'on jugeait hors de service étaient en entier, pour les endroits où circulaient les voitures, et refendus en deux, là où il ne passait que des piétons.

Toutes les parties laissées en réparations simples devaient être entretenues bien roulantes et exemptes, en tout temps, de trous, rouages et flâches.

17

Si parmi les flâches il s'en trouvait qui eussent plus de 2 mètres superficiels, l'excédant était payé comme un relevé-à-bout.

L'entrepreneur fournissait un pavé neuf pour 8 mètres de réparations simples. Si les rues étaient peu fréquentées il était autorisé à remplacer le déchet par des pavés vieux de bonne qualité.

Pour tous ces travaux, il avait toute l'année, en activité, 6 ateliers au moins de chacun 1 chef, 6 compagnons, 1 dresseur, 2 arracheurs, 4 manœuvres et 1 donneur de sable. Il subissait une retenue de 10 fr. par jour pour chaque ouvrier manquant.

Sous peine d'une pareille retenue, il devait réparer, dans les trois jours, toute dégradation qui lui aurait été signalée par l'Ingénieur.

Il jouissait du privilège d'exécuter seul les raccordements de toute nature, ainsi que le premier pavage des rues anciennes ou nouvelles.

Si, après avoir effectué un raccordement sur conduite d'eau ou sur égout, il s'y produisait des flâches, il était tenu de les réparer à ses frais, à moins qu'elles ne fussent le résultat de la filtration des eaux ou du tassement des terres.

Les raccordements mesurant au plus 20 mètres superficiels étaient payés un quart en sus des relevés-à-bout, en considération des frais extraordinaires qu'entraînent des réparations partielles disséminées sur une grande étendue. Au-dessus de 20 mètres les prix étaient appliqués sans augmentation.

L'entrepreneur n'était tenu de commencer les pavages neufs, à la charge des riverains, qu'après que quatre d'entre eux s'étaient rendus garants de leur payement.

On évaluait toujours à un million le nombre des pavés neufs à employer, chaque année; ils provenaient : 250 milliers de l'Abbaye-du-Val, près de Pontoise, 150 de Belloy, 300 de Lozert ou Palaiseau et 300 du rocher de Saint-Germain, dans la forêt de Fontainebleau. Ils portaient 0ᵐ22 sur 0ᵐ24 en tête et 0ᵐ25 d'épaisseur.

Il devait toujours y en avoir 150 milliers en approvisionnement à Paris.

Les pavés de rebut étaient vendus au profit de l'administration ; le produit en était remis à l'entrepreneur en payement de ses travaux.

Eu égard à la longue durée du bail, les ouvrages à entretenir étaient pris par lui, tels qu'ils se trouvaient et sans visite préalable; néanmoins, il était tenu de les remettre en bon état à son successeur. Enfin, il fournissait un cautionnement en immeubles d'une valeur de 400,000 francs.

Telles étaient les principales conditions de ce nouveau marché.

Suivant la méthode alors en usage pour les adjudications, les concurrents indiquèrent eux-mêmes, dans un bordereau, les prix moyennant lesquels ils consentaient à se charger de l'entreprise. L'application de ces prix aux divers ouvrages projetés montra que la soumission d'un sieur Letellier était la plus avantageuse; en conséquence ce dernier fut déclaré adjudicataire, le 29 ventôse an IX. Il se fit représenter par le nommé Louis Barmont, qui de fait était le véritable entrepreneur. Les prix qui avaient été acceptés furent augmentés d'un huitième, par une décision ministérielle du 22 thermidor an X, sans que nous ayons pu en découvrir le motif.

La taxe d'entretien des routes ayant été rachetée, en 1806, par un impôt sur le sel, le produit de cet impôt, jusqu'au jour où il fut confondu avec les autres revenus de l'État, servit à payer toute la dépense du Pavé de Paris. On la comprit ensuite dans le budget des Ponts et Chaussées.

Sous ce bail, comme sous le précédent, la voie publique éprouva de fréquentes dégradations par suite de l'établissement ou de l'entretien des conduites d'eau dont le nombre allait toujours en se multipliant. Des contestations s'élevaient souvent pour savoir si les flâches qui se produisaient, lorsque le pavé avait été rétabli sur une fouille, devaient être attribuées à des malfaçons ou au tassement des terres. Nous venons de voir que dans ce dernier cas l'entrepreneur n'encourait aucune responsabilité. Afin d'y mettre un terme, le Préfet décida, le 13 octobre 1807, que toutes les réparations qui deviendraient nécessaires, après que la première aurait été effectuée, demeureraient à la charge du Pavé de Paris. C'était lui imposer une dépense qui, presque toujours, incombait au propriétaire de la conduite; aussi la mesure fut-elle, plus tard, vivement critiquée.

Les discussions qui avaient eu lieu, quelques années auparavant, sur leurs attributions respectives, entre le Corps administratif à qui étaient confiés les intérêts propres de la Capitale et son subordonné, le Bureau central de police et de subsistances, créé par la constitution de l'an III, recommencèrent, avec plus d'acrimonie, après que le premier eut été remplacé par le Préfet du département et le second par un Préfet de police, ces deux magistrats étant indépendants l'un de l'autre. Ce dernier, qui, sous le prétexte que tout ce qui avait trait à la sûreté et à la commodité de la voie publique le regardait exclusivement, avait déjà prétendu devoir seul donner les alignements, voulut aussi diriger le service du Pavé. Chaque jour, il accablait son collègue d'avertissements en forme de réquisitions (1), ayant pour but de faire réparer des dégradations qui lui étaient signalées, et se plaignait ensuite au Ministre de l'Intérieur des lenteurs avec lesquelles on y procédait. Tout irait bien mieux, disait-il, si j'étais chargé moi-même de veiller à l'exécution des obligations imposées à l'entrepreneur. Fatigué de la fréquence de ces réquisitions, le Préfet du département lui avait fait remarquer que, par suite des moyens dont chacun d'eux disposait, il était bien plus facile à l'un de demander qu'à l'autre d'exécuter. Je m'avoue vaincu d'avance, ajoutait-il, et je demeure volontiers d'accord que mes agents peuvent être facilement entrahis par les vôtres ; ainsi cette lutte ne doit pas se prolonger plus longtemps ; qu'il nous suffise de savoir que nous ne voulons et ne pouvons que ce qui est possible, et que chacun de nous, connaissant ses devoirs, ne néglige rien pour les remplir.

Il arrivait souvent que des dégradations que le Préfet de police disait laissées en souffrance se trouvaient avoir été réparées. A ce sujet, le Ministre de l'Intérieur lui écrivit un jour : « Je vous invite, « citoyen Préfet, à prescrire aux agents de la petite voirie de mettre « plus d'exactitude dans leurs rapports, surtout lorsqu'ils sont de « nature à être transmis à l'autorité supérieure et à provoquer des « injonctions qui les compromettent, si elles ne sont pas fondées. »

---

(1) Le Préfet de police, disait M. Frochot, prend l'habitude de qualifier de réquisitions les avis qu'il m'adresse sur l'état du pavé, bien que l'arrêté des Consuls, du 12 messidor an VIII, ne lui en donne pas le droit. Ces avertissements étaient ainsi conçus : « Le Préfet de police informé qu'il existe une « dégradation de pavé, rue... n°..., requiert le Préfet du département de la « Seine, de donner les ordres nécessaires pour qu'elle soit réparée. » Ils contrastaient avec ceux que les administrateurs des Travaux publics adressaient auparavant aux ingénieurs. « Citoyen, y disaient-ils, nous sommes « informés qu'il existe un enfoncement de pavé, rue... n°... Cette dégra- « dation compromettant la sûreté publique, nous t'invitons fraternellement à « prendre les mesures nécessaires pour la faire promptement cesser. »

Cependant, les débats entre les deux préfets continuaient toujours. Pour en finir, le Ministre de l'Intérieur rendit, le 23 germinal an XI, une décision portant :

« Lorsque le Préfet de police sera informé de dégradations qui
« se seront manifestées dans la voie publique de Paris, par des
« excavations, enfoncements et affaissements du pavé, il pourra
« mander directement à l'Ingénieur en chef du Pavé de Paris de
« donner des ordres à l'entrepreneur, pour qu'il fasse procéder,
« sans délai, à leur réparation. »

Si l'entrepreneur laissait écouler plus de 48 heures sans s'en occuper, l'Ingénieur en chef faisait procéder d'office à l'exécution des travaux. Le Préfet de la Seine n'intervenait plus que pour assurer le payement de la dépense.

Celui-ci, dans le but de prévenir les réquisitions de son collègue, ou du moins d'en diminuer, le plus possible, le nombre, bien qu'elles ne passassent plus par ses bureaux, prit, de son côté, le 26 germinal an XIII, un arrêté dont nous extrayons ce qui suit :

« Considérant que les plaintes qui lui parviennent et les remar-
« ques qu'il a faites lui-même, sur le mauvais état habituel du pavé
« des rues de Paris, démontrent assez que les clauses ci-dessus
« transcrites du cahier des charges de l'entreprise (celles concer-
« nant les réparations simples) ne sont pas assez strictement ob-
« servées ;

« Que l'expérience des quatre années de la dite entreprise qui
« viennent de s'écouler, a suffisamment appris que les ingénieurs
« et conducteurs des Ponts et Chaussées chargés du service du
« Pavé de Paris n'ont pas, en proportion de leur zèle, les moyens
« capables de leur faire connaître tous les cas d'inexécution des

« clauses dudit cahier des charges, puisqu'ils n'ont adressé, pendant
« ce temps, à l'administration aucun rapport tendant à maintenir
« l'entrepreneur dans la stricte exécution de son marché et à préve-
« nir, par là, les plaintes des administrés; qu'il est instant de
« suppléer à ce défaut de moyens et de prendre des mesures qui, en
« divisant la surveillance et la ramenant ensuite à un point central,
« mettent les dits ingénieurs à portée de tenir l'entrepreneur conti-
« nuellement en haleine et de faire porter les ateliers sur les points
« qui auront le besoin le plus urgent de réparations;

« Arrête : ARTICLE PREMIER. — Les Maires de Paris ou leurs
« adjoints sont invités à prendre, chacun dans son arrondissement,
« des informations sur l'état du pavé des rues qui s'y trouvent
« comprises et à transmettre au Préfet, au commencement de chaque
« semaine, le résultat des dites informations.

« ART. 2. — Avec ce résultat, MM. les Maires ou leurs adjoints
« adresseront aussi au Préfet leurs observations sur le plus ou
« moins d'exactitude de l'entrepreneur général du Pavé à se con-
« former à toutes les clauses de son marché, auquel effet il sera
« adressé à chacun de MM. les Maires un exemplaire du cahier
« des charges.

« ART. 3. — A vue de ces rapports et observations, il sera donné,
« s'il y a lieu, par le Préfet, à l'Ingénieur en chef l'ordre de faire
« établir de suite les ateliers de l'entretien sur les points indiqués,
« soit pour faire les réparations voulues par le marché, soit pour
« rectifier celles qui auraient été mal faites. »

L'un des articles de ce marché disposait que la réception des travaux de chaque année serait faite en présence du Préfet; par un autre arrêté, du 6 juin 1809, ce dernier chargea les maires de le suppléer, à l'avenir, chacun dans son arrondissement respectif. A cette occasion il leur rappela son arrêté de l'an XIII et se plaignit de ce qu'il avait été rarement exécuté. Il terminait sa lettre en leur disant : « Je crois donc devoir de nouveau fixer votre attention et « appeler votre sollicitude sur une partie de vos fonctions qui inté- « resse aussi essentiellement la sûreté publique. J'ai pensé que « vous charger de la visite annuelle, c'était vous intéresser à l'exé- « cution de la surveillance journalière. »

Malgré toutes ces mesures, il paraît qu'à la fin du bail, arrivée le 21 mars 1810, le pavé de Paris était dans un état très peu satisfaisant, par suite de la négligence apportée dans les repiquages et de l'introduction d'une quantité considérable de pavés tendres. L'Ingénieur en chef constata que, pour le mettre dans une situation susceptible d'être acceptée par les nouveaux adjudicataires, il y aurait à dépenser une somme d'au moins 290,000 fr. En conséquence, il fut d'avis de la retenir à l'entrepreneur sortant. Le 14 août 1810, le Ministre de l'Intérieur approuva la proposition. Le sieur Barmont, qui se sentait en faute par l'impossibilité où il s'était trouvé de bien s'acquitter seul d'une entreprise si considérable, avait d'ailleurs consenti, sans difficulté, à subir cette retenue, dont le montant fut employé, sur-le-champ, tant par lui que par ses successeurs, en travaux de réparations (1).

Bail de 1810. Nous n'avons pu trouver le bail de 1810 ni celui qui le suivit immédiatement; nous y suppléons, de notre mieux, à l'aide de nos souvenirs.

L'administration pensa que, pour obtenir des travaux mieux conduits qu'auparavant et rendre l'entreprise plus abordable pour un

(1) On lui retint, en outre, une somme de 147,919 fr. 46 c. sur des travaux de pavages neufs exécutés pour le compte de la Ville et qui aussi ne se trouvaient pas en état de réception.

grand nombre de concurrents, il convenait de la fractionner; en conséquence, elle la partagea en six lots. Il y en eut quatre sur la rive droite de la Seine et deux sur la rive gauche.

Le bail commençait le 22 mars 1810 pour finir le 31 mars 1820 : il devait donc durer un peu plus de dix ans.

Les boulevards n'en faisaient pas d'abord partie; mais on les y comprit le 1er avril 1812. Toutefois, l'entretien des plantations continua à faire l'objet d'un marché spécial.

Le cahier des charges contenait les mêmes conditions que celui du bail précédent; ainsi, on relevait à bout, chaque année, un huitième au plus de la surface sur forme de sable, et cette proportion pouvait être réduite autant que l'administration le jugerait à propos. Le reste de cette surface devait être constamment tenu en bon état, au moyen de repiquages payés au mètre superficiel et à forfait.

Le nombre de pavés neufs à fournir était évalué à 1,038,000. On en prenait 326,400 à Lozert et Orsay, 176,400 à Belloy et Mafliers, 250,000 au Trou-d'Enfer (1), 300,000 dans la forêt de Fontainebleau et 35,200 sur la montagne de Train.

Chaque entrepreneur était obligé d'avoir, dans le dépôt où il emmagasinait ces matériaux, un emplacement suffisant pour recevoir les pavés vieux appartenant à l'administration et dont il opérait le triage. On lui allouait, à cet effet, une indemnité de 1,200 fr. par an.

---

(1) La carrière dite du Trou-d'Enfer avait été ouverte dans un étang desséché dépendant de l'ancien château de Marly. Le service du Pavé de Paris y puisa peu, attendu qu'elle n'était pas abondante et que le service des routes du département de la Seine y avait aussi recours.

Les adjudications eurent encore lieu sur bordereaux de prix présentés par les soumissionnaires. Les maîtres paveurs, à chacun desquels échut un lot, étaient les nommés Pierre Lécluse, Pierre Laurecisque, Jean-François-Henri Destors, François-Joseph Saigne, François Lemoine et Denis Boursier.

Peu de faits remarquables signalèrent ce nouveau bail. Nous mentionnons les principaux.

Des difficultés s'étant élevées entre le Préfet de la Seine et le Préfet de police, au sujet des rues à barrer pendant l'exécution des relevés-à-bout, le Conseil général des Ponts et Chaussées, à qui elles avaient été soumises, exprima l'avis : 1° que le passage devait rester libre pour les piétons, quelles que fussent les dimensions des rues ; 2° qu'en prenant les dispositions convenables on pouvait se dispenser de barrer toutes celles dont la largeur était de moins de huit mètres, et 3° que le barrage ne devait être fait que partiellement et successivement, à mesure de l'avancement des travaux. Le Directeur général fit savoir aux deux magistrats dissidents, le 17 juillet 1813, qu'il adoptait cet avis.

Les entrepreneurs ayant justifié que, par suite du renchérissement survenu tout à coup dans la fabrication et le transport des pavés, les prix qu'ils avaient souscrits les constituaient en perte, une décision ministérielle, en date du 16 avril 1813, augmenta ces prix pour l'avenir et accorda aux réclamants, pour le passé, une indemnité de 48,000 fr. que l'Ingénieur en chef fut chargé de répartir entre eux et dont on imputa le payement sur le produit de la vente des pavés de rebut.

Ils demandèrent également une indemnité lorsqu'en 1815, les événements de la guerre ayant obligé de réduire considérablement le crédit destiné aux dépenses de l'entretien, on ne fit que très peu de relevés-à-bout. L'administration aurait pu répondre qu'il ne leur était rien dû, attendu qu'elle n'avait fait qu'user du droit que lui conférait le cahier des charges; néanmoins, elle augmenta de 75,000 fr., en 1816, la somme qu'elle allouait ordinairement pour cet entretien.

Les frais nécessités pour le sablage des rues, lors des cérémonies publiques, étaient imputés, depuis longtemps, sur les fonds du Pavé de Paris. C'est ainsi qu'on agit en 1810 et en 1811, à la naissance et au baptême du roi de Rome. Mais, le 23 novembre 1816, le Ministre de l'Intérieur décida qu'à l'avenir ils seraient payés par la Ville.

L'obligation, pour les entrepreneurs, de prendre les ordres des ingénieurs avant d'exécuter les raccordements sur conduites d'eau entraînant des lenteurs préjudiciables au public, le Préfet les autorisa, le 20 mai 1817, à faire désormais ces travaux sur un simple avis du plombier.

L'administration vendait, comme par le passé, les pavés de rebut à son profit; mais au lieu d'en remettre le prix aux entrepreneurs, en déduction du montant de leurs travaux, elle s'en servait pour payer directement des dépenses éventuelles du service. En vertu d'un arrêté préfectoral, du 24 août 1811, l'un des entrepreneurs faisait gratuitement la recette du produit de la vente et le payement des dépenses qu'on y imputait. Ce procédé ayant paru peu régulier, un autre arrêté, daté du 22 juin 1818, chargea de la double opération le comptable qui tenait la caisse intérieure de la Préfecture. Le prix de ces pavés était alors fixé à 70 fr. le millier. Lorsqu'ils étaient trop petits ou de trop mauvaise qualité et propres seulement à être réduits en poudre, à l'usage des scieurs de pierre, on les vendait au tas, sous le nom d'écales, à raison de 4 fr. le mètre cube.

Plusieurs compagnons paveurs étant sortis de leurs ateliers sans la permission des entrepreneurs, le Préfet de la Seine pensa que l'ordonnance des Trésoriers de France, du 2 août 1774, que nous avons citée aux pages 40 et 52, lui donnait le droit de les y faire rentrer d'autorité. En conséquence, il prit un arrêté dans ce sens, le 25 octobre 1814, oubliant qu'une pareille mesure n'avait pas de sanction légale, sous le nouveau régime.

Nous avons dit que le bail de 1810 expirait le 31 mars 1820. Comme l'Ingénieur en chef chargé de préparer le suivant avait été appelé tout récemment à la tête du service, le Directeur général des Ponts et Chaussées consentit, sur sa demande, à ce qu'il fût prorogé d'une année.

Bail de 1821.   Ce fonctionnaire invita, en même temps, le Préfet à faire examiner par l'Ingénieur en chef si, dans le nouveau bail, il ne serait pas avantageux de faire de la fourniture des matériaux une entreprise distincte de celle de la main-d'œuvre. Ce mode lui paraissait offrir plusieurs avantages. Il permettrait d'abord de s'adresser directement, pour les pavés, aux maîtres carriers, et comme ceux-ci ne pourraient exiger plus qu'ils ne recevaient des entrepreneurs, l'administration aurait pour elle le bénéfice passé à ces derniers. Il donnerait ensuite la facilité d'avoir toujours des approvisionnements de la meilleure qualité. Enfin, les metteurs en œuvre ne trouvant plus d'intérêt à reproduire, comme étant nouveaux, des pavés qui auraient déjà servi, il empêcherait de payer deux fois les mêmes matériaux.

La fourniture du sable adjugée séparément lui paraissait aussi devoir donner des garanties que ne présentait pas l'ancien mode.

Quant à la main-d'œuvre, comme elle n'exigerait aucune avance de fonds, il serait beaucoup plus facile, ajoutait-il, de trouver des entrepreneurs disposés à s'en charger; la concurrence procurerait nécessairement des économies et tout porte à croire qu'avec de meilleurs matériaux et des pavés bien fabriqués, les travaux seraient mieux exécutés que par le passé.

L'Ingénieur en chef combattit ces propositions. Il fit observer que les carriers étaient de simples ouvriers et le plus grand nombre hors d'état de faire la moindre avance; qu'à plus forte raison ils ne pourraient faire les frais du transport des pavés depuis la carrière jusqu'au dépôt destiné à les recevoir. Il faudrait donc, disait-il, employer forcément des intermédiaires, et ceux-ci, après l'examen et la réception des pavés dans les dépôts, n'en seraient plus responsables, et si, au moment de l'emploi, il s'en déclarait de mauvaise qualité, ils se défendraient probablement de les avoir fournis.

Relativement à la fraude signalée, il ne lui paraissait pas possible, à moins d'une négligence coupable de la part des agents de l'administration, de laisser représenter comme neuf un pavé qui aurait déjà servi, attendu qu'un de ses côtés est usé, ce qui est facile à reconnaître avant l'emploi, et que sa couleur diffère essentiellement de celle d'un pavé neuf, ce qui se voit aisément, même après sa remise en place.

Si d'ailleurs la fourniture du sable faisait l'objet d'une entreprise spéciale, il ne pourrait plus, ajoutait-il, arriver directement de la carrière à pied d'œuvre, et l'on serait obligé de l'emmagasiner dans des dépôts, ce qui deviendrait coûteux.

Le Directeur général n'insista pas et la division qu'il avait voulu introduire n'eut pas lieu; mais on la réalisa en 1830.

L'entretien des boulevards continua à faire partie de l'entreprise. Celle-ci fut partagée seulement en trois lots. Les deux premiers étaient situés sur la rive droite, le troisième embrassait toute la rive gauche.

A raison de ce que le cahier des charges indiquait, cette fois, les conditions moyennant lesquelles il serait procédé à l'entretien tant des plantations que des chaussées en cailloutis et des ouvrages d'art, il était beaucoup plus étendu que celui de 1810. Le Préfet en témoignait le regret. Je n'ignore point, disait-il, que plus on a prévu de cas dans un marché, plus on a de moyens pour résoudre les difficultés qui peuvent se présenter; mais, comme on ne peut jamais se flatter de n'avoir fait aucun oubli, il serait peut-être préférable de se borner à établir des clauses générales et de confier à l'administration le soin et le droit de prononcer sur ce qui n'est qu'interprétatif et réglementaire.

Néanmoins, après avoir soumis ce nouveau bail à une commission composée de trois inspecteurs des Ponts et Chaussées et de deux ingénieurs en chef, le Directeur général l'approuva par une décision du 30 mars 1821.

De même que précédemment la quantité de relevés-à-bout à faire, chaque année, n'était fixée qu'au *maximum* et laissée à l'appréciation de l'administration. Le surplus de la surface dont on déduisait les ouvrages éventuels, les trottoirs construits dans l'année, les raccordements exécutés sur conduites d'eau et de gaz et les parties de la voie publique enlevées momentanément à la circulation, devait être tenu bien roulant et exempt en tout temps de toute espèce de dégradation. Pour ce travail, encore payé à forfait, chaque entrepreneur entretenait six ateliers, au moins, et même davantage, lorsqu'il en était requis par l'Ingénieur en chef. Chaque atelier était composé de 10 ouvriers.

Les entrepreneurs fournissaient la plus grande partie des pavés qui entraient dans les réparations simples, à raison d'un pavé neuf pour cinq mètres de surface repiquée. Il était tenu respectivement compte de la différence en plus ou en moins. L'emploi d'un pavé vieux appartenant à l'administration était censé correspondre à quatre mètres de cette surface.

La quantité de pavés neufs à faire venir annuellement montait à 1,068,400, savoir : 464,100 de la vallée de l'Yvette, 199,200 de Belloy et Mafliers et 405,100 de la forêt de Fontainebleau.

L'indemnité allouée à chaque entrepreneur pour recevoir et trier dans son dépôt les pavés vieux qu'on y transporterait était de 2,400 fr. par an.

L'adjudication fut prononcée le 28 avril 1821. Le sieur Joseph-François-Sébastien Baron eut le premier lot ; le sieur Charles-Louis Tourillon, le deuxième, et le sieur François Lemoine, le troisième.

Dans les commencements, l'administration continuait à vendre les pavés de rebut et à en appliquer le produit à certaines dépenses. Mais, plus tard, ces vieux matériaux furent abandonnés en payement aux entrepreneurs, à raison de 65 fr. par millier de pavés et de 3 fr. 70 par mètre cube d'écales. Cette cession, considérée comme constituant un échange, fut autorisée par une décision ministérielle du 21 septembre 1823.

Le crédit alloué pour l'entretien était depuis quelques années de 800,000 fr.; la nécessité de pourvoir à la mise en bon état des routes conduisant vers l'Espagne, à qui nous venions de déclarer la guerre, obligea de le réduire à 700,000 francs pour 1823, 1824 et 1825.

Le cahier des charges portait, comme ceux des baux précédents, que l'exécution des pavages neufs à la charge des administrations et des particuliers appartiendrait exclusivement à l'entrepreneur de chaque lot ; mais il ajoutait : pourvu toutefois qu'il n'excède pas la moitié du montant de son marché. Cette restriction semblait avoir pour but de mettre une limite, non pas au droit de l'entrepreneur, mais bien à l'obligation qui pourrait lui incomber. Le Préfet ne l'entendit pas ainsi, et, par un arrêté du 30 novembre 1825, il autorisa, sur leur demande, les propriétaires du nouveau quartier Tivoli à faire paver, par qui bon leur semblerait et à leurs risques et périls, les rues qu'ils se proposaient d'y ouvrir, attendu que les travaux dépassaient la proportion indiquée ci-dessus. L'entrepreneur, qui avait eu l'intention de se pourvoir contre cet arrêté, y renonça parce que ce fut précisément avec lui que traitèrent les impétrants.

Le même cahier des charges disposait que si le propriétaire d'une carrière ou sablière, usant du droit conféré par l'article 55 de la loi du 16 septembre 1807, ne se contentait pas d'une simple indemnité d'extraction et exigeait l'acquisition du fonds, l'administration acquiescerait à sa demande. Dans ce cas, l'entrepreneur devait acquitter le prix qui serait stipulé et entrer en possession de l'immeuble qui devait être repris par l'administration, à la fin du bail, à dire d'experts. Cette prévision ne s'est pas réalisée.

L'ordonnance de police intervenue le 22 mai 1822 et dont quelques dispositions se trouvent rapportées à la page 237, renouvelait les défenses, si souvent faites sous l'ancien régime, de troubler les paveurs dans leurs ateliers, de déplacer ou arracher les chevalets, pieux ou barrières établis pour faciliter l'exécution de leurs ouvrages. Elle rappelait, en outre, aux entrepreneurs les prescriptions qu'ils devaient observer dans l'intérêt de la sûreté et de la liberté de la circulation. Conformément à la décision prise par l'autorité supérieure, en 1813, ils ne pouvaient interdire le passage des voitures que dans les rues n'ayant pas huit mètres de largeur ; mais une autre ordonnance, du 8 août 1829, les autorisa à barrer toutes celles dont la largeur était inférieure à dix mètres (1). En vertu de cette ordonnance, l'administration cessa de leur fournir les terrines ou lampions nécessaires à l'éclairage de leurs ateliers, et les obligea à y pourvoir eux-mêmes à leurs frais, au moyen d'appliques.

Les tranchées ouvertes sur la voie publique, pour la pose ou la réparation des conduites d'eau, continuaient à exciter des plaintes par le peu de soin apporté à la remise en place du pavé arraché, en attendant son rétablissement définitif. Le Préfet, considérant que, bien que provisoire, cette main-d'œuvre devait être effectuée de manière à prévenir tout danger et à éviter les dégradations des abords de la tranchée, prescrivit, par un arrêté du 9 juillet 1828, de faire entrer désormais dans les ateliers de plomberie, un terrassier-paveur qui serait exclusivement chargé du pilonnage des terres et du blocage du pavé.

Sauf quelques vérifications faites en 1806, par un conducteur du service, il n'avait pas été procédé, depuis 1748, à une constatation exacte, et rue par rue, de la surface pavée à entretenir. Cependant cette constatation était nécessaire, puisque les repiquages continuaient à être payés à forfait et au mètre carré. Le Directeur général des Ponts et Chaussées décida, le 25 janvier 1820, qu'un ingénieur ordinaire, secondé par un conducteur et plusieurs géomètres ou commis, serait chargé de cette grande opération qu'on appelait le *Cadastre du pavé de Paris*. Elle a duré cinq ans

---

(1) Le passage laissé aux voitures dans les rues d'une largeur ordinaire, quand on y fait un relevé-à-bout, nuit considérablement à l'avancement et à la bonne exécution des ouvrages. Aussi, permet-on maintenant de barrer toutes celles dont la largeur n'excède pas 16m50 (ordonn. du 25 juillet 1862). En sorte qu'il n'y en a plus que très peu qui restent ouvertes. La circulation des piétons est d'ailleurs toujours libre au moyen des trottoirs.

et a coûté 77,000 francs. Le payement en a été imputé, en grande partie, sur le produit de la vente des pavés de rebut.

Les résultats obtenus ont fait peu varier les évaluations approximatives dont on se servait pour établir les décomptes des entrepreneurs. Ils ont d'ailleurs été presque aussitôt modifiés par l'établissement des trottoirs.

C'est aussi pendant le bail de 1821 qu'on s'est livré aux études d'un projet de canal destiné à faciliter le transport des pavés provenant de la vallée de l'Yvette et, par suite, à en diminuer le prix. Ces études, dont nous avons déjà parlé, page 37, ont donné lieu à une dépense de 7,806 fr., qui a été mandatée sur les fonds du Pavé de Paris.

C'est également pendant le bail de 1821 que fut enfin effectué le partage de l'entretien du pavé de la Capitale entre l'Etat et la Ville.

De nouvelles réclamations s'étant élevées, en 1825, sur l'exception faite au droit commun en faveur de cette dernière et la Chambre des députés ayant insisté pour qu'elle fût soumise, à l'avenir, au même régime que les autres localités où l'administration des Ponts et Chaussées n'entretient que les traverses des grandes routes, le Ministre de l'Intérieur fit dresser un état des voies publiques de Paris qui pouvaient être considérées comme appartenant à cette catégorie. L'état comprenait les rues, places, etc., reliant entre elles par le chemin le plus court et le plus commode, en passant, autant que possible, près du centre, les routes royales ayant leur origine aux barrières. On y avait réuni : 1° celles qui, bien que ne se trouvant pas sur ce parcours, étaient néanmoins suivies par les malles-postes, les diligences et le gros roulage; 2° tous les quais, à raison de leur utilité pour le service de la navigation, et les ponts libres de péage; 3° enfin, les boulevards extérieurs, comme facilitant le commerce du *transit*. Le reste des communications prenait le nom de voies municipales et était mis à la charge de la Ville.

L'ensemble des traverses royales et de leurs embranchements présentait une surface pavée sur sable de 1,022,654 mètres, dont l'entretien, évalué à 0 fr. 34 le mètre, devait revenir, en somme ronde, à .... 347.700 fr.

On y ajoutait, pour quelques chaussées en empierrement et pour les trottoirs des quais et des ponts....... 11.000

En sorte que la dépense totale montait à............ 358.700

L'entretien des voies municipales, dont la surface était d'environ 1,797,300 mètres, devait coûter 441.300

Soit, pour le tout............ 800.000

Le Préfet, en soumettant au Conseil municipal le projet de budget de l'exercice 1826, lui disait : « On veut charger la Ville de l'en-
« tretien de son pavé, quoique jusqu'ici cette dépense se soit tou-
« jours faite aux frais du Trésor public. En vain a-t-on démontré
« que la Capitale de la France ne doit pas être mise au rang des
« autres communes du royaume; qu'elle renferme dans son sein
« trois puissances et trois centres principaux d'un ordre différent ;
« que comme résidence du souverain, que comme siége du gou-
« vernement, qu'enfin comme administration municipale, elle a des
« charges spéciales et qu'elle ne peut pas être assujétie à la rigueur
« de la loi commune sans une injustice palpable, puisque souvent
« on la fait sortir, à son détriment, du droit commun et que, à tout
« peser, elle perd plus qu'elle ne gagne aux exceptions dans les-
« quelles la nécessité même des choses l'a, de tout temps, placée.
« Ces diverses raisons n'ont pas prévalu... »

En effet, le Directeur général des Ponts et Chaussées écrivit à ce magistrat, le 9 mai 1826 : « J'ai mis sous les yeux de Son Excellence
« le Ministre de l'Intérieur le travail qui a pour objet la répartition
« entre l'administration des Ponts et Chaussées et la Ville de Paris
« de la dépense à faire pour l'entretien du pavé de la Capitale
« qu'avait jusqu'ici supportée l'État seul ; j'ai fait connaître égale-
« ment à Son Excellence la délibération prise à ce sujet par le Con-
« seil municipal ; j'ai l'honneur de vous prévenir que, par décision
« du 6 de ce mois, Son Excellence a fixé à 358,700 fr. la portion de
« cette dépense qui doit être supportée par mon administration. Le
« surplus des fonds nécessaires doit être fourni par la Ville, et son
« contingent dans la dépense totale, montant à 800,000 fr. par an,
« se trouve ainsi de 441,300 francs. »

On voit qu'il ne lui parlait pas des frais du personnel, évalués alors à 60,000 fr. par an. Mais, dans une seconde dépêche, du 24 juillet suivant, il lui disait : « J'ai reçu la lettre que vous m'avez
« fait l'honneur de m'écrire, le 7 du courant, relativement aux
« nouvelles dispositions d'après lesquelles la Ville de Paris pourvoit
« actuellement aux frais d'entretien de son pavé, concurremment
« avec le Trésor. Je pense, comme vous, que le contingent fourni
« par la Ville doit être affecté, dans une proportion convenable,
« aux dépenses de diverse nature de ce service et d'après votre pro-
« position, j'ai décidé qu'une moitié des dépenses du personnel du
« Pavé de Paris, tant de celles qui sont imputables sur les fonds
« des charges que de celles qui doivent être payées sur les fonds
« des travaux, passerait au compte de la Ville, l'autre moitié res-
« tant au compte de mon administration. »

Ainsi fut opérée, tant bien que mal, la division projetée dès l'année 1791 et demandée de nouveau en 1799.

La Ville aurait voulu que l'État, qui entretenait la chaussée de l'avenue de Neuilly, alors en pavé, eût aussi l'entretien des accotements; mais le Ministre de l'Intérieur prit, à ce sujet, le 9 octobre 1827, une décision portant que ces accotements avaient été construits en empierrement pour l'usage tant des voitures de luxe que des personnes à cheval et afin de diminuer la masse de poussière qui incommodait les promeneurs qui vont chercher des distractions et des délassements aux Champs-Élysées; que leur objet était, en conséquence, entièrement étranger à la grande voirie et qu'ils ne pouvaient pas plus être mis à la charge du Trésor public que les accotements des grandes routes, dans les villes, bourgs et villages, lorsqu'ils ont été pavés ou empierrés.

Dès lors, la Ville eut à pourvoir à la dépense, qui ne laissait pas d'être assez considérable, eu égard au soin que l'on commençait à apporter aux travaux de cette nature.

Avant d'approuver le cahier des charges du bail de 1830, le Préfet crut devoir le soumettre au Conseil municipal puisque, depuis 1826, la Ville payait une partie de l'entretien du pavé. *Bail de 1830.*

Ce bail inaugura la division qu'avait préconisée, dix ans auparavant, le Directeur général des Ponts et Chaussées; la fourniture des pavés fut, en conséquence, séparée de la main-d'œuvre. Les plantations, les empierrements et les ouvrages d'art firent d'ailleurs l'objet de marchés particuliers.

La quantité de pavés neufs à fournir était évaluée à un million par an; ils étaient tirés : 400 milliers de la vallée de l'Yvette, 200 des environs de Fontainebleau, 100 de Belloy et Mafliers, 200 des environs de Moret et 100 d'Ocquerre.

Chaque provenance formait un lot d'adjudication.

Ces pavés avaient 0^{m}23 en tout sens. On dérogeait ainsi à l'arrêté consulaire qui avait *irrévocablement* fixé l'échantillon à 0^m22 sur 0^m24 de face et 0^m25 de queue (1). Pour la première fois on en demandait un certain nombre appelés *boutisses* portant 0^m34 de longueur au lieu de 0^m23 et destinés à éviter l'emploi du demi-pavé que jusqu'alors on avait été obligé de poser alternativement à la fin des rangées, lorsque la chaussée était située entre deux trottoirs. Pour soutenir celles qui étaient accompagnées d'accotements, on remplaçait les anciennes bordures par des nouvelles de même largeur que les boutisses, mais dont la hauteur était de 0^m35 et qui avaient les unes 0^m46 de longueur et les autres 0^m57. Les boutisses étaient comptées pour un pavé et demi et les bordures, en raison de leur volume.

Tous ces matériaux étaient emmagasinés dans des dépôts où s'en faisait une première réception et où l'entrepreneur de la main-d'œuvre était tenu de les prendre pour les transporter sur les ateliers, après s'être assuré, de son côté, qu'ils avaient les dimensions voulues. Il devenait responsable de tous ceux qui lui étaient livrés.

Quant à la main-d'œuvre, le devis reproduisait presque toutes les conditions des baux précédents. Nous indiquerons sommairement celles qui en différaient.

L'entreprise ne formait qu'un seul lot.

On abandonnait le système d'un forfait pour les repiquages, attendu, disait-on, qu'il existe plusieurs degrés entre le mauvais état et le parfait état; l'administration étant seule juge de la question, l'entrepreneur se trouvait livré à un arbitraire sans bornes; d'ailleurs, avec un forfait, il pouvait exiger qu'on ne diminuât pas les quantités de relevés-à-bout portées au devis; et cependant, pour une

---

(1) Voir plus loin le paragraphe 4 concernant les carrières.

cause ou pour une autre, leur réduction avait presque toujours lieu. » De là, des discussions fréquentes et d'incessantes réclamations. L'administration les évitait, en ordonnant et payant tous les travaux qui lui paraissaient nécessaires pour un bon entretien et assumant toute responsabilité à cet égard.

Dès lors, à l'exception de la réparation des *trous percés* (1), pour laquelle on allouait une somme fixe de 100 fr. par mois, les ouvrages étaient exécutés à la tâche ; leur prix comprenait la fourniture du sable.

On estimait qu'il serait fait annuellement 250,000 mètres de relevés-à-bout, dont 60,000 mètres en pavés neufs, et moitié moins de repiquages.

Les relevés-à-bout étaient en activité du 1er mai au 1er novembre.

Pour chaque quantité de 20,000 mètres, l'entrepreneur établissait un atelier composé de 30 hommes et de 2 tombereaux à 2 chevaux conduits chacun par un charretier. Il employait les pavés de telle ou telle provenance là où l'Ingénieur le lui prescrivait. Les vieux pavés rebutés et ceux qui pouvaient servir de nouveau étaient transportés aux dépôts contenant les pavés neufs et placés dans une enceinte spéciale. Pour inciter l'entrepreneur à ne pas faire de grands joints, la surface des relevés-à-bout pouvait être constatée d'après le nombre de pavés qui y étaient entrés. Un mètre carré était représenté par 16 pavés 65 dans les baies en pavés neufs et par 18 pavés dans les baies en pavés vieux.

Pour les repiquages, l'entrepreneur entretenait toute l'année, dans chacun des douze arrondissements municipaux, un atelier dont la

---

(1) On appelle ainsi un enfoncement de 0m05 au-dessous des pavés environnants.

force était proportionnée à l'importance et à l'étendue de l'arrondissement. Ces ateliers parcouraient successivement les rues désignées par l'Ingénieur. Ils étaient présidés par un agent de l'administration qui circonscrivait lui-même les limites des baies à remanier et tenait attachement des pavés fournis ou enlevés. Lorsque des gelées ou des pluies continuelles forçaient de suspendre les travaux, un de ces ateliers restait en permanence pour procéder immédiatement aux réparations urgentes.

On faisait usage, pour les repiquages, des pavés vieux provenant des relevés-à-bout ou de l'emplacement des trottoirs. Ce n'était que dans les cas extraordinaires que l'on devait se servir de pavés neufs (1). Les travaux étaient d'ailleurs exécutés et payés comme les relevés-à-bout. Toutefois, attendu l'irrégularité des baies remaniées, on suppléait à leur métrage direct par le nombre des pavés arrachés : 18 pavés représentaient un mètre superficiel. Si la baie contenait moins de 18 pavés, on ajoutait au prix un cinquième de plus-value.

L'exécution des pavages neufs à la charge des administrations ou des particuliers était obligatoire pour l'entrepreneur, mais sans réciprocité, c'est-à-dire que les intéressés étaient libres de s'adresser à un paveur de leur choix. Au contraire, celle des travaux extraordinaires qui regardaient la Ville lui était exclusivement réservée. Il en était de même du raccordement des seuils, marches, bornes, etc. Tout raccordement de moins de 0^m50 de superficie était compté pour 0^m50 et celui de 0^m51 à 0^m99, pour un mètre. La baie de 1 à 15 mètres était payée avec une plus-value de un quart sur le prix des relevés-à-bout.

(1) Néanmoins, on a introduit dans les repiquages 164,227 pavés neufs en 1830, 353,672 en 1831 et 721,471 en 1832.

Enfin, l'entrepreneur recevait le produit de la vente des pavés de rebut. Ce produit était ultérieurement versé par lui dans une caisse publique ou déduit du montant de ses travaux, le tout sous la réduction d'une remise de un pour cent.

Les adjudications se faisaient depuis quelque temps sur une série de prix applicables à chaque nature d'ouvrages et dressée par l'Ingénieur en chef. Le rabais était uniforme et portait indistinctement sur tous ces prix.

Personne ne se présenta pour soumissionner les trois premiers lots de la fourniture; mais celle des pavés de Morel échut au sieur Frantz de Zeltner, et celle des pavés d'Ocquerre au sieur Socrate Suzanne.

La main-d'œuvre fut donnée aux trois entrepreneurs Baron, Tourillon et Lemoine, qui avaient eu chacun un lot du bail précédent et qui venaient de se réunir en société.

Ils se firent aussi donner, mais à des prix autres que ceux de la série, les fournitures qui n'avaient pas été adjugées, en sorte que la division qu'on avait voulu établir ne fut qu'imparfaite.

Un nommé Lucas prit l'entretien des plantations, le sieur Luce celui des empierrements et le sieur Gillet celui des ouvrages d'art.

Dès la première année, les entrepreneurs de la main-d'œuvre eurent à se livrer à un grand travail extraordinaire, le rétablissement des pavés arrachés pour former des barricades. Comme presque tous ces pavés étaient restés sur place, ils n'eurent à en fournir qu'un petit nombre. Néanmoins, la dépense atteignit 220,155 fr. 81 c., dont 85,000 fr. furent imputés sur les fonds du Trésor et le surplus sur ceux de la Ville.

Tous les marchés passés en 1830 commençaient le 1er avril et devaient finir au bout de trois ans; mais ils furent successivement prorogés jusqu'au 31 mars 1835 et durèrent ainsi cinq ans.

Bail de 1835.

On ne trouva aucun avantage, pour la bonne exécution des ouvrages, à séparer la fourniture de la main-d'œuvre. Ces deux parties d'un même service ont, disait-on, trop de connexité pour n'être pas réunies, et la combinaison de placer un entrepreneur sous la dépendance d'un autre ne pouvait, comme l'expérience l'avait prouvé, qu'éloigner les fournisseurs. Quant à la prohibition absolue de pavés neufs dans les réparations simples, elle paraissait avoir plusieurs inconvénients, entre autres celui de produire, à la longue, l'appauvrissement des chaussées ; mais on trouvait convenable que l'administration continuât à faire faire à la tâche, et sous la direction de ses agents, tous les travaux qu'exigeait un entretien normal et à accepter ainsi la responsabilité de l'état de la voie publique.

C'est dans cet esprit que fut conçu le bail de 1835.

De même qu'en 1821, l'entreprise était divisée en trois lots; mais l'adjudication en bloc ayant amené, sur la totalité des travaux, un rabais plus élevé que celui qui était résulté de l'ensemble des trois adjudications partielles, l'administration, usant du droit qu'elle s'était réservé, ne fit du tout qu'un seul lot.

Les conditions du cahier des charges différaient sur quelques points de celles de 1830. Ainsi, on introduisait dans les travaux des pavés d'un nouvel échantillon, celui de 0^{m}19 en tous sens, et l'on se réservait d'en demander à l'entrepreneur ayant la forme d'un cube ou d'un parallélépipède, d'un volume compris entre celui de l'échantillon de 0^{m}23 et celui de l'échantillon de 0^{m}19. Les dimensions de boutisses et bordures étaient aussi modifiées.

On augmentait d'un mois le temps pendant lequel s'exécutaient les relevés-à-bout.

On établissait toujours un atelier par chaque quantité de 20,000 mètres de ces travaux, mais il ne comptait plus que 21 hommes dont 2 charretiers.

Les pavés neufs qu'on y employait pouvaient, dans certains cas, être amenés directement, sans passer par les dépôts.

Le nombre des ateliers de repiquages n'était plus limité; il variait en raison des besoins. Chacun d'eux était composé de 14 hommes, plus les charretiers. Ils ne devaient pas avoir moins de 18 ans ni plus de 55. L'entrepreneur les payait à la journée.

Un prix spécial était applicable à ces travaux. Il comprenait la main-d'œuvre nécessaire pour soutenir les pavés contournant la baie et les garnir de sable en dessous.

Des pavés neufs étaient employés dans les repiquages, concurremment avec des pavés vieux appartenant à l'administration. Les premiers ne devaient jamais être démaigris; on leur faisait une place suffisante en serrant et remaniant convenablement les pavés environnants.

Rien n'était changé quant à l'exécution des travaux extraordinaires, si ce n'est que, dans les raccordements, toute baie de moins d'un mètre de superficie était comptée pour un mètre et que l'allocation d'une plus-value d'un quart pour les baies depuis un mètre jusqu'à 15 mètres était réduite au cinquième ; enfin, l'entretien de ces dernières n'était plus laissé à la charge de l'entrepreneur, attendu la difficulté de retrouver plus tard leur emplacement.

La quantité de pavés neufs à fournir, sans ceux que consommeraient les travaux extraordinaires, était évalué à 1,300 milliers par an. On n'en tirait plus des carrières de Moret. Ils devaient tous provenir des autres carrières désignées au bail précédent.

On ne disait pas ce que deviendraient les pavés de rebut, mais nous savons que ceux des traverses royales étaient donnés en payement à l'entrepreneur et que la Ville vendait les autres à son profit.

L'entretien des plantations, des empierrements et des ouvrages d'art continuait à être adjugé séparément.

Le sieur Adolphe Lemoine, successeur de son père François, qui avait pendant longtemps figuré au nombre des entrepreneurs du Pavé de Paris, se rendit adjudicataire des travaux de pavage.

Les nommés Brouette, Besnard et Gillet eurent : le premier, les plantations ; le second, les empierrements, et le troisième, les ouvrages d'art.

Tous ces marchés prirent fin le 31 mars 1838.

Parmi les nombreux essais tentés, pendant leur exécution, pour le perfectionnement de la voie publique, nous citerons celui qui avait pour but de prévenir les déformations trop rapides de sa surface. Il consistait à établir le pavage sur une fondation en pavés de rebut. Il paraît que, comme solidité, ce mode, dont la première expérience eut lieu rue Dauphine, ne laissait rien à désirer, mais il était très coûteux et entraînait de graves inconvénients lorsqu'il fallait poser ou réparer des conduites d'eau ou de gaz. Une chaussée construite suivant ce nouveau mode était d'ailleurs *dure* pour la circulation, aussi fut-il bientôt abandonné.

Quoique la période que nous nous sommes imposé la tâche de

parcourir ne soit pas tout à fait achevée, nous nous arrêterons là, en ce qui concerne l'examen des baux d'entretien passés depuis la Révolution, n'ayant rien de particulier à dire sur celui de 1838, qui, lui aussi, n'a duré que trois ans, attendu qu'il n'a fait que reproduire les conditions du précédent, dont il n'a été, en quelque sorte, que la continuation.

§ 3.

Nous avons déjà rapporté ce que nous savions sur l'origine des anciens boulevards. Bien que réunis définitivement au service du Pavé de Paris en 1804, après en avoir quelque temps été séparés, leur conservation a, pendant de longues années, fait l'objet d'une comptabilité spéciale; c'est ce qui nous engage à leur consacrer un article à part.

On a vu qu'avant la Révolution, le sieur Chéradame, alors entrepreneur d'un lot du pavé de Paris, s'était rendu adjudicataire de l'entretien des chaussées, contre-allées et plantations des boulevards intérieurs. Le marché prit fin en 1795; mais, eu égard à l'augmentation considérable survenue dans les prix de la main-d'œuvre, l'administration crut devoir attendre jusqu'en 1798 pour en passer un second. Dans l'intervalle, on n'exécuta d'autres travaux que ceux relatifs à la conservation des arbres. Le nouveau bail fut conclu en faveur d'un nommé Lefébure, pour trois années seulement, à raison de 34,400 fr. On donna ensuite l'entreprise, moyennant 55,000 fr. et pour une durée de neuf ans, au sieur Lécluse qui, lui aussi, avait eu, en 1785, celle d'une autre partie du pavé de Paris.

Au marché passé avec le même Chéradame, pour les boulevards extérieurs, marché qui ne comprenait que l'entretien des chaussées et de leurs accotements, en succéda un autre, en 1800. Celui-ci, qui ne s'élevait qu'à 32,700 fr. et eut six ans de durée, fut encore souscrit par cet entrepreneur et continué par sa veuve. A son expiration, le sieur Saigne, à qui échut plus tard le 4ᵉ lot de l'entreprise du pavé de Paris, se chargea des travaux. Quant aux soins à donner aux plantations et aux ouvrages d'art, l'administration s'adressait à des hommes spéciaux.

Le 13 août 1811, le Ministre de l'Intérieur décida que l'entretien des chaussées de tous les boulevards serait confié aux entrepreneurs qui avaient celui du pavage des rues, mais que la dépense y relative formerait une section distincte dans les états de situation de chaque exercice. Bientôt après, l'entretien des plantations fut adjugé à un pépiniériste nommé Camus, moyennant 6,500 fr. par an.

Enfin, le bail passé en 1821, pour l'entretien du pavé des rues, comprit les travaux de toute nature qu'exigeait celui des boulevards. Cependant, on maintint dans l'état général des dépenses la division prescrite en 1811 ; mais elle cessa d'être opérée lorsqu'en 1826, toutes les communications de la Capitale furent classées, les unes en traverses royales, les autres en voies municipales.

On continua longtemps, après la Révolution, à ne voir dans les boulevards intérieurs que de simples promenades. Aussi, une ordonnance de police, du 28 vendémiaire an X, défendait-elle d'y faire circuler des charrettes, tombereaux, haquets et autres voitures de charge, même à vide, excepté dans la partie comprise entre la route de Fontainebleau et le quai hors Tournelle ; on y faisait revivre journellement les autres prescriptions contenues dans les anciennes ordonnances du Bureau de la Ville, concernant les remparts. Enfin, on allait jusqu'à interdire le comblement des fossés situés entre les arbres, fussent-ils un obstacle à l'entrée des voitures dans les maisons. Mais, le Directeur général des Ponts et Chaussées ayant déclaré, le 3 décembre 1816 que les boulevards n'étaient, en général, que des grandes routes plantées et ne devaient pas être rangés dans la catégorie des promenades fermées, sa décision mit fin à toutes ces prétentions.

Les boulevards intérieurs, principalement ceux du nord, quoique déjà un lieu de réunion très fréquenté à certains jours, étaient, au commencement de ce siècle, bien moins agréables qu'ils ne le sont aujourd'hui. Une solution de continuité, très gênante pour la circulation, existait entre les portes Saint-Denis et Saint-Martin; sur d'autres points, les voitures rencontraient des pentes rapides qui rendaient leur marche difficile et même dangereuse; ceux du midi ne présentaient pas les mêmes inconvénients; mais les uns comme les autres n'avaient que des chaussées étroites dont les accotements étaient restés en terrain naturel. Il en était de même des contre-allées. On repiquait ces dernières deux fois par an et on y répandait une légère couche de gravier, ce qui n'empêchait pas qu'elles ne fussent presque constamment envahies par la boue ou par la poussière. Les eaux de pluie étaient reçues dans de petits fossés appelés cuvettes où venaient souvent se joindre des eaux ménagères, ce qui faisait de ces réservoirs autant de foyers d'infection. A la traversée de chaque rue, l'entrée des contre-allées était fermée aux voitures au moyen de poteaux contre lesquels les passants venaient se heurter la nuit. Les arbres, tous d'essence d'orme, plantés à l'origine sur quatre rangées, étaient d'une assez belle venue, excepté le long des maisons. Là, comme ils répandaient de l'ombre et de l'humidité dans les appartements et y introduisaient des insectes, les riverains faisaient tout ce qu'ils pouvaient pour les détruire malgré les défenses portées par un arrêté de l'administration centrale du département du 14 nivôse an VII (1).

(1) Déjà, en 1792, on avait proposé au Corps municipal d'obvier à ces inconvénients en replantant le Boulevard du Nord sur un autre plan. On aurait transporté le promenoir au milieu de la voie, et les contre-allées auraient été affectées au passage exclusif des voitures. Des préoccupations autrement urgentes firent perdre ce projet de vue.

En outre, les barrières qu'on avait tolérées autrefois devant quelques murs de jardins, pour en éloigner les dépôts d'ordures, s'étaient considérablement multipliées ; construites tantôt en bois, tantôt en fer, et armées la plupart de piquants, elles offraient, par leurs formes, leurs hauteurs et leurs saillies des disparates choquantes, en même temps qu'elles entravaient la circulation des piétons, jusqu'au jour où l'on mit enfin à exécution un arrêté du 25 juillet 1793 par lequel le Corps municipal en avait ordonné la suppression totale (1).

Quant aux boulevards extérieurs, ils étaient dans une situation encore plus mauvaise. La section comprise entre les barrières de la Gare et d'Italie était restée en projet. Celle qui s'étendait de la barrière de Vincennes à la barrière de Bercy n'avait été qu'ébauchée. Plusieurs parties, notamment sur la rive gauche, étaient dépourvues de chaussées; dans quelques autres les plantations étaient incomplètes, enfin, presque partout, les eaux ne trouvaient aucun moyen régulier d'écoulement.

Un état de choses, déjà si fâcheux par lui-même, était encore aggravé par la prohibition de construire dans la zone de 50 toises. Le 9 août 1807, le Ministre de l'Intérieur écrivait au Préfet : « Sa
« Majesté m'ordonne de suspendre la démolition prescrite par le
« Conseil de Préfecture de votre département de quelques maisons
« situées hors de Paris, à une distance des murs de clôture moindre
« que celle permise par les lois; en même temps, elle me demande
« de lui faire un rapport sur les réclamations qui lui ont été

(1) Ces barrières donnèrent lieu à de nombreuses contestations entre le Préfet de la Seine et le Préfet de police. Leur établissement avait été réglementé plusieurs fois, notamment par un arrêté du Ministre de l'Intérieur du quatrième jour complémentaire de l'an XI, une ordonnance du Ministre de la police du 16 août 1816 et une ordonnance royale du 21 décembre 1823.

« adressées à ce sujet. Vous voudrez donc bien surseoir à toute
« démolition ordonnée. »

Les riverains espéraient que leurs plaintes avaient été écoutées et que l'ordonnance de 1789 allait être rapportée. On sait qu'elle fut, au contraire, confirmée par un décret du 11 janvier 1808 et que leur résistance opiniâtre amena l'ordonnance royale du 1ᵉʳ mai 1822, qui trompa encore leur attente, en ce que, loin de contraindre la Ville à acquérir les terrains frappés de la servitude, elle lui en conféra seulement la faculté. On sait aussi que celle-ci, après avoir consacré plus de cent soixante mille francs à l'acquisition d'une partie de ces terrains, reconnut qu'en persistant dans cette voie, elle épuiserait bientôt ses finances ; elle demanda donc elle-même et obtint l'abrogation de l'ordonnance de 1789, dont elle ne tirait d'ailleurs aucun profit.

Lorsque fut rendu le décret de 1808, le Préfet avait pris un arrêté portant, entre autres dispositions, que les Ingénieurs du Pavé de Paris concourraient activement à son exécution. Ceux-ci, en effet, verbalisèrent longtemps contre les délinquants ; mais enfin ils firent observer à l'administration que, l'obligation de ne pouvoir construire qu'à une certaine distance des boulevards n'intéressant nullement la viabilité de ces derniers, la surveillance qu'on exigeait d'eux était étrangère à leurs attributions. Le Ministre de l'Intérieur partagea leurs scrupules et, par une décision du 10 avril 1821, autorisa la création d'un inspecteur et d'un commissaire-voyer chargés exclusivement de suivre l'exécution de ce même décret.

C'est à partir de 1806 que la Ville a entrepris l'amélioration et l'assainissement des boulevards. Ces grands travaux n'étaient pas encore terminés en 1840, et cependant ils avaient déjà coûté des sommes considérables. En effet, elles ne s'élevaient pas à moins de 3,176,100 fr. pour les boulevards intérieurs et de 2,137,490 fr. pour les boulevards extérieurs.

§ 4.

Les ouvriers employés sur les carrières, principalement dans la forêt de Fontainebleau, ne se montrèrent guère plus dociles après la Révolution qu'auparavant. Sous le prétexte que le règne de la liberté était arrivé, ils se crurent en droit de choisir eux-mêmes les rochers à exploiter et d'y fabriquer des pavés de toutes dimensions. L'administration dut intervenir pour faire cesser ce désordre. Un arrêté consulaire, du 29 vendémiaire an X, divisa ces rochers en deux classes, réserva les plus durs pour le pavage des grandes routes et des rues de Paris, désigna ceux qui seraient particulièrement affectés à ces dernières, prescrivit de donner irrévocablement aux pavés l'échantillon de 22 à 24 centimètres de face sur 25 de queue, ordonna de jeter parmi les décombres tous ceux qui auraient de plus faibles dimensions et ne permit l'exploitation des rochers de pierre tendre que lorsque les besoins des services publics seraient satisfaits.

Quelques années après, des contestations étant survenues entre les exploitants et les agents forestiers, l'Intendant général de la Couronne, dans un règlement du 2 mars 1812, rappela celui de l'an X et y ajouta quelques dispositions réclamées dans l'intérêt de la discipline et de la conservation de la forêt. Afin de leur donner plus d'autorité, elles furent confirmées par une ordonnance royale du 20 avril 1825, qui institua, en outre, un Commissaire-carrier chargé d'en assurer l'exécution et rétablit le droit de forestage ou fortage qu'on avait cessé de percevoir depuis longtemps; ce droit fut fixé à 2 fr. par millier de pavés.

Une seconde ordonnance, du 20 mars 1830, apporta à ce règlement diverses modifications dont l'expérience avait fait reconnaître l'utilité et que le nouveau code forestier rendait nécessaires. Le Commissaire-carrier fut maintenu, mais on éleva le droit de fortage à 5 fr. pour les entrepreneurs de travaux publics et à 8 fr. pour les petits paveurs.

Cependant, les carriers de Fontainebleau, présumant qu'une quantité considérable de pavés allait leur être demandée pour la réparation des dégradations provenant des barricades construites, dans Paris, pendant les journées de Juillet, en prirent l'occasion de s'insurger et de poser eux-mêmes les conditions moyennant lesquelles ils consentiraient à travailler. Une partie de leurs réclamations ayant paru fondée, l'administrateur de l'ancienne dotation de la Couronne introduisit, par un arrêté du 20 novembre 1830, quelques autres changements aux précédentes prescriptions. Il autorisa notamment les carriers à disposer, à l'avenir, des pavés qui n'auraient pas les dimensions voulues, pourvu que leur nombre n'excédât pas la proportion de 5 pour cent, et réduisit le droit de fortage à 2 fr. par millier de pavés durs et à 5 fr. par millier de pavés tendres.

Nous ne croyons pas qu'il soit intervenu, depuis lors, d'autres dispositions concernant la police de ces carrières.

C'est ici le lieu de rappeler les obligations des entrepreneurs de travaux publics envers les particuliers dans les terrains desquels ils enlèvent des matériaux.

Il résulte de plusieurs ordonnances du Bureau des Finances de la généralité de Paris, que jusqu'à la seconde moitié du XVIIe siècle on ne mettait pas en doute que ces extractions n'ouvrissent un droit à indemnité en faveur des propriétaires du sol où on les pratiquait. Mais le 18 mars 1673, il sortit un arrêt du Conseil qui, réformant une sentence arbitrale rendue dans ce sens, contre l'entrepreneur de la restauration du pont de Beaugency, déclara que celui-ci ne devait payer que le dommage provenant de ses fouilles. Cette décision servit de règle pour l'avenir. Il paraît cependant qu'on s'en écartait quelquefois ; ainsi, dans le Languedoc l'usage était d'allouer au maître du champ un quarantième du prix des matériaux extraits; dans les états de Lille, Douay et Orchies, l'indemnité était du dixième. La question ayant été tranchée d'une manière générale et absolue, en faveur du propriétaire, par la loi sur les mines, du 28 juillet 1791, l'administration des Ponts et Chaussées en fut alarmée. Pourquoi, disait-elle, donnerait-on aux immeubles dans lesquels les fouilles se feront, à l'avenir, une valeur qu'ils n'ont jamais eue? Tel terrain qui ne vaut maintenant que 300 livres l'arpent sera porté à 30,000, ce qui doit donner une idée suffisante de l'augmentation qui en résulterait quant aux ouvrages, ainsi que des bénéfices immodérés que ferait le propriétaire au détriment de la Nation, si une pareille disposition n'était pas rapportée ou du moins modifiée. Ces observations, qui firent l'objet d'un mémoire adressé, au mois de juin 1792, à l'Assemblée nationale, restèrent sans résultat jusqu'en 1807, où la loi du 16 septembre décida, par son article 55, qu'il n'y avait lieu de tenir compte de la valeur des matériaux que dans le cas où l'on s'emparait d'une carrière déjà en exploitation ; c'est d'ailleurs ainsi que l'on procédait sous l'ancien régime.

En 1825, lors de la discussion, à la Chambre des pairs, du Code forestier, on demeura d'accord qu'il fallait changer cette dernière disposition, comme étant en contradiction avec les principes du droit moderne, mais elle n'en subsista pas moins. Cependant, en 1864, le Ministre de l'Agriculture, du Commerce et des Travaux publics, ému des réclamations auxquelles elle donnait lieu, fit soumettre aux conseils généraux des départements la question de savoir s'il convenait d'en revenir purement et simplement à la législation de 1791. Nous ne connaissons pas leur réponse, nous savons seulement que celle du Conseil général de la Seine a été négative. Toutefois, cette assemblée a émis l'avis de limiter la servitude d'extraction à une certaine distance des travaux pour lesquels elle est exercée, afin que le propriétaire trouve une sorte de compensation du dommage qu'il éprouve dans les avantages résultant de leur exécution.

Enfin, la proposition d'abroger l'article 55 de la loi de 1807 a été présentée de nouveau dans une des dernières sessions du Corps législatif de l'Empire, elle a même fait l'objet d'un projet de loi soumis à l'Assemblée nationale, le 27 juillet 1871; cependant les choses sont toujours telles qu'elles étaient auparavant.

Pour compléter les renseignements que nous avons donnés sur les prix auxquels revenait le millier de pavés rendu à Paris, avant la Révolution, nous indiquerons ceux qui ressortent des marchés passés dans la période de 1800 à 1830.

DÉSIGNATION des CARRIÈRES.	BAIL de 1801.	BAIL de 1810. RÉDUCTION des 6 LOTS.	BAIL de 1821. RÉDUCTION des 3 LOTS.	BAIL de 1830.
	fr. c.	fr. c.	fr. c.	fr. c.
Vallée de l'Yvette.........	253 »	283 33	315 91	380 »
Belloy et Mafliers.........	218 »	295 70	301 50	400 »
Fontainebleau............	211 »	291 82	300 72	345 »
Environs de Pontoise.....	230 »	» »	» »	» »
Environs de Moret........	» »	» »	» »	321 52
Ocquerre................	» »	» »	» »	375 22

Disons quelques mots des nouvelles carrières qui figurent au bail de 1830. Celles des environs de Moret sont situées sur la montagne de Train. Nous avons vu qu'on y puisait dès l'année 1738. Elles étaient assimilées, sous le rapport de la qualité, à celles de grès dur de la forêt de Fontainebleau ; mais comme la fabrication y était plus chère que dans cette dernière localité, les entrepreneurs n'y avaient recours que lorsque les autres leur faisaient défaut. Elles étaient en pleine exploitation en 1789, et l'administration fit construire une chaussée pour faciliter le transport de leurs produits depuis la montagne jusqu'au port d'embarquement. Après avoir été longtemps délaissées, elles furent reprises en 1810. Le grand millier de pavés de Train revenait, en 1756, savoir :

	livres.	sols.
Pour fabrication et décombres, à...............	60	»
Voiture du rocher au bord du canal, à..........	38	10
Journalier au bord du canal, à.................	1	10
Voiture par eau et droits du canal, à............	52	»
Débardage à Paris, à...........................	9	»
Journalier sur le port, à Paris, à................	1	»
Frais de commis, à............................	4	09
Droits d'entrée, à.............................	18	17
TOTAL.......	185	06

Soit, pour mille pavés, à 165 liv. 3 sols.

Les carrières d'Ocquerre sont situées près de Lizy, et n'ont qu'une faible étendue. Leur grès n'est pas bien homogène et les blocs qu'on en tire renferment à la fois des parties dures et des parties tendres qui, en s'usant inégalement, rendent leur surface raboteuse. Il se fend pourtant assez bien et fournit des pavés de forme assez régulière. On en rencontre beaucoup qui éclatent, comme du verre, sous un choc violent. Tout en étant meilleur que celui de Fontainebleau, le pavé d'Ocquerre ne vaut pas celui de la vallée de l'Yvette ; mais on voit qu'en 1830 il coûtait un peu moins. Nous trouvons qu'on en a employé, à Paris, en 1730, 1734 et 1735. Il arrivait alors par la rivière de Marne; il vient maintenant par le canal de l'Ourcq.

§ 5.

La loi des 19-22 juillet 1791, en confirmant provisoirement les anciens règlements touchant la voirie, a maintenu, dès lors, ceux aux termes desquels les riverains des rues de Paris sont tenus d'en établir le premier pavé. Nous ne répéterons donc pas ce que nous avons déjà dit au sujet de ces anciens règlements; nous nous bornerons à citer quelques exemples de leur application, sous le nouveau régime.

Dès le 16 février 1792, le Corps municipal, en autorisant le détenteur d'un grand terrain, provenant des religieuses Bénédictines de la Ville-l'Évêque, à y ouvrir plusieurs rues, lui imposa, entre autres conditions, celle de pourvoir aux frais de leur pavage.

Le 23 vendémiaire an II il ordonna aux propriétaires qui venaient d'obtenir la permission de convertir en rue le passage dit des Messageries, de la faire immédiatement paver par l'entrepreneur public.

Le 26 vendémiaire an VI l'Administration centrale du département ne consentit au classement de la rue des Colonnes qu'autant que les riverains se chargeraient d'en faire faire le premier pavé.

Si, le 8 vendémiaire an VII, le Ministre des Finances prescrivit d'admettre à l'entretien le pavé des trois rues ouvertes en 1784 autour du Palais-Royal, bien qu'il eût été exécuté dans des conditions anormales, et que, par ce motif, il fût resté à la charge du duc d'Orléans et, après lui, du Domaine national, cette dérogation aux principes trouvait sa justification dans ce fait que, depuis l'an VI, toute la dépense du Pavé de Paris était payée par le Trésor public; et qu'ainsi la prise par ce dernier des frais d'entretien n'aurait été qu'une mesure d'ordre ne créant pour les particuliers aucun précédent susceptible d'être invoqué.

Aussi, le Ministre de l'Intérieur ayant décidé, le 13 thermidor an IX, qu'en raison de l'utilité qu'elle présentait pour le quartier des Halles, la rue Mandar, qui jusqu'alors n'était qu'un passage privé, serait mise au nombre des rues de Paris et, comme telle, passerait à l'entretien, le Préfet lui répondit : « Vous apprécierez, sans « doute, citoyen Ministre, qu'en donnant les ordres nécessaires pour « faire exécuter votre décision, j'impose aux propriétaires de la rue « Mandar, aux termes des règlements, la condition de la faire mettre « en pavés d'échantillon et d'en faire faire la réception, dans la « forme ordinaire, pour que je puisse la faire comprendre ensuite « parmi celles que l'entrepreneur du Pavé doit entretenir. » Ce à quoi le Ministre donna son approbation.

Les quais, qui, en définitive, sont de véritables rues, ont été traités à l'instar de ces dernières. Ainsi, les riverains ont contribué pour moitié dans la dépense du premier pavage du quai de la Cité, en 1813; du quai Saint-Michel, en 1816; du quai du Mail, en 1832.

Sur les places publiques, comme celles du Châtelet, de l'Oratoire, des Pyramides, etc., ils ont payé la dépense correspondante au pavage de la demi-largeur d'une rue ordinaire, suivant les dispositions de l'ordonnance royale du 14 juin 1510, rapportée page 187; la Ville a supporté le surplus. On a agi de même, pour les rues d'une largeur exceptionnelle, lorsqu'elle avait pour but d'embellir la voie publique plutôt que de satisfaire aux besoins de la circulation, telle que la largeur de 28m60 assignée à la rue Tronchet.

Puisque les rues de Paris sont réputées grandes routes, on pourrait se demander si, en vertu de la loi du 11 frimaire an VII, leur confection et, par conséquent, leur premier pavage ne devrait pas regarder le Trésor public. Mais on sait que cette loi n'a fait que distinguer la partie du pavé à la charge de l'État de la partie à la charge des villes, sans rien innover, quant au payement de la dépense, et que, d'après un avis du Conseil d'État du 25 mars 1807, on doit suivre l'usage établi, à ce sujet, dans chaque localité. C'est donc avec raison que les riverains des rues de Paris continuent à être assujettis à l'établissement de ce premier pavage, ainsi qu'il résulte d'une ordonnance rendue au contentieux, le 18 avril 1816, concernant la rue de Malte.

Pendant longtemps la déclaration du 10 avril 1783, citée page 173, est restée dans l'oubli. Il suffisait, en effet, d'une simple décision ministérielle et même d'un arrêté de l'autorité municipale pour ouvrir une rue. Mais, à partir de la Restauration, on est revenu à son exécution. Dès lors, une permission du Roi a, chaque fois, été jugée nécessaire. Les permissions de cette nature se contentèrent d'abord de prescrire aux impétrants de se conformer aux règlements (rue Malar); à partir de 1818, elles précisèrent davantage les obligations qui leur incombaient, et l'une des principales fut constamment celle du premier pavé (rues Godot-de-Mauroy et autres).

Le nombre des rues ou parties de rues livrées à la circulation pendant les 50 années qui ont suivi la Révolution dépasse 180, et leur développement total atteint plus de 42,000 mètres. Presque toutes sont dues à l'initiative privée. La Ville en a beaucoup pavé à ses frais, notamment celles dont elle a provoqué l'ouverture, ainsi que plusieurs places et avenues. Elle est aussi venue en aide aux riverains de quelques rues anciennes, lorsque le public avait un intérêt tout particulier à ce qu'elles ne restassent pas en terrain naturel. La dépense à laquelle ont donné lieu les pavages neufs exécutés de 1790 à 1840 peut être évaluée à la somme de 4,215,000 fr., dans laquelle la Ville a contribué pour un peu plus d'un tiers.

Dans cette même période, plusieurs questions ayant trait au premier pavage des rues ont été résolues administrativement.

Nous rapporterons les principales :

Tant qu'une rue projetée est privée de débouché à l'une de ses extrémités et reste ainsi à l'état d'impasse, son pavage, bien qu'établi régulièrement, demeure à la charge des riverains (Arrêté préfect., 2 juillet 1831, rue du Mont-Thabor).

Pour être admis à l'entretien il n'est pas indispensable qu'un pavage soit exécuté par l'entrepreneur public, pourvu qu'il soit fait dans les conditions normales et sous la direction des ingénieurs (Arrêté préfect., 13 décembre 1831, rue Chauveau-Lagarde).

Lorsqu'une ancienne chaussée occupe le milieu de la voie, le propriétaire devant la maison duquel existe un revers en terrain naturel se trouve dans la position des riverains d'une rue où l'on fait un premier pavage régulier. Il doit, par conséquent, supporter le prix de ce travail pour la partie afférente à sa propriété (Décision du cons. de Préfect., 13 mars 1830, rue Contrescarpe-Saint-Antoine).

Avant d'ordonner le pavage d'une rue formée par succession de temps, il y a lieu d'exiger, comme autrefois, que la majorité des riverains y consente et que trois ou quatre d'entre eux s'engagent solidairement au payement de la dépense ; mais ils doivent se tenir pour avertis que l'administration n'entend leur garantir aucun recours contre les refusants (Arrêté préfect., 17 avril 1826, rue des Blanchisseuses).

Un engagement solidaire n'est plus nécessaire quand chaque riverain dépose à la caisse municipale, avant le commencement des travaux, la somme pour laquelle il est compris dans l'état de répartition de la dépense (Arrêté préfect., 6 mars 1836, rue des Recollets).

Lorsque le plus grand nombre des riverains a consenti au pavage d'une rue, l'un d'eux ne peut faire opposition à l'exécution des travaux, sous le prétexte qu'ils doivent lui causer un certain dommage, tel, par exemple, que l'enfouissement de la porte de sa maison, mais il a son recours contre les autres riverains pour l'indemnité qui peut lui être due (Arrêté du Corps municip., 5 vendémiaire an II, rue des Grésillons, maintenant de Laborde) (1).

L'obligation de payer la dépense du premier pavé incombe au riverain, lors même qu'il ne serait devenu propriétaire que pendant l'exécution des travaux ou après leur exécution, attendu qu'elle constitue, non pas une charge personnelle au détenteur de l'immeuble, mais bien une charge réelle, inhérente à la propriété elle-même (Décis. Cons. de Préfect., 15 mai et 2 septembre 1826, 7 novembre 1829 et 21 septembre 1835; rues du Colisée, de l'Ouest, de l'Est et de Crussol (2).

Lorsque l'ouverture d'une rue est imposée dans le contrat de vente d'un bien national, le pavage en est obligatoire pour l'acquéreur ou ses ayant droits, attendu qu'une rue ne peut recevoir ce nom qu'après avoir été livrée à la circulation, et qu'on ne peut le faire

(1) La disposition finale de cette doctrine ne serait pas admise aujourd'hui, le propriétaire lésé ne pouvant utilement exercer son recours que contre l'autorité qui a ordonné les travaux. Mais elle était usitée sous l'ancien régime (voir page 183).

(2) Cette jurisprudence a été déférée au Conseil d'État, en ce qui concerne la rue de l'Est. Elle a été approuvée par un arrêt du 20 février 1835.

sans danger ou insalubrité, si elle reste en terrain naturel (Décision préfect., 6 octobre 1807, rue d'Assas).

Si le propriétaire qui a obtenu l'autorisation d'ouvrir une rue la livre à la circulation sans être pavée, l'administration est en droit de l'obliger à la fermer (Arrêté préfect., 23 octobre 1840, rue Pauquet).

Pendant longtemps on n'accorda aucun dédommagement au propriétaire qui, en reconstruisant volontairement sa maison, abandonnait du terrain à la voie publique. On lit dans une décision du Conseil de Préfecture, du 26 prairial an IX, rejetant une réclamation présentée à ce sujet :

« Considérant qu'une multitude d'actes émanés de l'autorité
« publique établissent la différence qui existe entre les retranche-
« ments qui s'opèrent subitement pour l'utilité générale et les
« retranchements qui n'ont lieu que par l'effet des reconstructions
« successives et d'après les alignements donnés; que dans le pre-
« mier cas l'indemnité est due et doit être supportée, en tout ou
« partie, par les propriétaires voisins qui en retirent quelque
« avantage ; qu'au contraire, il n'en est pas dû, dans le second cas;
« que cette jurisprudence ne porte point atteinte au principe qui
« veut que nul ne soit privé de sa propriété sans une indemnité;
« parce que le propriétaire, en faisant le sacrifice d'une portion de
« son terrain, supporte une charge commune à tous les propriétaires
« de la Cité et qu'il en est dédommagé par l'élargissement de la
« rue qui facilite la circulation et donne un plus grand prix à sa
« propriété; que cette jurisprudence, utile à tous, n'est pas ignorée
« des propriétaires qui ont toujours été tenus de se conformer aux
« alignements donnés par le Bureau de la voirie. »

Le 18 vendémiaire suivant, le Ministre de l'Intérieur déclara que les motifs sur lesquels reposait cette décision étaient conformes aux principes qui régissent la matière.

Les riverains auraient pu s'insurger, à bon droit, contre une telle jurisprudence; mais, à leurs yeux, la chose n'en méritait pas la peine, attendu que les terrains qui étaient alors cédés, par suite de reprise d'alignement, n'avaient généralement que très peu d'étendue et que les prix en étaient minimes; après que ces prix eurent subi une notable augmentation, ils demandèrent à en être payés et obtinrent satisfaction. De ce que les rues de Paris ont toujours appartenu à la grande voirie, il semble que, conformément à ce qui se pratique pour les routes nationales, le payement de l'indemnité incombait à l'État; mais, par suite d'une de ces anomalies dont le régime administratif de Paris offre plusieurs exemples, c'est cette Ville qui est chargée de l'acquitter, par la raison, disait le Directeur général des Ponts et Chaussées, le 14 floréal an XII, que les retranchements de terrains tournent absolument à son profit, en contribuant à sa salubrité et à son embellissement.

Pour y subvenir elle inscrit, chaque année, à son budget un crédit assez considérable.

Quant au pavage de ces mêmes terrains, nous savons qu'avant la Révolution l'usage était que le riverain en supportât les frais. Depuis lors, l'administration reconnut que, puisqu'il consentait déjà au sacrifice d'une partie de sa propriété, il y aurait de l'injustice à lui en imposer un autre; en conséquence elle se chargea du pavage. Pendant quelque temps, la dépense en fut imputée sur le produit du droit de barrière, l'arrêté du Directoire exécutif de l'an VII, mentionné page 250, portant que ce produit servirait à payer non seulement l'entretien, mais encore la *confection* du pavé de Paris. Après que la somme destinée à ce même entretien fût devenue fixe, d'indéterminée qu'elle était auparavant, le Ministre de l'Intérieur n'admit plus qu'aucune partie pût en être distraite, et le 24 prairial an XII il laissa à la Ville le soin de pourvoir à la dépense dont il s'agit. Celle-ci, à son tour, s'en déchargea sur le propriétaire riverain, le Conseil de Préfecture ayant plusieurs fois décidé qu'il y était tenu, attendu que l'obligation du premier pavage de la voie publique s'étendait aux terrains employés à son élargissement. Ce dernier n'avait d'ailleurs plus à objecter, pour s'en dispenser, qu'il n'était pas indemnisé de l'emprise faite sur sa propriété.

Comme nous l'avons promis, page 79, nous revenons ici sur la question du premier relevé-à-bout.

L'entrepreneur qui, en l'an IX, s'était rendu adjudicataire de l'entretien de tout le pavé de Paris, se trouvant, au début, dans l'impossibilité de procéder au pavage de plusieurs rues récemment ouvertes, telles que celles de Saint-Germain-des-Prés, de l'Abbaye, du Guichet, de la Fidélité, de Boulanger, de Mably, etc., le Préfet, avec l'assentiment du Ministre de l'Intérieur, autorisa les riverains à prendre un autre industriel, à la condition que les travaux seraient exécutés suivant les prescriptions du bail de l'entretien; mais, craignant, sans doute, que malgré cette précaution on ne leur donnât pas toute la solidité désirable, il imposa à ces mêmes riverains la dépense du premier relevé-à-bout, lorsque le moment serait venu de l'effectuer.

Quelque temps après, il chargea l'Ingénieur en chef de faire paver d'autres rues neuves, notamment celles des Guillemites, de Bretagne, Ménilmontant, Saint-Augustin, Castiglione, Mont-Thabor, Napoléon, etc., et bien que, cette fois, les travaux fussent confiés à l'entrepreneur public, ce qui était une garantie de leur bonne exécution, il imposa encore aux particuliers, tenus d'en faire les frais, l'obligation de subvenir également à ceux du premier relevé-à-bout. De toutes ces nombreuses voies, les trois dernières furent les seules où cette opération ne tarda pas à être jugée nécessaire; en conséquence, le Préfet décida qu'elle serait immédiatement entreprise. Les riverains des rues de Castiglione et du Mont-Thabor ne s'opposèrent pas à ce qu'elle eût lieu; mais ceux de la rue Napoléon en contestèrent l'opportunité. Ce n'est pas, disaient-ils, pour quelques flâches qui existent çà et là, qu'il convient de faire une dépense aussi considérable que celle d'un relevé-à-bout général; d'ailleurs, ajoutaient-ils, il y a plus de deux ans que le pavage est terminé, la responsabilité qui pouvait nous incomber n'a donc plus sa raison d'être (1). Sans discuter ces raisons, le Conseil de Préfecture n'hésita pas à repousser la réclamation, en se fondant sur ce que *tous les riverains d'une rue nouvellement pavée sont assujetis au premier relevé-à-bout avant qu'elle passe à la charge du Pavé de Paris, et que cette jurisprudence constante, en matière d'administration, est établie par différents arrêts du Conseil, notamment par celui du 1er septembre 1778* (2). Les riverains en appelèrent au Conseil d'État; mais, dans l'intervalle, la Ville fit placer tout le long de la rue une grosse conduite destinée à la distribution des eaux de l'Ourcq, ce qui causa le bouleversement du pavé. Dès lors, le Conseil d'État, considérant que les choses n'étaient plus entières, décida, le 18 mars 1813, que les réclamants seraient dispensés du travail ordonné, *à la réserve toutefois du relevé-à-bout des trottoirs et des bas côtés jusqu'aux ruisseaux latéraux* (3). Il adopta ainsi, quoique implicite-

(1) D'après M. Davenne, *Recueil des Lois et Règlements sur la voirie*, cette opinion était celle des bureaux du Ministère de l'Intérieur. Elle fut, plus tard, celle des bureaux de la Préfecture de la Seine.

(2) Cet arrêt, que Perrot a cité dans son *Dictionnaire de voirie* comme un exemple de ce qui se pratiquait de son temps, a pour objet le pavage de la rue de la Tour-d'Auvergne.

(3) Les riverains ont seulement fait paver les vides qui existaient entre les trottoirs et la chaussée, pendant que la Ville faisait exécuter le relevé-à-bout au-dessus de la conduite d'eau.

ment, la doctrine émise par le Conseil de Préfecture ; mais, l'administration supérieure n'en fit pas autant ; le Directeur général des Ponts et Chaussées, sur la proposition qui lui fut adressée, quelques jours après, de faire payer par les riverains de la rue de Rivoli le relevé-à-bout du pavage exécuté à leurs frais, en 1805, répondit qu'aucune loi ou ordonnance d'une application générale ne leur imposait une pareille dépense et que c'était au service du Pavé de Paris à y pourvoir. Le Préfet crut devoir revenir à la charge en s'étayant du grand nombre d'arrêts dont nous avons parlé, page 179 ; mais on lui objecta que les riverains déclineraient, avec raison, l'autorité de ces arrêts ayant tous trait à des cas spéciaux ; que d'ailleurs les lettres patentes qui, sous l'ancien régime, permettaient d'ouvrir une rue, disposaient généralement que le pavé en passerait à l'entretien du Roi aussitôt après son achèvement. Néanmoins, la question ayant été soumise à une commission composée de trois inspecteurs généraux des Ponts et Chaussées, celle-ci exprima l'avis :

« 1° Que pour les rues ouvertes jusqu'à ce jour et pour lesquelles il a été rendu des arrêts du Conseil du Roi, ou, en général, des actes souverains, on ne peut imposer aux propriétaires riverains d'autres charges que celles exprimées dans ces arrêts ou actes souverains.

« 2° Que dans toute concession à venir, il est juste et conforme aux principes qui doivent régir cette matière, d'insérer une clause qui mette spécialement le premier relevé-à-bout à la charge des riverains, lorsque le pavé sera établi sur un remblai. »

Le Directeur général fit connaître au Préfet, le 6 août 1816, qu'il partageait entièrement cet avis et l'invita à tenir la main à l'exécution de sa teneur.

Plusieurs années s'écoulèrent sans qu'on eût l'occasion de revenir sur la question. Mais elle fut agitée de nouveau après que, par suite de l'ouverture d'un grand nombre de quartiers neufs, il fallut remanier entièrement quelques-uns de leurs pavages construits dans de mauvaises conditions. La dépense devait-elle en être mise à la charge des sociétés qui avaient créé ces quartiers, ou comprise dans celle de l'entretien du pavé, entretien dont l'État faisait encore tous les frais ?

Le Directeur général des Ponts et Chaussées, consulté à ce sujet, écrivit au Préfet, le 20 septembre 1825, que si, par des considérations auxquelles il était resté tout à fait étranger, la Ville, malgré ses recommandations, avait cru devoir dispenser les riverains des frais du premier relevé-à-bout, quand le pavage devait reposer sur un terrain peu résistant, c'était à elle de s'en charger. Cependant, à quelque temps de là, il accueillit une transaction pour la partie de la rue Charles X, aujourd'hui Lafayette, comprise entre les rues du Faubourg-Poissonnière et du Chemin de Pantin. L'ordonnance royale qui avait autorisé l'ouverture de cette grande ligne n'avait rien prescrit quant à son pavage. Néanmoins, la compagnie propriétaire des terrains qu'elle traversait le fit effectuer à ses frais. Il était terminé depuis deux ans lorsqu'elle demanda à être déchargée de son entretien ; mais, comme il y existait de nombreuses dégradations qu'un relevé-à-bout général pouvait seul faire disparaître, la réception en fut refusée. Les ingénieurs ayant reconnu que ces dégradations provenaient presque exclusivement de ce que le pavé était assis sur un sol glaiseux et que, pour en obtenir la consolidation parfaite, il était nécessaire d'enlever tout ce mauvais sol et de le remplacer par du sable, la compagnie objecta que c'était là un travail extraordinaire dont elle devait d'autant moins être tenue, que les ouvrages qu'il s'agissait de réparer avaient été exécutés par les entrepreneurs de la Ville et sous la surveillance des agents de l'administration. Le Directeur général des Ponts et Chaussées se rendit à ces raisons et consentit, le 23 avril 1828, à ce que la dépense de l'opération projetée, qui n'était pas évaluée à moins de 86,000 fr., fût répartie, par tiers, entre l'État, la Ville et la compagnie, ainsi, d'ailleurs, que l'avait proposé le Préfet.

Pour prévenir une semblable difficulté, ce dernier, en approuvant l'état de la dépense faite pour le pavage de la rue du Duc-de Bordeaux, aujourd'hui du 29 Juillet, ajouta, dans l'arrêté pris à cet effet le 22 décembre 1829 : « Les prix appliqués dans l'espèce, « étant ceux du pavage sans entretien, les propriétaires seront tenus « de contribuer également aux frais d'entretien et même de premier « relevé-à-bout si, par l'effet du tassement des terres, cette opération « devenait nécessaire avant deux ans (1). »

Afin d'éviter qu'à l'avenir, en continuant à prendre de pareilles mesures, l'administration préfectorale ne fût taxée d'arbitraire, elle fit insérer, dans l'acte même du pouvoir exécutif autorisant le percement de la voie, l'obligation pour les impétrants de payer, non seulement la dépense du pavage, mais encore celle du premier relevé-à-bout, lorsqu'elle prévoyait qu'il faudrait y procéder prématurément, ainsi qu'il résulte des ordonnances royales intervenues, depuis lors, pour l'ouverture des rues Barbet-de-Jouy, de Nemours, Greffulhe, Boursault, etc. Par là, elle mit fin à une controverse qui avait duré trop longtemps.

§ 6.

Nous avons dit qu'après la rue de l'Odéon, les premières qui reçurent des trottoirs furent celles de Louvois et de Le Pelletier. Malgré les graves préoccupations qui s'imposaient aux esprits, pendant la

---

(1) Quelques réparations seulement précédèrent la réception des travaux, en sorte que les riverains en furent quittes pour une somme de 577 fr. 43 c.

tourmente révolutionnaire, l'intérêt des piétons ne fut pas complètement oublié. Ainsi, au mois de septembre 1793, en permettant à la dame Pinon et au sieur Thévenin de prolonger la rue Le Pelletier, le Corps municipal leur prescrivit d'y placer des trottoirs pareils à ceux qui existaient dans la première partie. Un an après, la Commission des Travaux publics, en autorisant le sieur Chéradame à ouvrir deux rues sur l'emplacement de l'hôtel Richelieu, y mit pour condition que l'une d'elles, la rue du Port-Mahon, serait également bordée de trottoirs. Le 1 mai 1795, la même Commission permit au propriétaire d'une maison située au coin de la rue d'Angoulême et du faubourg du Temple de pratiquer, le long de la façade, un trottoir de cinq pieds de largeur. C'est, parait-il, l'unique trottoir isolé fait à cette époque. Plus tard, on en vit s'établir quelques autres, surtout dans les 1er et 2e arrondissements.

Dès qu'il fut appelé à la Préfecture de la Seine, M. Frochot porta son attention sur la nécessité de généraliser la construction des trottoirs. En 1802, il se fit donner, par les ingénieurs du Pavé de Paris, divers renseignements propres à former son opinion et celle du Conseil municipal à ce sujet ; il invita ensuite les maires à demander aux principaux propriétaires de leurs arrondissements respectifs leur avis sur l'utilité de l'entreprise et, dans le cas où ils l'approuveraient, à se concerter entre eux, sur les moyens de la mettre à exécution. Comme on leur laissait entendre que, d'après l'usage alors existant à Paris, ils auraient à leur charge, non seulement la dépense entière du premier établissement, mais encore celle de l'entretien, sauf un petit nombre, ils ne se montrèrent guère disposés à seconder les intentions de l'administration.

Il faut dire aussi que, par leur isolement et la manière dont ils étaient établis, les trottoirs rendaient peu de services. Leur bordure était en pierre calcaire et protégée, de distance en distance, contre le choc des voitures, par de petites bornes demi-circulaires appelées *bornillons* qui s'avançaient sur la chaussée et dont le sommet affleurait le dessus de cette bordure. Les trottoirs étaient d'ailleurs interrompus devant les portes cochères, et là, en l'absence de pentes douces, il fallait en descendre, puis y remonter. Il en était presque toujours de même à leurs extrémités (1). Enfin, l'aire en était revêtue d'un pavage plus ou moins soigné et rarement bien uni. Par suite de ces imperfections, ils étaient tellement incommodes qu'un architecte avait proposé, en 1805, de les supprimer tous et de les remplacer par des files de bornes, comme on en voyait encore rue de Tournon (2).

Pendant longtemps, les ingénieurs du Pavé de Paris se déclarèrent eux-mêmes peu partisans des trottoirs. Ils leur reprochaient plusieurs inconvénients, notamment de se concilier difficilement avec la présence des ouvrages du service hydraulique; de mettre obstacle à l'écoulement des eaux ménagères; de devenir très glissants à certains moments si on les couvrait en dalles; enfin, de constituer une très lourde dépense pour les propriétaires. Ces objections n'arrêtèrent pas M. Chabrol, le nouveau Préfet de la Seine, et aussitôt que la Ville eut réparé l'énorme brèche que les deux invasions avaient faite à ses finances, il reprit la question des trottoirs et résolut de la mener à bonne fin. Il fut aidé dans ce dessein par M. Alexandre de Laborde, maître des requêtes au Conseil d'État, qui, sous son autorité, dirigeait, depuis 1811, le service des Ponts et Chaussées de la Préfecture (3). On n'admettait pas alors que

---

(1) L'établissement de pentes douces destinées à remplacer les marches avait été prescrit pour le trottoir de la rue d'Angoulême et ceux de la rue Neuve-Lepelletier, mais ailleurs la mesure était rarement observée.

(2) Goulet, *Observations sur les embellissements de Paris.*

(3) M. de Laborde a publié, en 1816, dans un volume in-folio, entre autres projets, celui d'établissement de trottoirs en dalles au niveau du pavé. On y trouve des renseignements très intéressants.

des trottoirs en saillie pussent exister dans les rues de moins de 10 mètres de largeur, sans nuire à la circulation des voitures ; en conséquence, on se proposait de les y établir au niveau du pavé, comme on en voyait à Vienne et dans plusieurs villes d'Italie et d'Espagne.

M. de Laborde prit, en 1814, l'initiative d'un dallage de cette espèce qu'il offrit, comme spécimen, devant un hôtel à lui appartenant, situé rue d'Artois, aujourd'hui rue Laffite (1). Dix ans après, une expérience plus en grand fut tentée le long de la rue des Coquilles qui venait d'être élargie (2). Les dalles dont on fit usage, dans cette autre construction, étaient en granit de Normandie, en lave d'Auvergne et en pierre bleue de Flandre. On y fit aussi entrer des pierres de Château-Landon et d'Épinay et quelques blocs en grès piqué des carrières de Sauly-les-Chartreux; on voulait juger par comparaison quels étaient ceux de ces matériaux qui convenaient le mieux. L'essai donna lieu à une dépense de 11,218 fr. 58 c. et n'eut pas le succès qu'on en espérait ; les piétons ne se trouvaient pas en sûreté sur un chemin qui, sans doute, était agréable au marcher, mais où rien ne les défendait de l'atteinte des voitures. Dès lors, on renonça aux dallages à l'affleurement du pavé, pour s'en tenir uniquement aux trottoirs surélevés, sauf à n'en pas mettre dans les rues d'une médiocre largeur. Le granit et la lave ayant obtenu la préférence sur toutes les autres matières, le Préfet s'adressa aux industriels de la Normandie et de l'Auvergne, pour qu'ils en dirigeassent de grandes quantités sur Paris, au plus bas prix possible.

En attendant qu'elle décidât les riverains des rues anciennes à

---

(1) On dépensa, pour cet objet, 1,116 fr. 71 c., qui ont été payés sur le produit de la vente des pavés de rebut.

(2) C'est aujourd'hui le premier tronçon de la rue du Temple.

établir des trottoirs en dalles devant leurs maisons l'administration se crut en droit d'en exiger dans les nouvelles. La première fois que la prescription de cette obligation eut lieu fut, croyons-nous, pour les rues Bayard et Jean-Goujon, ouvertes en vertu d'une ordonnance royale du 23 juillet 1823. Comme elle ne souleva aucune réclamation, on continua de la mettre au nombre des conditions imposées, en pareil cas, aux impétrants, et l'on put bientôt juger des bons effets qu'elle produisait. C'est alors que M. Chabrol, qui n'avait cessé d'entretenir, chaque année, le Conseil municipal du vif intérêt qu'il portait à cette utile institution et des efforts qu'il faisait afin qu'elle fût universellement adoptée, déclara que, suivant lui, le seul moyen d'y parvenir était de ne plus laisser, dans les rues anciennes, toute la dépense du premier établissement à la charge des particuliers et de les affranchir, en outre, de celle de l'entretien (1). Le Conseil partagea son avis et, pour commencer, mit, en 1826, un crédit de 10,000 fr. à sa disposition, en demandant que l'administration donnât l'exemple en ce qui concernait les édifices publics.

Le premier trottoir construit avec une prime d'encouragement a été établi au coin des rues Saint-Lazare et de la Chaussée-d'Antin (2). Comme les offres de la Ville trouvaient de tous côtés des adhérents, le Préfet jugea convenable de procéder d'abord avec un certain ensemble et sur deux grandes lignes. Il choisit, dans ce but, les rues Saint-Honoré et Richelieu et constata, avec plaisir, que presque tous les propriétaires avaient répondu à son appel. L'impulsion

---

(1) Jusqu'alors l'administration n'avait pris à sa charge que l'entretien des trottoirs de la rue de la Paix. Cependant, comme il est admis que ces ouvrages ne sont, en définitive, qu'un pavage perfectionné et qu'à Paris quand un pavage est établi suivant les conditions réglementaires, son entretien tombe à la charge de l'administration, on devait s'étonner qu'il n'en fut pas de même our les trottoirs.

(2) La prime a été de 1,193 fr. 32 c.

une fois donnée, les trottoirs se multiplièrent avec rapidité et devinrent, pour ainsi dire, un besoin. Ce fut non plus 10,000 fr., mais bien 100,000 et même 150,000 qu'il fallut inscrire au budget, pour satisfaire toutes les demandes. La prime d'encouragement s'élevait au tiers de la dépense, lorsque les dalles qui recouvraient le trottoir étaient en granit, et au cinquième seulement, lorsqu'elles étaient en lave, au choix des riverains. La bordure devait d'ailleurs être toujours en granit, comme étant la partie qui se dégrade le plus vite.

Bientôt après, une autre matière, celle du mastic bitumineux, fut proposée, et l'essai qu'on en fit en 1835 sur le pont Royal réussit pleinement. Le mastic naturel étant assez coûteux, l'industrie parvint à en faire d'artificiel, présentant presque autant d'avantages que le premier et revenant moitié moins cher. En conséquence, l'administration n'hésita pas à lui donner la préférence et l'usage s'en répandit promptement. La prime allouée pour les trottoirs en bitume ne fut que du sixième de la dépense.

En même temps que cette nouvelle matière prenait faveur, la lave d'Auvergne tombait en discrédit, l'expérience ayant fait reconnaître qu'elle se détériorait promptement et que les différences de dureté de ses couches diverses amenaient une usure inégale qui détruisait la planimétrie si nécessaire aux trottoirs. L'emploi en fut donc proscrit, d'une manière absolue pour ce genre de construction, en 1836.

A mesure que l'extension des galeries d'égouts permettait de convertir les chaussées fendues en chaussées bombées, les deux ruisseaux latéraux qui remplaçaient celui du milieu étaient séparés des trottoirs par un petit revers. Plus tard, on supprima ces revers et les ruisseaux furent mis juste au pied des trottoirs, où ils se trouvèrent formés par la seule rencontre de la chaussée avec la bordure. Pour prévenir les éclaboussures résultant du passage des voitures dans ces nouveaux ruisseaux, il suffit d'en tenir le pavage, bien uni et d'éviter ainsi toute espèce de choc ; l'eau ou la boue liquide suit alors la roue dans son mouvement de rotation, sans s'en écarter sensiblement. On eut même l'idée de ne plus avoir de ruisseaux, en faisant écouler les eaux ménagères et pluviales par des rigoles couvertes que l'on pratiqua dans les bordures, au moyen d'un refouillement. La première application de ce nouveau mode d'assainissement, qui constitue une très remarquable amélioration, a été faite en 1838, rue Vivienne, et ensuite rue des Fossés-Montmartre et Neuve-Saint-Eustache ; mais, outre que malheureusement il coûte un peu cher, il suppose l'exécution préalable d'un système complet d'égouts et exige le lavage des rigoles par des eaux courantes, ainsi que leur fréquent balayage. Aussi, ne voyons-nous pas qu'il se soit généralisé. Parmi le très petit nombre de particuliers qui l'ont adopté, à l'origine, nous citerons le propriétaire des magasins du Petit Saint-Thomas, rue du Bac (1).

L'espace réservé pour les piétons doit naturellement être en rapport avec le débouché de la voie publique ; mais l'expérience apprit qu'on pouvait, sans nuire à la circulation des voitures, augmenter sensiblement la largeur adoptée primitivement pour les trottoirs et même en établir dans les voies secondaires, en partageant celle des rues, entre eux et la chaussée, d'une manière plus judicieuse qu'on ne l'avait fait jusqu'alors. En effet, disait-on, il est rationnel d'ôter aux chaussées toute la partie de leur largeur qui se trouve en dehors d'un multiple exact d'une voie de voiture aug-

---

(1) Longtemps après, il a été étendu à quelques rues neuves, notamment à celles de Mulhouse, de Rougemont et de Chanaleilles, en vertu d'ordonnances royales des 24 janvier 1843, 30 janvier et 25 juin 1844, à la charge par leurs auteurs, entre autres conditions, d'établir des bornes-fontaines et d'assurer à toujours, par les soins d'un cantonnier, le balayage de la chaussée, des trottoirs et des rigoles, conformément aux prescriptions de la Police.

menté du jeu nécessaire pour que les véhicules se croisent et se dépassent sans s'accrocher. Telle chaussée qui est trop large pour deux voitures de front, et qui ne l'est pas assez pour trois, peut donc être rétrécie, au profit des trottoirs, sans que la circulation y perde rien, si on lui conserve l'espace nécessaire à deux voitures.

On citait, comme exemple, les rues de 7m80 de largeur, qui avaient des trottoirs de 1m15 et une chaussée de 5m50, ne laissant place que pour deux voitures de front, attendu qu'il en faut au moins 6 pour trois voitures. Or, 3m50 de largeur suffisant, dans la plupart des cas, au passage simultané de deux voitures, on pouvait à la rigueur, porter à 2m15 la largeur des trottoirs ; mais, comme il faut tenir compte des différentes longueurs des essieux, de l'adresse plus ou moins grande des cochers et autres éventualités, on ajoutait 1m50 à la chaussée et l'on se contentait de 1m40 pour chaque trottoir. Les ingénieurs firent adopter, d'après ces principes, un tableau des nouvelles largeurs à donner à ces ouvrages, eu égard aux largeurs respectives des rues, en prenant soin de proportionner les unes et les autres et de les faire croître, à peu près, dans la même progression (1).

Lorsque les trottoirs commencèrent à se multiplier, il intervint, sous la date du 8 août 1829, une ordonnance du Préfet de police qui a consacré un chapitre entier aux mesures d'ordre à observer pour leur construction et leur réparation, mesures dont les dispositions ont été renouvelées par une autre ordonnance du 25 juillet 1862.

Disons, en finissant, que l'importance de ces travaux de réparation détermina l'administration à passer un marché particulier pour leur exécution. Il fut conclu avec le sieur André Violet, le

(1) Ce tableau continue à servir de règle, en vertu d'un arrêté préfectoral, du 15 avril 1846.

2 décembre 1837, pour une durée de trois années, commençant le 1ᵉʳ avril suivant.

La Ville de Paris a dépensé pour le service des trottoirs, depuis 1826 jusqu'en 1840 inclusivement, y compris le dallage des boulevards, la somme de 3,178,240 fr., qui se décompose ainsi qu'il suit :

	Francs.
Primes d'encouragement.........................	1,584,171
Dallages et bordures sur des boulevards et avenues.	521,992
Trottoirs le long d'édifices communaux et autres...	226,101
Id. sur des quais et ponts...................	37,032
Travaux de réparation et d'entretien.............	376,461
Réfections par suite de changement de niveau des rues...	364,991
Personnel spécial..............................	66,603
Dépenses diverses.............................	889
Total.......	3,178,240

Une loi du 7 juin 1845 a réglementé l'établissement des trottoirs dans toute la France. Nous n'avons pas à nous en occuper, puisque le travail que nous avons entrepris ne va pas jusqu'à cette époque.

§ 7.

Nous allons exposer rapidement les modifications qu'a subies l'organisation du personnel du Pavé de Paris, après la Révolution, et nous dirons quelques mots des ingénieurs qui ont été successivement placés à la tête de ce service.

M. Duchemin, qui, nous l'avons vu, y était déjà attaché sous l'ancien régime en cette qualité, en prit immédiatement la direction avec le titre d'Inspecteur général. A raison de ce qu'il n'était pas assujetti à des déplacements, comme les autres inspecteurs généraux des Ponts et Chaussées, son traitement n'était que de 6,000 liv., tandis que celui que la loi organique du 19 janvier 1791 venait d'assigner à ces derniers montait à 8,000 ; mais on lui remboursait ses frais de bureau, de chauffage et d'éclairage. Plus tard, on lui passa, pour tous ces frais, une somme fixe de 1,200 liv. et on lui donna un commis que l'on payait 1,800 liv. Il amena avec lui les quatre agents subalternes appartenant également à ce service et qui, en vertu de la même loi, reçurent la dénomination d'ingénieurs ordinaires et un traitement de 2,400 liv. Chacun d'eux, indépendamment de la surveillance de son arrondissement respectif, avait celle d'une partie des routes du département.

A la Direction du pavé des rues, places, quais, etc., la Commission des Travaux publics joignit, en l'an III, celle des boulevards, du nettoiement et de l'entretien des égouts, qui, jusqu'alors, avait été confiée à l'architecte de la Ville. En notifiant cette décision à chacun des collaborateurs de l'Inspecteur général, elle ajouta, suivant le langage de l'époque : « Nous comptons trop sur ton zèle et ton pa-
« triotisme pour n'être pas convaincus que tu ne négligeras rien
« pour justifier la nouvelle preuve de confiance que nous te don-
« nons. Tu seras désormais compris sur l'état des Ponts et Chaus-
« sées pour les appointements qui te sont accordés par la loi,
« comme ingénieur ordinaire (1), et il te sera payé une indemnité
« de 1,200 liv. pour les travaux extraordinaires dont nous te char-
« geons. »

L'année suivante, le Ministre de l'Intérieur décida que ces ingénieurs ne seraient plus qu'au nombre de trois et qu'ils cesseraient

(1) Ils étaient payés auparavant sur les fonds municipaux.

de s'occuper des routes. Le supplément de traitement qui leur avait été alloué fut réduit à 1,000 liv. et considéré comme représentant leurs frais de bureau. En outre, le Ministre, mû par des considérations personnelles, jugea à propos de faire de l'entretien des boulevards un service à part qu'il confia à un ingénieur en chef nommé Duperron. Celui-ci reçut aussi le titre d'Inspecteur général, néanmoins son traitement resta au taux de 4,000 liv. fixé par la loi de 1791; on y ajouta 1,200 liv. pour frais de bureau. Il n'avait sous ses ordres qu'un seul ingénieur ordinaire.

En l'an VIII, l'Inspecteur général du Pavé, qui se sentait affaibli par l'âge (il avait près de 70 ans), demanda un adjoint ainsi que son prédécesseur en avait eu un, en 1772. Conformément à son désir, on lui donna M. Blin, qui faisait partie du service ordinaire du département de la Seine et fut élevé, à cette occasion, au grade d'ingénieur en chef; à son traitement réglementaire de 4,000 fr. on ajouta 300 fr. de frais fixes.

M. Duchemin sollicita sa retraite en l'an XIII, et se retira en Bretagne, son pays natal. Il est l'auteur de plusieurs projets d'utilité publique, notamment d'une salle d'opéra, d'un vaste géorama et d'un pont suspendu à l'usage des piétons et des cavaliers qui aurait été établi là où a été construit, de nos jours, le pont du Carrousel.

M. Duperron ayant aussi été relevé de ses fonctions, dans le même temps, les boulevards furent de nouveau réunis au Pavé de Paris et M. Blin prit la direction des deux services moyennant une élévation de ses frais fixes. Mais il ne la garda pas longtemps: sur sa demande, il fut mis également à la retraite, le 31 mai 1806, avec le brevet d'Inspecteur honoraire.

Le décret du 7 fructidor an XII, portant organisation du Corps des Ponts et Chaussées, n'ayant pas déterminé le montant de l'indemnité dont jouiraient, à titre de frais de bureau et de tournées, les ingénieurs attachés à des services autres que ceux des départements, le Directeur général décida, le 19 fructidor an XIII, que les ingénieurs ordinaires du Pavé de Paris seraient assimilés, sous ce rapport, à ceux du département de la Seine et que, dès lors, leurs frais fixes seraient maintenus à 1,000 fr. Cette allocation est restée la même jusqu'en 1838, où elle a été doublée.

M. Fréminville, qui appartenait depuis 16 ans au Pavé de Paris, en qualité d'ingénieur ordinaire, devint ingénieur en chef, au départ de M. Blin et succéda à ce dernier jusqu'au 31 mars 1810, époque où il fut appelé au département de l'Ain. Il avait, lui aussi, le traitement afférent à son grade et recevait, au commencement, pour ses frais fixes 3,600 fr. et ensuite 4,500. Comme il était très versé dans la dioptrique, il avait été envoyé en mission, au camp de Boulogne, où il s'agissait d'établir un observatoire et plusieurs signaux à l'usage de l'armée.

M. Bertin, qui dirigeait le service ordinaire des Ponts et Chaussées du département de la Dyle, vint remplacer M. Fréminville. Il était dit, dans le décret du 7 fructidor, que lorsqu'un ingénieur en chef de première classe aurait sous ses ordres un ou plusieurs autres ingénieurs de son grade, il prendrait le titre de Directeur. Son traitement était alors élevé de 5,000 à 6,000 fr. et sa pension de retraite augmentée proportionnellement. Il n'était pas rare qu'un ingénieur en chef obtînt ce titre sans être dans le cas prévu, à raison soit de l'importance de ses fonctions, soit de l'ancienneté de ses services. C'est ce qui arriva à M. Bertin, le 1er janvier 1812; ses frais fixes furent alors portés à 10,000 fr. On le mit à la retraite, à partir du 1er novembre 1819, avec le brevet d'Inspecteur honoraire.

Après lui, M. Boistard, chargé depuis quelque temps d'apurer la comptabilité des travaux du canal de l'Ourcq et de faire la distribution des eaux de ce canal, fut appelé au Pavé de Paris. Il reçut immédiatement les frais fixes que son prédécesseur avait en partant et devint, à son tour, Directeur, le 1ᵉʳ mai 1821. Il mourut deux ans après. Il avait construit plusieurs ponts, entre autres celui de Nemours, et dirigé plusieurs autres grands travaux, tels que les ports de Flessingues et d'Anvers. On a de lui un traité sur l'équilibre des voûtes et un mémoire sur des expériences de main-d'œuvre dans les ouvrages d'art. Il avait été, pendant quatre ans, ingénieur en chef du département de la Seine-Inférieure. Il paraît qu'il s'y était fait un ennemi qui, en apprenant sa mort, se comporta bien lâchement à son égard. Nous laisserons parler, à ce sujet, M. Becquey, alors Directeur général des Ponts et Chaussées et des Mines, dans une lettre qu'il adressa au *Moniteur universel*, le 9 juillet 1823.

« Monsieur, je viens d'apprendre que *la Nacelle*, journal du
« commerce, des mœurs et de la littérature de la Seine-Inférieure,
« a inséré, dans son numéro du 21 mai dernier, l'article suivant :
« *Le Tribunal de Commerce de Paris a déclaré la faillite du sieur*
« *Boistard, Ingénieur en chef des Ponts et Chaussées, rue du Bac,*
« *n° 128.*

« Il est difficile d'expliquer les motifs de cette calomnie et surtout
« comment on a pu la publier au moment même où la mort toute
« récente de M. Boistard venait de plonger dans le deuil sa famille
« et ses amis. Si cet ingénieur vivait encore, peut-être se bornerait-il
« à repousser une pareille attaque par le mépris qu'elle mérite ;
« mais, puisqu'il n'est plus aujourd'hui, il appartient à celui qui
« dirige le Corps dont il a fait partie de défendre sa mémoire et de
« rendre hommage à la vérité.

« M. Boistard s'est constamment fait remarquer dans le Corps
« des Ponts et Chaussées par des talents et une pureté de principes
« que j'ai été à même d'apprécier. Placé successivement dans des

« postes très importants, il a toujours répondu à la confiance de
« l'administration, et, depuis quelques années, il remplissait les
« fonctions d'Ingénieur en chef Directeur du Pavé de Paris.

« Après avoir employé toute sa carrière à l'exécution de travaux
« qui ont coûté des sommes considérables, M. Boistard, dont la vie
« d'ailleurs a toujours été simple et modeste, est mort sans fortune,
« mais sans dettes et sans engagements, laissant, presque pour
« unique héritage, les services qu'il a rendus, les souvenirs que
« rappelle sa mémoire et les regrets que sa perte inspire à tous
« ceux qui l'ont connu. Les registres du Tribunal de commerce
« attestent que jamais aucune cessation de payement n'a été faite
« par M. Boistard ni par personne en son nom.

« Ainsi tombe, sans preuve comme sans fondement, l'assertion
« mensongère contre laquelle je ne puis trop réclamer. Quel est
« donc cet esprit de méchanceté et de dénigrement que la mort
« même n'a pu fléchir et qui, poussant ses insultes au delà du
« tombeau, vient mêler tant d'amertume à la douleur si juste et si
« profonde d'une famille respectable ?

« Veuillez, Monsieur, publier ma lettre dans le *Moniteur*; les
« témoignages que j'y exprime je les dois et je me plais à les rendre,
« non seulement à la mémoire de M. Boistard, mais au Corps dont
« il a été l'un des membres les plus distingués, à sa veuve, à ses
« enfants, qui m'ont prié de ne pas leur laisser ravir la portion la
« plus précieuse de leur héritage. »

Nous rappellerons ici que le *Cadastre du pavé de Paris*, institué sous M. Boistard, était dirigé par M. Augustin Fresnel, jeune savant enlevé prématurément à la science, lorsqu'il s'était déjà rendu célèbre par les grands perfectionnements apportés à l'éclairage des phares et dont le buste orne une des salles de l'École des Ponts et Chaussées.

La succession de M. Boistard échut à M. Bourges-Saint-Genis, qui l'avait déjà remplacé dans le service de distribution des eaux de l'Ourcq. On lui conféra le titre de Directeur presque à son entrée au Pavé de Paris ; il jouit, en conséquence, d'un traitement de 6,000 fr. et de 10,000 fr. de frais fixes. Il quitta la direction de ce dernier service, le 1er janvier 1827, pour occuper une place de création nouvelle, celle d'Inspecteur divisionnaire adjoint, chargé uniquement du Pavé de Paris, et qu'il conserva jusqu'à sa suppression en 1830, après que, sur sa demande, il eut obtenu sa retraite, bien qu'il n'eût alors que 58 ans. Il avait fait partie de la Commission scientifique envoyée en Égypte et travaillé à la publication des documents qu'elle en a rapportés.

La Direction du Pavé de Paris avait été confiée, en 1827, à M. l'Ingénieur en chef Devilliers du Terrage, qui se trouvait en réserve, après avoir construit les canaux de Saint-Denis et Saint-Martin. Il avait fait également la campagne d'Égypte, était l'un des principaux coopérateurs de la description de ce pays et membre de la Commission chargée d'en surveiller l'exécution.

Des observations s'étant produites sur ce que le titre de Directeur continuait à être donné à l'Ingénieur en chef du Pavé de Paris, en dehors des conditions voulues par le décret du 7 fructidor, on crut devoir, pour y satisfaire, élever l'un des ingénieurs ordinaires de ce service, M. Aubert-Vincelles, qui venait de faire une nouvelle étude du canal de l'Yvette, au grade d'Ingénieur en chef, en lui laissant la surveillance de son arrondissement, mais en le chargeant de la rédaction de tous les projets de pavages neufs à exécuter dans les deux autres. Ses frais fixes furent alors augmentés de 2,000 fr., et ceux du Directeur diminués d'autant et par conséquent réduits à 8,000 fr.

M. Devilliers apporta dans son nouveau service l'esprit de

perfectionnement qui lui était propre. Ayant été nommé Inspecteur divisionnaire, le 1ᵉʳ novembre 1830, M. Partiot, alors Ingénieur en chef du département de la Gironde, le remplaça et reçut également le titre de Directeur. Ses frais de bureau et de tournées, d'abord fixés à 8,000 fr., comme ceux de son prédécesseur, furent portés à 9,000 fr. en 1836. Lui aussi introduisit de nombreux perfectionnements dans la construction des chaussées et des trottoirs. Le Directeur général des Ponts et Chaussées, en adressant au Préfet, le 20 juin 1836, une décision qu'il venait de prendre sur plusieurs projets de cette nature, lui disait : « Je ne terminerai point cette lettre sans accorder « des éloges mérités au zèle et à l'activité de M. l'Ingénieur Partiot, « et à ses recherches assidues pour l'amélioration du pavé de la « Capitale. Veuillez, je vous prie, transmettre à ce chef de service « le témoignage de ma satisfaction. »

Des raisons de santé obligèrent M. Partiot à quitter Paris, le 1ᵉʳ avril 1839, pour aller reprendre à Bordeaux la place qu'il y avait déjà occupée. A son départ, on apporta une modification nouvelle dans le service du Pavé. Ce service fut divisé en deux sections dirigées chacune par un Ingénieur en chef. La première comprenait la rive droite de la Seine, la seconde, la rive gauche. L'une fut donnée à M. Delamarck, appelé, dans ce but, du département de la Haute-Garonne, et l'autre à M. Sénéchal qui, depuis un an, avait remplacé M. Aubert-Vincelles. Le nombre des ingénieurs ordinaires fut porté de deux à trois.

Une expérience de quelques mois fit reconnaître que ce partage n'avait pas produit de bons résultats. La différence d'opinions qui se manifestait souvent, parmi ces deux chefs, sur des affaires communes à l'ensemble du service, inspirait peu de confiance aux administrateurs placés au-dessus d'eux et donnait de la force aux entrepreneurs, déjà trop puissants contre ceux qui étaient chargés de les surveiller ; en conséquence, on en revint, en 1841, à la précédente organisation (1).

C'est en l'an VIII seulement que l'on commença à employer des conducteurs au Pavé de Paris. A l'origine, leur nombre n'était que de trois, il augmenta dans les dernières années et avait doublé en 1840. Ils touchaient chacun le traitement affecté, par les règlements, à sa classe respective : l'imputation en avait lieu, comme pour celui des ingénieurs, sur un fonds spécial, dit des charges du personnel.

En 1807, on leur adjoignit des piqueurs. Le salaire de ces derniers, fixé d'abord à 900 fr. par an, augmenta, plus tard, de 100 fr. et fut porté à 1,100 fr. en 1840. On l'imputait sur les fonds des travaux. Les uns et les autres recevaient soit des suppléments de traitement, soit des gratifications annuelles. On en donnait aussi aux ingénieurs.

Le décret du 7 fructidor disposait que lorsque ces derniers auraient été commis pour des travaux autres que ceux dont ils étaient habituellement chargés, il leur serait alloué des honoraires spéciaux, à titre d'indemnité. Les nombreux pavages neufs qu'on exécutait, dans Paris, en 1821, pour le compte des compagnies qui y formaient de nouveaux quartiers, parurent devoir être rangés dans cette catégorie. En conséquence, le Préfet décida, par un arrêté du 23 juillet, qu'ils donneraient lieu désormais aux indemnités dont il s'agit. Toutefois, les pavages neufs des rues déjà bâties et dont la dépense est payée collectivement par les riverains furent expressément exceptés de la mesure. Le Préfet se réserva d'ailleurs de statuer sur toutes les difficultés qui s'élèveraient à ce sujet.

Nous avons indiqué ce que coûtait le personnel du Pavé de Paris,

(1) Toutefois, l'Ingénieur en chef placé sous les ordres du Directeur eut alors la comptabilité et le contentieux de tout le service, au lieu d'avoir à rédiger tous les projets de pavages neufs et à surveiller un arrondissement.

avant la Révolution. La dépense, sous le nouveau régime, subit, au commencement, une notable diminution; mais, plus tard, elle s'accrut progressivement par suite de l'augmentation tant du nombre des agents que des traitements qui leur étaient attribués. Il ne paraît pas utile de donner cette dépense, année par année, nous dirons seulement qu'elle s'est élevée, en sommes rondes :

	Sur le fonds des Charges	Sur le fonds des Travaux	TOTAUX
	fr.	fr.	fr.
En 1800, à....................	29,860	»	29,860
1810, à....................	28,120	9,080	37,200
1820, à....................	33,900	16,890	50,790
1830, à....................	22,900	42,100	65,000
1840, à....................	19,980	61,570	81,550

§ 8 et dernier.

Nous terminerons cet appendice par un exposé général des dépenses de l'entretien depuis la Révolution, et, bien que nous nous soyons proposé de ne traiter que des faits antérieurs à 1811, nous irons, pour ce qui regarde ces dépenses, jusqu'à l'exercice 1880. On pourra suivre ainsi les progrès qu'elles n'ont cessé de faire, surtout dans ces derniers temps.

Leur marche ascendante, on le sait, doit être attribuée : 1° à l'augmentation de la surface à maintenir en bon état, par suite de l'ouverture de nouvelles voies et de l'élargissement des anciennes ; 2° à l'accroissement continuel du nombre des voitures et, par conséquent, de l'usure du pavé; 3° à l'élévation du prix des matériaux, à mesure que les carrières et sablières s'éloignent davantage; 4° enfin, au renchérissement de la main-d'œuvre. Elle tient aussi à ce besoin de bien-être qui va, sans cesse, en se développant parmi toutes les classes de la société et les rend, de plus en plus, exigeantes.

Comparé à celui des autres grandes villes, le pavé de Paris était trouvé très beau, il y a soixante ans, et cependant, il était bien loin de valoir celui d'aujourd'hui. A quelques exceptions près, toutes les chaussées étaient fendues et les ruisseaux transversaux qui sillonnaient les rues, ainsi que les cassis qui coupaient les carrefours, formaient des ondulations très désagréables aux voitures légères. Les empierrements, d'ailleurs assez rares, ne pouvaient être fréquentés que par le gros roulage, à cause de leurs mauvaises conditions; quant aux piétons, ils cheminaient péniblement sur un pavé presque constamment boueux et où ils n'avaient que des bornes pour se garer des voitures.

Au moyen de la grande extension donnée au réseau des égouts et à l'établissement des trottoirs, on a pu introduire partout des chaussées bombées et faire disparaître tous les ressauts qui rendaient la circulation si incommode (1). La surface des pavages a, en outre, été rendue plus unie et bien roulante par l'emploi de pavés d'un nouvel échantillon, soigneusement retaillés. Les empierrements se sont considérablement multipliés et, comme ils ont été construits beaucoup mieux qu'auparavant, ils ont évité le bruit au public et les cahots aux voitures. Malgré les attelages de toute espèce qui se

---

(1) On avait, il y a 72 ans, transformé la chaussée fendue de la rue Saint-Honoré en chaussée bombée, depuis le Palais-Royal jusqu'à l'église Saint-Roch; mais, par suite de l'absence d'égouts, les eaux inondaient les boutiques et il fallut, l'année suivante, rétablir la chaussée fendue.

croisent à chaque instant dans les rues, les personnes à pied peuvent maintenant y circuler sans fatigue et y stationner sans danger.

Ce sont ces améliorations qui, jointes à un meilleur système d'entretien, ont complétement changé l'aspect de la voie publique.

Le mode adopté en 1826, pour le partage des frais de cet entretien, se prêtant difficilement à l'achèvement des travaux extraordinaires, alors en cours d'exécution, un arrêté ministériel, rendu sur la proposition du Maire de Paris, le 21 juin 1848, décida que tout l'entretien serait payé à l'avenir par la Ville, et que pour l'en indemniser elle recevrait de l'État une subvention qui fut fixée contradictoirement à la somme de 580,000 francs.

Cependant, l'administration municipale craignant que le rétablissement du péage interrompu de vive force sur les ponts de Paris, dans les journées de février, ne suscitât quelques troubles, proposa au Gouvernement de le racheter, à frais communs. Celui-ci ne voulant pas créer un précédent qui pourrait lui être opposé dans d'autres circonstances analogues, laissa la Ville opérer seule le rachat ; mais, pour lui tenir compte de ce sacrifice, il éleva, le 23 mai 1849, sa subvention à 830,000 francs.

L'année suivante, dans un autre but politique, il engagea cette dernière à substituer un empierrement au pavage de plusieurs grandes voies. Comme il devait en résulter un entretien beaucoup plus coûteux, il se chargea de payer celui des boulevards intérieurs du nord et de la rue du Faubourg-Saint-Antoine, en outre des 830,000 fr. Il fallait alors tenir, chaque année, le compte de cette dépense particulière. Afin de simplifier les choses, un décret du 12 avril 1856 disposa que les frais de toute nature relatifs à l'entretien des chaussées de Paris seraient supportés, désormais, moitié par l'État et moitié par la Ville.

Le transport des limites de la Capitale aux fortifications ayant eu pour effet d'augmenter ces frais d'une manière sensible, un autre décret, daté du 28 mars 1861, tout en maintenant l'égalité de partage établie auparavant, fixa le contingent du Trésor à quatre millions, pour les exercices 1861, 1862 et 1863. A l'expiration de ce délai, le décret de 1856 reprit tout son empire, et l'État eut à sa charge la moitié de la dépense totale, quel qu'en fût le montant.

Mais le Corps législatif, effrayé de l'accroissement continuel de cette dépense et, par suite, du contingent qu'aurait à payer l'État, fit rendre, le 23 juin 1866, un troisième décret portant qu'il subviendrait à partir du 1er janvier 1867, à l'entretien seulement des voies publiques de Paris qui seraient classées comme traverses des routes impériales et annexes de ces traverses; que si, en attendant, la Ville continuait à acquitter la dépense entière, ce à quoi elle consentit, on en reviendrait, pendant dix ans, à ce qui avait été décidé en 1860, et que, dès lors, la part contributive à porter au budget n'excéderait pas quatre millions.

Dans cet intervalle, les frais dont il s'agit ayant subi une diminution notable, par suite de perfectionnements apportés au mode de construction des chaussées et de la réduction de la surface empierrée, la loi de finances de l'exercice 1873 a abaissé la subvention du Trésor à trois millions. Elle n'a plus varié jusqu'en 1881, où elle a été augmentée de 700,000 francs.

En 1875, la Ville a, en outre, obtenu du Département qu'il contribuât, de son côté, dans les dépenses, à raison des voies de Paris considérées comme étant le prolongement des routes départementales et des chemins vicinaux de grande communication. Il paye, chaque année, de ce chef, une somme de 400,000 francs.

Si, comme nous l'avons vu, il n'existe aucune trace de ce qu'a coûté l'entretien du pavé et des boulevards sous le premier des régimes auxquels il a été soumis après l'année 1790, nous savons exactement à combien les dépenses se sont élevées sous les régimes suivants.

Les documents que nous présentons font donc l'objet de trois tableaux. Le premier embrasse la période pendant laquelle l'État a supporté seul tous les frais de cette nature. Le second indique la dépense afférente aux traverses royales et aux voies municipales, tant qu'a duré le partage institué en 1828. Le troisième fait connaître à combien est revenue la dépense totale, depuis que la Ville est chargée de l'acquitter.

Les chiffres inscrits dans les deux premiers tableaux ont été relevés sur les états de situation dressés à la fin de chaque exercice, par les ingénieurs.

Pour l'année 1849 et jusqu'en 1855, nous avons pris ceux que donnent les comptes de la Ville rendus publics par l'impression, après en avoir retranché le produit de la vente des pavés de rebut et le montant des raccordements exécutés aux frais des compagnies du gaz et des particuliers.

L'administration municipale ayant fourni, pour chacune des années suivantes, un résumé de la dépense nette, pour servir à déterminer le montant de la subvention qu'elle avait à recevoir de l'État, nous n'avons fait que relater ces résumés, tels qu'ils ont été approuvés par le Ministre des Travaux publics.

Le produit de la vente des pavés de rebut devrait, à la rigueur, être ajouté aux frais de l'entretien annuel lorsqu'il est donné en payement aux entrepreneurs, ce qui a eu lieu de l'an VI à 1809, ou lorsqu'il sert à acquitter directement des dépenses se rattachant à cet entretien, comme il l'a fait de 1810 à 1825. Il s'est élevé, en moyenne, pendant ces deux périodes, à 16,516 fr. par an.

De 1826 à 1848 ces pavés, pour les traverses royales, ont été cédés aux entrepreneurs, et ceux des voies municipales, vendus au profit de la Ville. Il faudrait donc aussi ajouter le produit des uns à la dépense totale et en distraire le produit des autres. La double opération ferait peu varier le chiffre de cette dépense, attendu que les deux produits ont été sensiblement égaux.

Enfin, les trottoirs étant considérés comme un pavage perfectionné, les frais qu'occasionne leur entretien devraient figurer à côté de ceux du pavé. Les comptes imprimés de la Ville ont donné, pendant les premières années, des renseignements à ce sujet; mais, depuis 1848, ils ont cessé de le faire. Tout ce que nous savons, c'est que la dépense annuelle, qui n'était en 1833 que de 5,060 fr., s'est élevée successivement jusqu'à 630,000.

Tableaux.

PREMIER TABLEAU.

Nota. — *La première année on n'a imputé que 175,999 fr. sur le produit de la taxe d'entretien des routes. — Le reste de la dépense a été payé par la Ville.*

ANNÉES	PAVÉ de PARIS	BOULEVARDS	FONDS des CHARGES	DÉPENSE TOTALE
	Fr.	Fr.	Fr.	Fr.
An vi........	218,999	69,400	26,400	314,799
vii........	482,397	66,272	26,400	575,069
viii......	157,398	85,092	26,175	268,065
ix........	171,464	41,791	32,350	245,605
x........	418,488	96,100	34,992	549,580
xi........	359,036	105,787	35,800	500,623
xii........	432,050	95,000	33,550	560,600
xiii......	500,160	86,400	22,252	608,812
xiv-1806......	477,596	107,800	28,027	613,423
1807......	627,200	103,000	17,850	748,050
1808......	674,200	94,800	18,350	787,350
1809......	623,461	122,453	19,664	765,578
1810......	576,421	116,165	28,120	720,706
1811......	715,645	179,651	26,300	921,596
1812......	937,160	90,732	37,619	1,065,520
1813......	793,565	122,754	35,170	951,489
1814......	684,281	144,719	34,895	863,895
1815......	334,139	96,867	36,405	467,411
1816......	749,982	125,018	34,225	909,225
1817......	653,558	92,533	33,871	779,962
1818......	684,575	101,915	34,621	821,144
1819......	749,164	80,894	34,700	864,755
1820......	704,938	113,993	33,902	852,833
1821......	662,758	97,603	35,267	795,628
1822......	747,278	110,763	35,762	893,803
1823......	612,339	87,661	34,637	734,637
1824......	596,735	103,265	32,012	732,012
1825......	574,965	125,035	31,217	731,217
	15,910,958	2,905,523	860,616	19,677,097

DEUXIÈME TABLEAU.

Nota. — *Les charges de tout le personnel sont comprises dans les dépenses.*

ANNÉES	TRAVERSES ROYALES	VOIES MUNICIPALES	DÉPENSE TOTALE
	Fr.	Fr.	Fr.
1826.........	374,650	470,145	844,795
1827.........	334,600	430,000	864,600
1828.........	357,329	482,571	839,900
1829.........	331,618	507,147	838,765
1830.........	381,648	494,161	875,809
1831.........	377,510	500,036	877,546
1832.........	426,804	518,487	945,291
1833.........	447,499	524,148	971,647
1834.........	455,600	541,830	997,430
1835.........	436,408	530,668	967,076
1836.........	418,664	532,379	951,043
1837.........	436,551	548,700	985,251
1838.........	439,099	601,208	1,040,307
1839.........	411,291	526,257	967,548
1840.........	439,683	659,517	1,099,235
1841.........	432,500	723,695	1,156,195
1842.........	496,623	838,705	1,335,323
1843.........	448,415	1,433,692	1,832,107
1844.........	448,705	994,246	1,442,951
1845.........	527,062	1,157,002	1,634,064
1846.........	529,103	1,095,090	1,624,193
1847.........	587,689	1,221,276	1,808,965
1848.........	576,046	1,242,769	1,818,815
	10,302,012	16,600,819	26,922,861

TROISIÈME TABLEAU.

Nota. — *Les chiffres des subventions résultent des versements effectués à la Caisse municipale.*

ANNÉES	DÉPENSE TOTALE	SUBVENTIONS	
		de l'État	du Département
	Fr.	Fr.	Fr.
1849	1,647,725	830,000	»
1850	2,007,275	913,000	»
1851	2,055,866	1,002,732	»
1852	1,845,587	1,021,953	»
1853	2,210,392	1,113,812	»
1854	2,400,122	1,277,845	»
1855	2,793,249	1,208,185	»
1856	3,431,031	1,742,017	»
1857	3,664,573	1,832,289	»
1858	3,667,586	1,833,793	»
1859	3,807,260	1,903,630	»
1860	6,000,000	3,000,000	»
1861	6,671,816	3,335,908	»
1862	7,382,333	3,691,169	»
1863	7,799,300	3,899,650	»
1864	8,020,228	4,010,114	»
1865	8,661,960	4,330,980	»
1866	8,949,505	4,474,753	»
1867	8,150,632	4,000,000	»
1868	8,237,624	4,000,000	»
1869	8,230,033	3,979,570	»
1870	7,668,315	3,834,172	»
1871	7,235,959	3,617,979	»
1872	6,463,255	3,231,610	»
1873	6,415,255	3,000,000	»
1874	6,540,976	3,000,000	»
1875	6,830,673	3,000,000	400,000
1876	7,297,965	3,000,000	400,000
1877	7,396,198	3,000,000	400,000
1878	9,000,242	3,000,000	400,000
1879	8,539,921	3,000,000	400,000
1880	8,915,376	3,000,000	400,000
	189,208,729	89,085,161	2,400,000

TABLE ANALYTIQUE

DES MATIÈRES.

Arrêts du Conseil. — Ce qu'étaient ces actes, explication de leurs formules, page 20.

Ateliers de paveurs. — Défenses d'y porter aucun trouble, 132, 146, 268.

Aubry. — Sa famille fournit très longtemps des entrepreneurs au Pavé de Paris, 113.

Banlieue du Pavé de Paris. — Ses limites et son étendue, 56. — Chemins qui la composaient, 123.

Baux d'entretien. — Observations communes à tous, 55. — Résumé de ceux qui ont été passés avant la Révolution, 162.

Bayeux (Guillaume). — Ingénieur, dirige le service du Pavé de Paris, 198.

Belloy. — Emploi des pavés de cette provenance, 35. — Leurs qualités, 36. — Leurs prix, 44, 288.

Bertin. — Ingénieur, dirige le service du Pavé de Paris, 313.

Blin. — Ingénieur, dirige le service du Pavé de Paris, 313.

Boistard. — Ingénieur, dirige le service du Pavé de Paris, est l'objet d'une lâche calomnie, 313.

Bornes milliaires. — Leur établissement, leur point de départ autre que celui généralement admis, 57.

Boulevards intérieurs. — Cause à laquelle ils sont dus, médaille frappée à l'occasion de leur établissement, sont l'objet de soins particuliers, leur police, 205.

Boulevards extérieurs. — But de leur construction, servitude dont étaient frappés les terrains riverains, 209.

Boulevards. — Sont réunis au Pavé de Paris, 231. — Laissaient beaucoup à désirer, 233. — Leur amélioration, 285.

Cadastre du Pavé de Paris. — Ce qu'a coûté son exécution, 269. — Par qui dirigé, 315.

Canal de l'Yvette. — Destiné particulièrement au transport des pavés, 37. — Études de son projet, ce qu'elles ont coûté, 270.

Carreaux. — Nom donné aux petites dalles servant au pavage, puis aux pavés cubiques, 29. — Dimensions de ces pavés, 30.

Carrières. — Désignation de celles où Paris s'est d'abord approvisionné, 32. — Défense de fabriquer du pavé d'échantillon dans le grès tendre, 33. — Règlement sur leur police, 286.

Carriers. — Leur métier est ingrat, pénible et dangereux, 33. — Sont sujets à plusieurs maladies, les blessés reçoivent des secours, 39. — Généralement mal disciplinés, prescriptions pour maintenir l'ordre parmi eux, 40. — Les entrepreneurs ont bien du mal à en avoir raison, 112. — Abandonnent leurs ateliers, désobéissent aux règlements, 130, 131. — Continuent à être indociles, 286.

Cautions. — Les femmes des entrepreneurs en servent à leurs maris, 136, 147.

Charlemagne. — Construit plusieurs grands chemins, 2.

Charles VI. — Obvie aux abus commis par le Visiteur des pavements, 12. — Confirme l'établissement de la coutume des chaussées, 17. — Prescrit au Prévôt de Paris de veiller au bon état du pavé, 27.

Charles IX. — Commande de bien faire réparer le pavé, 26. — Augmente son échantillon, veut que le commerce en soit libre, 30. — Invite le Prévôt de Paris à recevoir, parmi les maîtres paveurs, les compagnons suffisamment capables, 19.

Chef d'Atelier. — Brave l'autorité de la police, sa punition, 137. — Détourne des pavés à son profit, jugement sévère rendu contre lui, 153.

Chemins. — Ordonnances concernant leur police, 133, 149.

Chezy. — Ingénieur, dirige le service du Pavé de Paris, son éloge, 198, 199.

Colbert. — S'occupe avec sollicitude du pavé de Paris, entre dans les plus minces détails du service, 100, 111.

Comité du Pavé. — Son institution, 65. — Ses membres siègent en habits de satin, 92.

Commis. — Quelques-uns président à la fabrication des pavés, 45. — D'autres reçoivent des lettres de provision pour surveiller les travaux, leurs noms, 194.

Commissaire du Pavé. — Pris parmi les Trésoriers de France, ses attributions, son traitement, 189, 190.

Commissaire visiteur du Pavé. — Sa création, mauvais état dans lequel il trouve la voie publique, propose d'y remédier, 77. — Prix de sa charge, est mal accueilli, suppression de son emploi, 194.

Compagnons paveurs. — Reçus à la maîtrise, quand ils sont capables, abus qu'ils commettent, sévérité dont ils sont l'objet, 48. — Se plaignent des entrepreneurs, justification de ces derniers, 101.

CONDUCTEURS. — Quand on a commencé à en employer au Pavé de Paris, 318.

CONDUITES D'EAU. — Proposition de les placer dans des galeries voutées, 144, 150.

CONFLIT. — Au sujet de la surveillance du pavé, entre les Trésoriers de France et le Grand-Voyer, 66, 68. — Entre les Trésoriers de France et le Prévôt des Marchands, 71. — Entre les Trésoriers de France et les Officiers du Châtelet, 93, 103. — Entre le Préfet de la Seine et le Préfet de Police, 256.

CONSERVATION DU PAVÉ. — Répression des abus qui y portaient atteinte, 71, 74, 92, 103, 114, 129.

CONTRÔLEURS DU MANIEMENT DES FONDS. — Avaient l'œil sur les travaux, 195.

CROISÉE DE PARIS. — Ce qu'on entendait par ces mots, 7. — Comment elle était entretenue, droit concédé dans ce but, son produit, 10, 11. — Son entretien est négligé, 12, 27. — Allocation des secours pour y subvenir, 13. — Rues qui en dépendaient, comment traitées, 13, 14. — Chemins qui la composaient, comment entretenus, 14. — Son état quand le Roi se chargea de toute la dépense du pavé, 15.

DÉCOMPTE DES TRAVAUX D'ENTRETIEN. — Singulier mode suivi pour leur rédaction, 127.

DELAMARCK. — Ingénieur, dirige une partie du service du Pavé de Paris, 317.

DELORNE — L'office d'Inspecteur général du Pavé de Paris créé en sa faveur, 196.

DÉTAIL ESTIMATIF DE LA DÉPENSE DE L'ENTRETIEN. — Comment il était rédigé, 211

DEVILLIERS DU TERRAGE. — Ingénieur, dirige le service du Pavé de Paris, 316.

DROIT DE BARRAGE. — Appartenait au Roi, appelé dans l'origine fausse coutume ou coutume des chaussées, sa définition, abus commis dans sa perception, personnes qui en étaient exemptes, 16, 17.— Pourquoi prend le nom de barrage, localités où il était levé, son produit avant qu'on y eût réuni le droit de chaussées, 18. — Sévère jugement contre un receveur infidèle, 18. — Voies publiques à l'entretien desquelles il était appliqué en 1609, page 19. — On y incorpore le droit de chaussées, il sert au payement de tout l'entretien du pavé, 81.

DROIT DE CHAUSSÉES. — Appartenait à la Ville, destiné à l'entretien des rues de la Croisée, son rapport, la dépense limitée à la recette, ressource ajoutée temporairement à son produit, 11, 12, 13. — Réuni au droit de barrage, 81.

Droit de fortage. — But de son établissement, supprimé à la Révolution, 31. — Rétabli en 1825, variations du montant de cette redevance, 286, 287.

Droits rétablis. — Leur origine, pavés qui y étaient soumis, ce qu'ils payaient par millier, 42.

Droits sur le vin. — Servent longtemps à payer la dépense de l'entretien du pavé, 57, 72.

Duchemin. — Ingénieur, dirige le service du Pavé de Paris, 310.

Duperron. — Ingénieur, dirige le service des Boulevards, 312.

Échafauds. — Construits lors des cérémonies publiques, rétablissement du pavé dont ils avaient nécessité l'arrachage, 120, 132.

Éclairage des ateliers. — Quand il a commencé à avoir lieu, la Police fournissait les lampions, 151. — Les entrepreneurs y pourvoient à leurs frais, au moyen d'appliques, 209.

Entrepreneurs. — Payent les suites de leur folle enchère, 158. — Noms de ceux qui ont souscrit des baux sous l'ancien régime, 162. — Depuis la Révolution, 244, 248, 255, 262, 267, 277, 280.

Entretien du pavé. — Partagé entre l'État, la Ville et les particuliers, 10, 15, 21. — Payé en entier sur l'impôt du vin, 62, 72, 76. — Sur le produit du barrage, 83. — Mis à la charge de la municipalité, 161. — Payé sur le droit de barrières, 249, 250. — Sur l'impôt du sel, puis sur les fonds des Ponts et Chaussées, 255. — Détournement des fonds qui y étaient destinés, 79. — Proposition de l'effectuer comme avant 1600, page 80. — D'en répartir les dépenses entre l'État et la Ville, 249, 250. — La répartition est réalisée, 270. — Ce qu'il a coûté en 1605, page 63. — Avant la Révolution, 162. — Depuis l'an VI jusqu'en 1830, y compris les subventions de l'État et du Département, 319. — La fourniture des matériaux séparée de la main-d'œuvre, 273. — Y est réunie de nouveau, 278.

États du Roi. — Étaient, en quelque sorte, les budgets de chaque service, celui de 1700 offert comme spécimen, 160, 229.

Extractions de matériaux. — Actes en consacrant le droit à certains entrepreneurs publics, 40. — Le privilège rendu commun à tous, 41. — A donné lieu à de singulières conséquences, 41. — Obligations des entrepreneurs, 287.

Fontainebleau. — Emploi des pavés de cette provenance, leurs qualités, 32, 34. — Leurs prix, 35, 41, 289.

François Ier. — Son édit concernant le pavage et le nettoiement des rues de Paris, 25.

Fréminville. — Ingénieur, dirige le service du Pavé de Paris, 313.

Garde a cheval. — Inspecte les chemins de la banlieue, son traitement, prix de sa charge, 191.

Gérard de Poissy. — Don qu'il fait au Roi, son évaluation, erreur au sujet de son emploi, 8.

Grands chemins. — Les Romains ont excellé dans leur construction; Charlemagne en a relevé et établi plusieurs, sont négligés par ses successeurs, 1, 2.

Grand voyer. — Administre pendant un temps le service du Pavé de Paris, 189.

Guillot Aubry. — Architecte du Roi, dirige le service du Pavé de Paris, 198.

Henri II. — Remet en vigueur les règlements relatifs à l'entretien du Pavé de Paris, 25.

Henri III. — Invite le Prévôt de Paris à faire paver le faubourg Saint-Germain et les rues qui ne l'étaient pas encore, 167.

Henri IV. — Remédie au mode d'entretien du Pavé, 51. — Se plaint de ce qu'on y emploie les fonds destinés à l'établissement de fontaines, 61.

Ile Saint-Louis. — Entretien du pavé de ses rues, 90.

Ingénieurs du Pavé de Paris. — Comment étaient dénommés avant la Révolution, leurs traitements, 197. — On leur donne des commissions, 201. — Instruction concernant leur service, 202. — Reçoivent des indemnités pour l'exécution de certains pavages neufs, 318.

Inspecteur de la Croisée. — Ce qu'on exigeait de lui, ses fonctions, 190.

Inspecteur général du Pavé. — Création de son office, ses émoluments, prix de sa charge, rendait peu de services, 195, 196.

Inspection des travaux. — Créée par Sully, confiée à Jean Liebany, 50. — Plus tard à Claude Dohin, qui l'exerça pendant 30 ans, 69.

Jean Ier. — Ordonnance de ce roi concernant l'entretien du pavé, 22.

Jurés-paveurs. — Leur immixtion illicite dans les travaux d'entretien, 50, 70, 93, 111. — Surveillent l'exécution des pavages neufs, 68.

Lassonne. — A décrit la fabrication du pavé, 37.

Louis XIII. — Dispose des fonds destinés à l'entretien du pavé, 79. — Crée de nouvelles ressources applicables à cet entretien, 81.

Louis XIV. — Écrit aux Trésoriers de France au sujet de l'administration des finances, 100. — Veut que le pavé soit bien entretenu, 101. — Améliore considérablement la voie publique, médaille frappée à ce sujet, 105.

Louis XV. — Supprime les offices d'Inspecteur général et de contrôleurs du Pavé, tire les nouveaux agents du corps des Ponts et Chaussées, 197.

Maires de Paris. — Sont chargés de veiller à l'entretien du pavé, 253.

Maître des Œuvres du Pavé. — Succède au Visiteur des pavements, prix de sa charge, supérieur au contrôleur du barrage, importance qu'il se donnait, 191, 192.

Nivellement des Rues. — Obligations de le demander avant de poser les seuils des maisons, 131. — Comment était payée la dépense de son amélioration, 163.

Notables bourgeois. — Appelés à surveiller l'entretien du pavé, 69, 70. — S'en acquittent mal, 78.

Ocquerre. — Emploi des pavés de cette provenance, leurs prix, 289. — Leurs qualités, 290.

Outrequin. — Longtemps entrepreneur du pavé de Paris, l'administration en conserve un honorable souvenir, très prisé de Louis XV et du Prévôt des Marchands, chevalier de l'ordre de Saint-Michel, obtient des lettres de noblesse, 143, 144.

Papot. — Maître des œuvres du pavé, se livre à des actes d'indélicatesse, 95.

Parisiens. — Négligent l'entretien du pavé, 21 — Cessent d'être appelés à y contribuer, 61, 62.

Parlement de Paris. — Ordonne au Prévôt de Paris de faire réparer le pavé, 23. — Réitère ses injonctions, 24. — Nouvelles prescriptions à ce sujet, 25.

Partiot. — Ingénieur, dirige le service du Pavé de Paris, introduit plusieurs perfectionnements dans la construction des chaussées et des trottoirs. 317.

Pavage. — Peuple qui l'a inventé, 1. — Défenses d'en faire aucun dans Paris sans permission, 89.

Pavé. — Singulières conséquences de son mauvais état. 53. — Dégradé par plusieurs gens de métier, 71. — Comment on peut se rendre compte de son usure, 141.

Pavés. — Leur premier échantillon, 29-30 — Le commerce doit en être libre, 30. — Vendus autrefois au grand compte, 31. — Espériences pour constater leur dureté, 37. — Mode de leur fabrication, 37. — Quantités fournies pendant plusieurs baux, 43. — Leurs prix sous l'ancien régime 41. — Après la révolution, 290. — Leur commerce livré au monopole, 85. — Ne payent aucuns droits quand ils sont destinés aux travaux publics, 102, 122. — Concurrence exercée pour leur acquisition par des marchands de la Normandie, 119, 125.

Pavés de rebut. — L'administration en gratifie les localités voisines de Paris, 156. — Les cède aux entrepreneurs à prix d'argent, 156. — Les vend à son profit, 262.

Pavés madots. — Leur définition, ont remplacé les dalles avec lesquelles le premier pavé de Paris a été exécuté, carrières d'où ils étaient tirés, 29.

Pavés tendres. — Comment ils échappent à la surveillance, 151.

Paveur du Roi. — Jouissait de certains privilèges, 19.

Paveurs. — Se recrutaient autrefois parmi les maçons, 46. — Leurs premiers statuts, 47. — Sont confirmés par Henri III et Henri IV, 50. — En obtiennent de nouveaux, 51. — Leur communauté est réunie à celle des couvreurs-plombiers et carreleurs, 51. — Sont indisciplinés, commettent des abus, 48, 131. — Veulent ressaisir leurs anciens privilèges, 52. — Contestent à l'entrepreneur public le droit de travailler pour les particuliers, 159. — Demandent, en style déclamatoire, à être chargés des travaux d'entretien, 233.

PAYEUR DU PAVÉ DE PARIS. — Agent préposé à cette fonction, suppression et liquidation de son office, 201.

PERSONNEL DU PAVÉ. — Ce qu'il coûtait sous l'ancien régime, 199. — Son organisation après la Révolution, 310. — Sa dépense, 319.

PIQUEURS. — Quand on a commencé à en employer au Pavé de Paris, leur traitement, 318.

PHILIPPE-AUGUSTE. — On lui doit le premier pavé de Paris, 2.

PLACES PUBLIQUES. — Leur premier pavage, soumis à des règles variables sous l'ancien régime, 187. — A des règles fixes après la Révolution, 292.

PONT DE NEUILLY. — Ressources extraordinaires affectées à sa construction, ce qu'il a coûté, 148.

PONTOISE. — Emploi des pavés des environs de cette ville, 32. — Leurs qualités, 35. — Leurs prix, 44, 289.

PREMIER PAVAGE. — Doit être exécuté par l'entrepreneur public pour être admis à l'entretien, 147. — Consécration de l'usage qui en met la dépense à la charge des riverains, 143. — Ordonnances y relatives, 165. — Variations de la jurisprudence du Parlement, 166. — Règlement général de Louis XIII à son sujet, 168. — Appliqué à divers cas particuliers, 170. — Circonstances qui ont fait modifier la règle, 172. — Exécuté par exception en pavés de rebut, 176. — Ou par d'autres que l'entrepreneur public, 177. — Autorisé quand la majorité des riverains y consent, dérogation à cet usage, 177. — Les riverains sont solidaires du payement de la dépense, 178. — Comment s'en établissait le décompte, 183. — Exécuté sous le nouveau régime par d'autres que l'entrepreneur public, 267, 275. — Application des anciens règlements après la Révolution, 291.

PREMIER PAVÉ DE PARIS. — Quand établi, 2. — Magistrat qui en a dirigé l'exécution, 3. — Matériaux qu'on y a employés, 4. — Rues par où on a commencé, 6. — Comment il a été pourvu à la dépense, 7.

PREMIER RELEVÉ-A-BOUT. — Quand on a commencé à en imposer l'obligation aux riverains, 179. — Ce qui s'est passé à son sujet après la Révolution, 208.

PRÉVOT DE PARIS. — Dirige l'exécution du premier pavé de Paris, 2. — Veille à ce que l'entretien soit bien fait, 10, 22, 183.

PROCÈS-VERBAUX DE RÉCEPTION DES TRAVAUX. — Forme de leur rédaction, 223.

QUAIS. — Les anciens ont été construits et pavés par la Ville, 189. — Les riverains ont contribué pour moitié dans la dépense du pavé des nouveaux, 292.

RACCORDEMENTS DE PAVÉ. — L'entrepreneur public avait seul le droit de les exécuter, 119, 121. — Leurs prix en étaient tarifés, 146, 158.

Revers des chaussées. — Leur pavage, 181, 238. — Entretenus par les riverains, lorsqu'ils étaient restés en terrain naturel ou pavés autrement qu'en pavés d'échantillon, 181.

Richelieu. — S'occupait avec intérêt du Pavé de Paris, 87.

Rigord. — Premier historien qui ait parlé du Pavé de Paris, 2.

Rues de Paris. — Leur barrage est permis aux paveurs, au moyen de chaînes, 60. — De pieux, 74. — Rues qu'ils ne peuvent barrer, 262, 263. — Les riverains en entretenaient un certain nombre, règlements intervenus pour les y obliger, 21, 22. — Sont considérées comme appartenant à la grande voirie, 152. — On ne peut en ouvrir sans permission, 131, 173. — Autorité qui délivre les permissions, 293. — Défenses à l'entrepreneur public de les paver avant qu'elles ne soient autorisées, 152. — Ce qu'il en coûtait pour ouvrir une rue au XVe siècle, 9.

Rues de banlieue. — La dépense de leur premier pavage n'était pas soumise à des règles fixes, 185.

Ruisseaux. — Leur grattage nuit à la solidité du pavé, 74. — Était sévèrement puni, 90. — On les établit au pied des trottoirs, 307.

Sablage des rues. — Mis à la charge de la Ville, lors des cérémonies publiques, 353.

Sable. — Désignation des lieux d'extraction, moyen de le rendre imperméable aux eaux, 45. — Vendu par les entrepreneurs, 67. — Plaintes au sujet de la grande quantité répandue sur les ouvrages, 157. — Sable de rivière employé concurremment avec le sable de mine, 143.

Saint-Genis. — Ingénieur, dirige le service du Pavé de Paris, place d'Inspecteur adjoint créée en sa faveur, 316.

Sénéchal. — Ingénieur, dirige une partie du service du Pavé de Paris, 317.

Terrains retranchés. — Comment s'en payait le prix, 296. — Le pavage, 181, 297.

Trais, très Moret. — Emploi des pavés de cette provenance, 33, 272. — Leurs qualités, leurs prix, 289, 290.

Tranchées de fontaines. — Défenses d'en ouvrir sans permission, 85. — Exception en faveur de la Ville, 85, 114. — Mesures d'ordre à observer, 136, 240, 269.

Trésoriers de France. — Administrent le service du Pavé de Paris, à l'exclusion du Grand-Voyer, 65. — On leur reproche un défaut de surveillance, 95. — Règlement concernant l'instruction des affaires de leur compétence, 104. — Invitation de recourir aux ingénieurs pour l'instruction de ces affaires, 201.

Trottoirs. — Pendant longtemps, ceux du Pont-Neuf ont rendu peu de services, 181. — Quand on a commencé à en établir dans les rues, 181. — Construits après la Révolution, 302. — L'administration municipale s'attache à les généraliser, 303. — Primes d'encouragement, 306. — Règles adoptées pour leurs largeurs, 308. — Ce qu'ils ont coûté à la Ville, jusqu'en 1840, page 310.

VALLÉE DE L'YVETTE. — Emploi des pavés de cette provenance, 37. — Leurs qualités, 36. — Leurs prix, 44, 289.

VILLE DE PARIS. — Administrée par le Gouvernement, 242. — Par l'administration départementale, 246.

VISITEUR DES PAVEMENTS. — Remplacé par l'inspecteur du Pavé, son élection, 191. — Ferme les yeux sur plusieurs abus, 12. — Cesse ses fonctions, 191.

VOITURIERS DE PAVÉS. — Commettent des infidélités, 136, 153.

VOL DE MATÉRIAUX. — Leur répression, 119, 131, 133.

VOYER DE PARIS. — Obéissait au Prévôt de Paris, pourvoyait au pavement des rues, 36, 189.

FIN.

Typ. Ch. de Mourgues Frès. — 3911.

www.ingramcontent.com/pod-product-compliance
Lightning Source LLC
Chambersburg PA
CBHW060334170426
43202CB00014B/2772